Verso una ridefinizione del ruolo paterno Il processo di revisione dei valori culturali tradizionali in atto tende a ridefinire i ruoli genitoriali, introducendo una visione decisamente diversa della funzione paterna.

Le donne – casalinghe insoddisfatte, emarginate dai successi sociali del marito, emarginate socialmente, con una vita sessuale misera e tutto il peso delle cure della prole e della casa sulle spalle – non sempre svolgevano bene il ruolo di leader espressivo. In questi casi la famiglia, invece di essere uno spazio rigeneratore, diventava un luogo in cui le tensioni interne finivano per essere più logoranti di quelle esterne. I figli, inoltre, crescevano separati dai padri o diffidenti nei loro confronti e spesso troppo dipendenti dalla madre.

Vecchie abitudini
Gli uomini hanno sempre opposto resistenza a considerare gli aspetti concreti e routinari della vita domestica un problema di loro pertinenza.

LA COPPIA CONTEMPORANEA

La famiglia descritta da Parsons e approvata dalla psicoanalisi era funzionale all'organizzazione del lavoro e della società che ha caratterizzato i Paesi occidentali fino all'inizio degli anni Settanta del Novecento: al padre il mondo esterno, la funzione economica, alla madre il focolare domestico, la funzione emotiva. Successivamente, però, la realtà socioeconomica è cambiata, come pure quella culturale: le donne sono entrate a frotte nel mondo del lavoro; il tasso di fertilità – specialmente in Italia – si è abbassato drasticamente, in parallelo si è innalzato il livello di scolarità e si è allungato il periodo di dipendenza dei figli adolescenti dalla famiglia; sono mutati i rapporti fra i sessi, le attese nei confronti della vita di coppia, le relazioni all'interno del nucleo familiare. Anche l'ideale di amore che lega una coppia di innamorati si è in parte modificato nel mondo occidentale, come indicano vari studi di sociologia e psicologia. L'amore di coppia che oggi molti giovani cercano non è più, o non è soltanto, l'amore-dedizione o l'amore-sacrificio tipico del Romanticismo (per lo più richiesto alle donne), ma è l'amore-comunicazione, l'amore-scambio: un tipo di amore che deve contribuire in maniera sostanziale alla realizzazione dell'individuo, alla sua crescita psicologica, che deve aiutarlo a conoscersi meglio. In più, oggi assistiamo alla comparsa di coppie formate da partner dello stesso sesso, che convivono secondo modalità simili a quelle delle coppie eterosessuali e che possono desiderare di formare una famiglia e avere dei figli o attraverso l'istituto dell'adozione o con pratiche di fecondazione eterologa (nel caso di due donne) o ancora, nel caso di due papà, attraverso il contributo di una donna che metta a disposizione il proprio apparato riproduttivo.

LA PAROLA ALLA LEGGE

CONGEDO DI PATERNITÀ

La riforma del lavoro del 2012 ha introdotto per la prima volta nel nostro Paese il congedo di paternità obbligatorio in via sperimentale per gli anni 2013-2015, con applicazione alle nascite avvenute dal 1 gennaio 2013. Il padre lavoratore dipendente (stiamo parlando del settore privato: il congedo non si applica alla Pubblica amministrazione) ha l'obbligo di astenersi dal lavoro per un periodo di un giorno entro i 5 mesi dalla nascita del figlio. Tale diritto è autonomo rispetto a quello della madre e può essere fruito dal padre anche durante il periodo di astensione obbligatoria *post partum* della madre. Per tale fruizione è riconosciuta un'indennità pari al 100% della retribuzione.

È inoltre previsto che entro il medesimo termine di 5 mesi il padre possa facoltativamente astenersi dal lavoro per un ulteriore periodo di 2 giorni anche continuativi, previo accordo con la madre e in sua sostituzione in relazione al periodo di astensione obbligatoria spettante a quest'ultima. Per tale fruizione è riconosciuta un'indennità pari al 100% della retribuzione in relazione al periodo di astensione.

Il congedo obbligatorio di un giorno e quello facoltativo di 2 non possono essere frazionati in ore.

Tali previsioni sono estese anche al regime delle adozioni e degli affidamenti preadottivi.

Il padre lavoratore dipendente ha l'obbligo di comunicare in forma scritta al datore di lavoro i giorni prescelti di astensione con un preavviso di almeno 15 giorni.

La legge di stabilità 2016 ha poi esteso in via sperimentale il congedo di partenità a 4 giorni, di cui 2 facoltativi (a condizione che la madre non fruisca del proprio congedo obbligatorio di maternità), per tutti i figli nati, adottati o in affidamento nel 2016. La misura, tuttavia, non è stata prorogata nel 2017, per cui i papà dei figli nati nel 2017 potranno stare a casa solo 2 giorni dal lavoro, in congedo obbligatorio e retribuito. La misura si applica anche al lavoratore padre in mobilità o cassa integrazione. Ipotesi di stabilizzazione e di estensione del congedo di paternità a 4 giorni, con aumento a 5 in sostituzione della madre, sono allo studio a partire dal 2018.

CONGEDO PARENTALE

Il congedo di paternità va distinto da quello parentale, facoltativo (l. 53 dell'8 marzo 2000), che secondo molti rappresentò una svolta culturale nel rapporto tra famiglia e società. La novità rispetto alla precedente normativa (l. 1204/1971) era evidente già nel titolo: "Disposizioni per il sostegno della maternità e della paternità, per il diritto alla cura e alla formazione e per il coordinamento dei tempi delle città" anziché "Norme per la tutela della maternità".

Oltrepassando la tutela della lavoratrice-madre, il decreto intendeva armonizzare i tempi di vita delle persone di entrambi i sessi coi tempi del lavoro e delle altre attività quotidiane. In particolare al padre erano riconosciuti diritti equiparabili a quelli della madre e diventava protagonista a pieno titolo nella cura dei figli.

L'Italia si avviava così ad allinearsi alle direttive europee e al costume di quei Paesi in cui la riflessione sul ruolo del padre nella formazione del bambino era sentita già da tempo. Forse prima o poi anche noi avremo un primo ministro che, come il suo omologo inglese, interrompe gli impegni di governo per accudire il suo bebé! Almeno in linea di principio, infatti, queste nuove possibilità offerte ai padri dovrebbero favorire una reale parità fra uomo e donna nel mondo del lavoro, scoraggiando le discriminazioni per le lavoratrici in età riproduttiva, permettendo ai padri di vivere l'esperienza della cura dei figli senza rinunciare alla carriera. In particolare, la legge stabilisce:

• il diritto per ciascun genitore ad assentarsi dal lavoro per un periodo continuato o frazionato di aspettativa facoltativa di 6 mesi, da usare nei primi 8 anni di vita del bambino anche contemporaneamente all'altro genitore. Se entrambi usufruiscono dell'astensione facoltativa, il periodo complessivamente disponibile è di 10 mesi. Per il padre lavoratore, sul modello svedese, si prevede un "incentivo": se ha effettuato almeno 3 mesi di aspettativa e intende usufruire di ulteriori periodi, i suoi 6 mesi diventano 7 e il periodo complessivamente fruibile dai due genitori diventa di 11 mesi;

• la possibilità per il padre di usare l'astensione facoltativa nei 3 mesi di astensione obbligatoria *post partum* materna;

• il diritto per il genitore solo (per la morte del coniuge, l'abbandono del figlio da parte dell'altro genitore e/o l'affidamento esclusivo), a disporre di 10 mesi di astensione facoltativa;

• la possibilità per i genitori adottivi o affidatari di usufruire dell'astensione facoltativa con le stesse modalità dei genitori naturali. Se il bambino ha 6-12 anni, i genitori possono sfruttare l'astensione nei primi 3 anni successivi alla data d'inserimento del bambino nella nuova famiglia;

• il padre ha sempre diritto ai riposi orari "per allattamento": nei parti plurimi le ore raddoppiano. Fino all'8° anno di età del bambino il padre può assentarsi dal lavoro per un periodo di tempo, continuativo o frazionato, pari a 5 mesi, percependo una retribuzione pari al 30% di quella normale. Tuttavia le astensioni dal lavoro, se utilizzate da entrambi i genitori, non possono superare il limite massimo complessivo di 11 mesi.

L'introduzione del congedo di paternità comporta un cambiamento significativo: fino al 2012 era una rara agevolazione che le aziende potevano concedere ai propri dipendenti, sulla base di specifici accordi contrattuali o come un benefit individuale. Rendendolo universale il governo italiano allinea il nostro Paese al panorama europeo, dove invece è già ampiamente diffuso e dove già esistono benefici significativi sia per il padre che per la madre.

In ambito istituzionale è tuttora in corso un dibattito: un anno e mezzo fa il Parlamento europeo ha adottato in prima lettura la revisione della direttiva sul congedo parentale che prevede l'estensione nei Paesi UE del congedo di maternità a 20 settimane totalmente retribuite e un congedo di paternità di 2 settimane.

Qual è la situazione attuale in Europa? Non esiste una legislazione comune in materia, ma vi sono singole normative emesse dagli Stati membri, a partire dalla Svezia che è stata la prima in Europa a prevedere il congedo parentale nel 1974. A portare il buon esempio sono i Paesi scandinavi. Secondo le rilevazioni dell'EIRO (*European industrial relations observatory online*, l'Osservatorio europeo del lavoro) in Norvegia i neo-papà possono godere di 6 settimane di congedo retribuito al 100% e di 45 settimane, da dividere con la madre, all'80%. In Finlandia i padri hanno diritto a un congedo retribuito di 4 settimane, in Danimarca di 2. Tutti e tre i Paesi presentano tassi di natalità più elevati rispetto all'Italia. Ma è sufficiente spostarsi oltralpe per trovare una situazione migliore della nostra: in Francia i papà beneficiano di un congedo retribuito di 2 settimane, di cui 11 giorni di paternità e 3 per "motivi familiari". Lo stesso per il Regno Unito: il periodo di assenza dal lavoro, interamente retribuito, è pari a 2 settimane da usufruire entro 8 settimane dalla nascita del figlio.

L'UOMO DOMESTICO

Il processo di revisione dei valori culturali tradizionali ancora in atto tende a ridefinire l'immagine sociale della donna, i ruoli sessuali e la partecipazione dell'uomo ai compiti domestici e all'allevamento dei figli, introducendo una visione decisamente diversa della funzione paterna e materna.

La donna, attraverso il lavoro extradomestico, rivendica il diritto all'autonomia economica e psicologica, alla realizzazione personale chiedendo, ovviamente, di non dovervi rinunciare con la nascita dei figli.

Nella maggioranza dei casi, l'acquisizione di questo diritto ha significato un doppio lavoro, in casa e all'esterno e anche, di conseguenza, la richiesta di un maggior coinvolgimento dei mariti/padri nelle attività domestiche e nell'allevamento dei figli fin dai primi giorni di vita.

Anche il "valore sociale" del bambino è cambiato: da investimento economico è diventato investimento affettivo anche per i padri. Ed ecco che sempre più spesso i padri si trovano a privilegiare l'intimità coi propri figli piuttosto che la distante autorità.

Il potere dato dall'autorità viene sostituito col potere dell'amore e dell'autorevolezza, vale a dire una forma di attenzione che non rinuncia a indicare regole e doveri, ma che pone al centro l'ascolto e il dialogo. D'altro canto molti padri "tradizionali" non gradivano di dover intervenire soltanto per far rispettare le regole e punire e vivevano come una forzatura il fatto di dover mostrare sempre un volto severo ai figli. E il fatto che la cura dei neonati fosse considerato un compito soltanto femminile non significa che tutti i padri gradissero di essere tenuti lontano dai figli nelle prime fasi dello sviluppo. Vari ne soffrivano e avrebbero voluto avere un ruolo maggiore e diverso, non osavano però manifestare apertamente questo desiderio perché contrastava con l'immagine ufficiale di marito e di padre dell'epoca, un'immagine condivisa dalla grande maggioranza sia degli uomini sia delle donne. Fino a una ventina di anni fa era difficile vedere in strada un uomo (padre o nonno) spingere una carrozzina o tenere il neonato nel marsupio, così come era raro che un padre accompagnasse il figlio dal pediatra.

La ripartizione dei compiti tra lui e lei all'interno della casa non è, nei fatti, sempre paritaria, secondo quello che dovrebbe essere il nuovo modello di coppia simmetrica.

Spesso e volentieri sono le donne a sostenere il peso maggiore non soltanto nelle faccende domestiche ma anche nell'organizzazione della giornata dei figli. Ma non mancano gli uomini che su questi temi domestici "prendono il comando", cercando di estromettere la donna. Diventano perfezionisti e ossessivi, facendo del bambino il centro della propria vita (oltre a pretendere che lo sia anche per la madre): scatta una vera e propria competizione con la madre, e ciò aumenta ovviamente i conflitti di coppia.

Si trasferiscono sul bambino le attenzioni, l'interesse, l'affettuosità che si dedicavano alla compagna, privandola di ciò che era abituata a ricevere e provocando quindi gelosia, competizione, senso di abbandono; un'operazione fallimentare purtroppo già ben "collaudata" dalle madri tutte riversate sul figlio.

Succede anche che le donne che avevano preteso o comunque salutato di buon grado la divisione paritaria dei compiti, nel momento in cui c'è un figlio si sentano defraudate di una funzione che è sempre appartenuta loro di diritto e tentino quindi di riacquistare la propria predominanza tradizionale.

«Mio marito è diventato un mammo apprensivo» spiega la mamma di una bimba di 9 mesi. «È fastidioso. Vuole sapere tutto della bambina, momento per momento. Mi sorveglia e mi controlla come se fossi sempre sul punto di fare degli errori».

Se dunque i ruoli complementari tipici della famiglia tradizionale, definiti in base al sesso del genitore, erano rigidi e non più funzionali in un mondo in cui sono molte le madri che hanno un lavoro impegnativo al di fuori dalle mura domestiche, quelli simmetrici del nuovo tipo di unione richiedono equilibrio, spirito collaborativo e una comunicazione efficace.

Nuove incombenze...
Oggi, all'interno della famiglia, un padre può svolgere attività che un tempo erano tipicamente femminili: questo gli consente anche di sviluppare un rapporto diverso con i figli, fin dalla loro nascita.

SAPER COMUNICARE

Un aspetto importante in ogni tipo di convivenza è la capacità di comunicare in modo sereno, evitando i toni violenti e offensivi. Il marito con la moglie, i genitori con i figli, i nonni, i parenti... e in generale tutte le persone con cui si hanno dei rapporti. Compito piuttosto agevole per chi è stato educato a una buona comunicazione fin dall'infanzia. Apprendimento da realizzare, invece, se non si è avuta la fortuna di ricevere questo tipo di formazione nel corso dell'età evolutiva, o se la si è ricevuta in forma incompleta o approssimativa. Molte incomprensioni – in famiglia come nei luoghi di lavoro – sono in realtà dovute a una cattiva comunicazione, all'incapacità cioè di affrontare le inevitabili divergenze che insorgono quando si vive insieme.

AFFRONTARE I CONFLITTI

Qualche conflitto in famiglia è normale e inevitabile: ci si vuole bene ma ogni tanto non ci si sopporta; si dipende gli uni dagli altri ma si ha anche bisogno di autonomia. Qualche volta è saggio non notare un'incongruenza, non prestar voce a una lamentela, ignorare una provocazione; se però i conflitti non sono mai affrontati o se il modo in cui li si affronta è sbagliato, si corre il rischio di vivere in uno stato di tensione che non fa bene a nessuno oppure di estraniarsi man mano gli uni dagli altri. Se i genitori non vanno d'accordo i bambini lo sentono, si innervosiscono, diventano capricciosi.

IL CONFLITTO NON DEVE SPAVENTARE, BISOGNA PERÒ CHE SIA COSTRUTTIVO

Il conflitto costruttivo si sviluppa in modo da consentire a ciascuno di capire il problema anche dal punto di vista dell'altro. Offre la possibilità di confrontarsi senza violenza per trovare un terreno d'intesa. Non si tratta né di ferire né di dominare. Consente di mettere le cose in chiaro, di scaricare le tensioni e di trovare spesso un punto di accordo. Il conflitto distruttivo ha per lo più come obiettivo quello di esercitare il proprio potere sull'"avversario". Non ci si preoccupa di migliorare i rapporti né di trovare soluzioni soddisfacenti per entrambi. Si cerca soprattutto di mettere l'interlocutore di fronte alle sue contraddizioni e la discussione si conclude con giudizi e valutazioni che non consentono vie d'uscita. La discussione può anche essere interrotta bruscamente da asserzioni intransigenti del tipo «basta così, ho da fare cose più importanti!».

Intesa Un padre più espressivo raggiunge più facilmente un'intesa con i figli.

Chi per qualsivoglia motivo non ha appreso a comunicare in modo adeguato deve fare uno sforzo per imparare a parlare e ad ascoltare in maniera diversa. È come studiare una nuova lingua: bisogna esercitarsi per arrivare a usarla correttamente, sapendo che impegnandosi a un certo punto si ottengono dei risultati. Ci sono alcune cose che è bene tenere presente, per esempio che dietro a ogni conflitto ci sono dei bisogni umani importanti, come il bisogno di stima e di rispetto, di autonomia e di comprensione. Se il bisogno che è all'origine del conflitto è riconosciuto e reso esplicito e/o se viene capito e riconosciuto dall'altro, è facile che le ostilità si risolvano in breve tempo.

L'empatia è un altro aspetto importante della comunicazione, cioè la capacità di comprendere le emozioni dell'altro e di mettersi nei suoi panni: in alcuni momenti bisogna sapersi spingere al di là delle parole per comprendere lo stato d'animo del nostro interlocutore. L'autocontrollo è una virtù che richiede esercizio e perseveranza ma che alla fine premia sempre. Invece di scattare alla prima contrarietà attaccando, colpevolizzando, minacciando e, così facendo, provocare chiusura e irrigidimento nell'altro – a volte anche reazioni violente –, è meglio cercare di comunicare le proprie opinioni, emozioni e richieste usando toni pacati.

Nonni e nipoti
Quando entrambi i genitori sono occupati fuori casa, il supporto pratico e affettivo dei nonni diventa spesso fondamentale.

UN PONTE FRA LA FAMIGLIA E IL MONDO

Se il padre non è più il cerbero di un tempo, chi esercita l'autorità in famiglia? Un bambino può crescere senza disciplina? Sono in molti a pensare che la causa principale delle violenze tra i giovanissimi sia dovuta a un atteggiamento dimissionario da parte dei genitori, in particolare dei padri che, abbandonati gli atteggiamenti autoritari messi sotto accusa dalla contestazione femminista e da una visione non punitiva dell'educazione, non hanno però ancora trovato tra le mura domestiche un loro ruolo specifico. Anche nel Duemila i figli continuano ad avere bisogno di figure strutturanti: adulti capaci di trasmettere valori e regole di comportamento con cui affrontare il mondo e darsi un'identità. Le regole danno sicurezza ai bambini e trasmettono il messaggio implicito che i genitori hanno il controllo della situazione, che sanno fare delle scelte per il loro bene; e quando, nell'adolescenza, essi contesteranno le regole, ci sarà comunque bisogno di qualcuno forte abbastanza da reggere il contraddittorio, qualcuno che si presti a fare da controparte in quell'esercizio di contrapposizione che serve ai giovani per capire ciò che sono e ciò che vogliono diventare. Indifferenza ed eccesso di consenso sono entrambi controproducenti. In alcuni momenti un adulto deve saper dire "no",

Socialità
Un padre può svolgere un'importante opera preparatoria all'inserzione sociale, mediando i conflitti di gruppo e ponendo regole di comportamento.

decidere senza tentennamenti, vietare e anche punire: deve, per il bene dei figli, sapere assumersi delle responsabilità sgradite ma necessarie. Deve essere anche sufficientemente maturo e autosufficiente da reggere il dissenso dei figli, i loro atteggiamenti oppositivi, le loro rivendicazioni. Ci sono genitori che non riuscendo a tollerare il malumore dei figli cedono su tutto; gli effetti di una buona educazione però non si vedono nell'immediato ma nel tempo.

INTRAPRENDENZA E FIDUCIA IN SE STESSI

La risposta al bisogno di autorità dei figli è soltanto un aspetto della funzione paterna: un padre ha anche altre possibilità d'intervento costruttivo. Può, per esempio, svolgere un'azione di collegamento fra il gruppo familiare e il gruppo dei pari. Socializzare, per un bambino, significa imparare ad assumere un ruolo nel gruppo dei compagni di gioco e di scuola, affermare la propria identità nascente, riconoscere i bisogni e le motivazioni degli altri, accettare alcune regole fondamentali, individuare strategie di difesa efficaci: competenze sociali la cui acquisizione progressiva passa attraverso l'esperienza della rivalità, del dividere amichevole, della cooperazione all'interno della famiglia e, soprattutto, dell'iniziazione alla vita comunitaria del nido e della scuola materna. Un padre può svolgere un'importante opera preparatoria all'inserzione sociale attraverso una molteplicità di condotte che possono iniziare subito. A seconda dell'età del figlio può insegnare abilità come arrampicarsi, spenzolarsi da un appiglio, andare in bicicletta, lanciare una palla. Può incitare il bambino ad adattarsi alle novità. Incoraggiarlo nell'esplorazione, nella soluzione di problemi, sfidarlo ad affrontare rischi e incertezze adatte alla sua età. Sono queste modalità di interazione che galvanizzano, a patto che i modi del padre non siano troppo bruschi e il piccolo non si spaventi. Ma naturalmente non ci sono soltanto le sfide e i problemi da risolvere, ci sono anche le passeggiate insieme in cui si osserva l'ambiente circostante. Ci sono i racconti, i dialoghi, l'ascolto reciproco, lo scambio di idee. Fa molto bene a un bambino di età prescolare ascoltare un adulto che gli parla e racconta: lo facilita nell'apprendimento del linguaggio, gli fa cogliere tanti diversi aspetti della realtà, lo abitua a pensare e a seguire il filo del discorso.

IL TEMPO E LA PRESENZA

Si diventa importanti nella vita di un bambino se gli si dedica del tempo, se si è presenti. Un neonato non chiama o piange soltanto perché ha fame: può farlo anche perché ha caldo, o freddo, oppure perché è bagnato, o perché avverte qualche piccolo disagio dovuto a una cattiva posizione. Crescendo chiamerà anche, più semplicemente, per stare in compagnia. Sia il papà che la mamma possono venirgli in aiuto nelle diverse situazioni, anche perché, come

Autorità e disciplina
Un adulto deve saper vietare e punire, assumendosi per il bene dei figli responsabilità sgradite ma necessarie.

hanno dimostrato alcuni studi sperimentali, uomini e donne vengono "attivati" in egual misura dal pianto e dai richiami emessi dai neonati e man mano si abituano a interpretarli, a capire che cosa c'è dietro.

Un papà può anche scaldare il biberon o dare il latte alternandosi alla madre quando l'allattamento è misto. La maggior parte dei bambini accetta questo doppio regime. Giorno dopo giorno, settimana dopo settimana, il neonato si "attacca" affettivamente alle persone che gli stanno accanto e si prendono cura di lui: si abitua ai loro gesti, alla loro voce, al loro odore, al loro sorriso e alle loro mani, ma anche alle facezie e ai contatti con cui lo sollecitano o lo fanno ridere. Queste "figure di attaccamento" gli diventano indispensabili e nel contatto quotidiano con loro impara come si entra in rapporto con gli altri.

Papà e mamma Un papà può sostituire egregiamente la mamma anche per le poppate di latte.

GENITORI FRAGILI, FIGLI FRAGILISSIMI

Da tempo stiamo assistendo a una grande crisi di ruolo da parte di molti genitori. È una crisi che produce generazioni di figli insicuri, dotati di scarsa autonomia e tolleranza alla frustrazione. Figli destinati a diventare adulti poco liberi e poco abili, eterni adolescenti spaventati dal carico decisionale e dall'idea stessa di diventare indipendenti. Giovani poco abituati a gestire le frustrazioni e le limitazioni che inevitabilmente la vita pone perché protetti e privati dai genitori, nel loro percorso di crescita, di ogni ostacolo e difficoltà da superare.

La società paga tutto questo, oltre che con sofferenze individuali, anche con carenze sociali: vedi ad esempio l'eccessivo ritardo di costruzione di nuovi nuclei familiari (fenomeno particolarmente acuto in Italia dove, anche a causa della crisi del lavoro giovanile, i ragazzi continuano a vivere in casa insieme ai genitori fino a 30 anni e oltre). Su altri versanti il fenomeno si manifesta in termini di crisi esistenziali, difficoltà a stringere duraturi rapporti di coppia oltre la famiglia, incremento di patologie psico-relazionali (in particolare di gravi depressioni adolescenziali: vedi i cosiddetti suicidi per "futili motivi", da un insuccesso scolastico alla bocciatura all'esame di scuola guida o perché lasciati dalla ragazza o etichettati dai compagni come "secchioni").

"POVERINO, PERCHÉ DEVE SOFFRIRE!?"

Questo è il concetto più radicato e sostenuto dai genitori, col quale si deve fare i conti tutte le volte

che come pediatri si "prescrive" una modifica alle abitudini, ai ritmi nella giornata del figlio, volta a migliorare la sua vita e di conseguenza anche quella di tutto il suo nucleo familiare, quando in definitiva cioè si raccomanda un intervento "educativo".

Vediamo un esempio già nelle primissime fasi della vita: alcuni lattanti, passato il primo periodo di normale e salutare "anarchia", con assoluta libertà nel ritmo delle poppate, possono nei mesi successivi assestarsi su di un ritmo di poppate particolarmente intenso durante la notte (a volte anche ogni 2 ore) con stacchi ben più lunghi durante la giornata (4-

5 ore fra una poppata e l'altra). La dose totale di latte nelle ventiquattro ore è corretta ma distribuita con intervalli che poco si adattano alla vita degli adulti circostanti. Il risultato di tutto questo è che il bambino cresce normalmente di peso mentre la mamma "cala", sia nell'umore che nella produzione di latte, per la stanchezza che accumula a causa di questo "aver scambiato il giorno per la notte". La notte infatti non riesce a lasciarsi andare a un vero sonno ristoratore e durante il giorno, avendo in genere tante altre incombenze oltre all'allattamento, non può di fatto concedersi il lusso di recuperare le notti perse. Stanche e disarmate, queste madri si presentano in ambulatorio chiedendo aiuto, col sospetto di avere un latte poco buono o con la speranza di vedersi prescrivere qualche farmaco miracoloso. Purtroppo non c'è farmaco che possa sostituire l'intervento educativo, neanche per un neonato. È invece necessario rimboccarsi le maniche... e iniziare a fare i genitori! Cominciare cioè a intervenire con decisioni ferme e chiare, certamente un po' frustranti per le scelte del bambino, che quindi sul momento reagirà contrariato e disturbato, ma che il genitore, nella sua maturità, sa non essere altro che le inevitabili frustrazioni che garantiscono la crescita, la maturazione e l'autonomia. Un genitore che vede nel futuro quindi e non valuta tutto sul momento, "alla giornata" come fa il bambino.

IL CONSIGLIO DEL PEDIATRA

Il bambino andrà fatto poppare con maggior regolarità durante la giornata e così si sposterà l'intervallo del "sonno lungo" nelle ore canoniche per

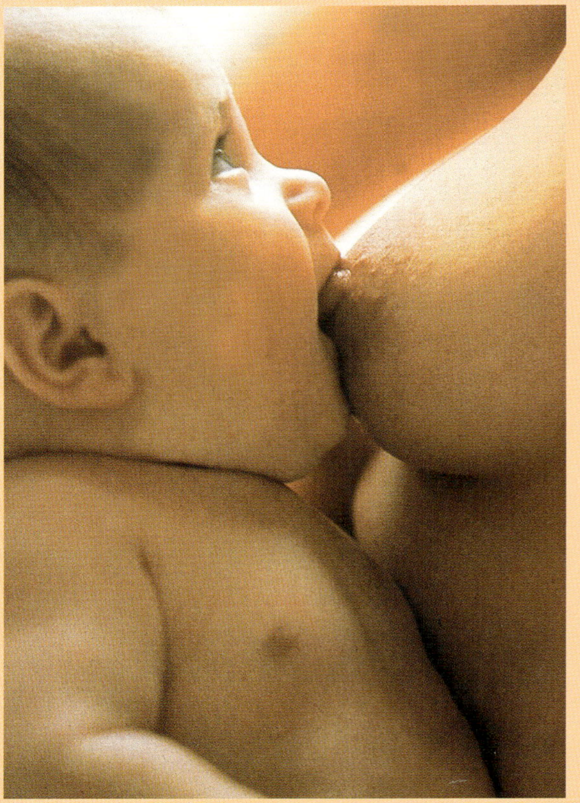

dormire, quelle della notte. Questo farà bene a tutti: alla mamma che avrà la possibilità di recuperare una maggior "normalità" nella sua giornata; al padre, che non avrà più motivo per andare a dormire in un'altra stanza, dovendo lavorare il giorno dopo; alla coppia quindi, che ritroverà spazi privati; e tutto questo a vantaggio del bambino che, oltre a sviluppare autonomia e indipendenza (requisiti fondamentali della maturità), troverà latte in abbondanza, maggior voglia di accudirlo e serenità nei genitori. Eppure la risposta quasi risentita a questi consigli di solito è: "ma poverino, vedesse quando si sveglia come si innervosisce... mi si strizza il cuore... ma perché farlo soffrire!?".

È un esempio questo della "rinuncia" dei genitori di oggi a educare da subito il bambino per l'incapacità di sostenere il carico della contrapposizione e dell'opposizione che è invece insito nel processo educativo.

Genitori troppo fragili e ancora forse troppo adolescenti, privi di autonomia anche ideologica. È normale che i bambini si oppongano tutte le volte che gli predisponiamo un cambiamento, perché incapaci di leggere positivamente la frustrazione che si accompagna a un comando educativo e capaci di viverla quindi solo come impedimento al godimento attuale. Non sta certamente a loro rendersi conto che con queste piccole frustrazioni si sta costruendo il benessere del loro futuro. Ma per riuscire a sostenere il conflitto con il figlio bisogna essere solidi nel progetto educativo, altrimenti è facile trasformarsi in genitori "maleducanti", incapaci di educare a causa di una sofferenza che paralizza non appena si avverte il sapore dello scontro.

IL CORAGGIO DI DIRE "NO"

È certamente "doloroso" per un genitore assistere al pianto disperato del figlio. Ma per non saper sopportare il breve, transitorio pianto di un bambino si rischia di farlo piangere ben più a lungo quando magari, dopo tante nottate perse, mancherà il latte e il rapporto con i genitori sarà deteriorato da una stanchezza ingestibile.

Il ruolo dei genitori non può essere quello di tenere i figli più a lungo possibile fuori dalle brutture del mondo, sostituendosi a loro in tutto, affrontando al posto loro le più modeste fatiche e correndo i più insignificanti rischi, bensì quello di aiutarli a sperimentare le proprie forze, ad accrescere la capacità di gestione di se stessi nel mondo, e farli così capaci di essere protagonisti attivi, forti e desiderosi di rimuovere gli aspetti negativi della società che proponiamo loro.

Puntando solo al risparmio, per star sereni, senza conflitti, giocosi e complici compagni dei figli, produciamo individui incapaci, fragili, inutili vittime della difficile vita di adulti che li aspetta, per loro ingestibile senza una mamma o un babbo che siano disponibili in ogni momento a dirgli se hanno fame, sonno o freddo! Genitori insostituibili, che da sempre li hanno sollevati da ogni fastidio, magari perdendo notti dopo notti senza però mai essere così crudeli da lasciare che "patissero le pene" di apprendere un ritmo alimentare più consono al vivere in comunità.

Di esempi se ne potrebbero fare altri, come l'incapacità di limitare la strabordante presenza televisiva nella sua giornata, o la sempre più diffusa incapacità di tenere a dieta ed educare a una più sana alimentazione un bambino vistosamente sovrappeso, perché non si è capaci di "fermarlo", o di limitargli l'apporto di cibo: "me lo chiede lui", "si arrabbia se non glielo do", "vedesse come diventa se non lo accontento" ecc.

La fragilità genitoriale produce maleducazione soprattutto in termini di mancanza di autonomia, con tutti i danni che ne deriveranno a quella società futura che presto li vedrà adulti protagonisti.

FIGLI E FIGLIE: DUE MODI DIFFERENTI DI FARE IL PADRE?

Per l'inclinazione che hanno in genere i maschi a ingaggiare coi bambini dei giochi fisici (corse, salti, calciare palla ecc.) e giochi di opposizione (lotta simulata, inseguimenti, false minacce ecc.), un padre può iniziare il proprio bambino al rispetto delle regole e dell'avversario: è una delle conclusioni cui sono arrivati gli psicologi Kevin B. MacDonald e Ross D. Parke in uno studio su 14 bambine e 13 maschi tra i 3 e i 5 anni. Questi ricercatori hanno anche dimostrato come la qualità delle relazioni dei bambini con i coetanei siano correlate positivamente con il comportamento ludico dei genitori e, in particolare, con l'implicazione emotiva e il gusto del gioco fisico dei padri.

Giochi fisici I giochi fisici e di opposizione intrapresi tra padri e figli contribuiscono a trasmettere importanti regole di comportamento e di rispetto dell'avversario.

C'è chi tende a differenziare gli interventi in base al sesso: si spingono i maschi verso la soluzione di problemi, il controllo, la strumentalità e le bambine verso l'espressività, le relazioni interpersonali, la dipendenza. Poiché si considerano i maschi più forti e robusti, con loro si interagisce più spesso fisicamente e li s'incoraggia a fare giochi fisici più di quanto non si faccia con le bambine. Con i più grandicelli si è più fermi e severi, meno affettuosi, più direttivi e interventisti (con rinforzi positivi e negativi) di quanto non lo si faccia con le figlie della stessa età. Qualche volta gli interventi differenziati sono giustificati, molte altre volte invece sono legati a preconcetti. Più che le differenze di genere contano in realtà le differenze individuali, legate al temperamento di ognuno.

Per quanto riguarda il linguaggio, le statistiche indicano che i padri sono, con maggiore frequenza, interlocutori più difficili delle madri, si sforzano meno di farsi capire, parlano normalmente e usano vocaboli più difficili; in altre

Stimoli differenti
Le caratteristiche psichiche e anatomiche dell'uomo e della donna sono diverse, e anche gli stimoli che essi provocano nei bambini sono differenti, tutti utili a un equilibrato sviluppo.

Statistiche
Secondo recenti statistiche, quando sono coinvolti nell'educazione dei figli gli uomini sono concentrati sull'obiettivo, sfidano, incitano, forniscono regole e indicazioni pratiche.

parole, si aspettano che sia il piccolo ad adattarsi al loro linguaggio invece del contrario. Sono anche più direttivi e più propensi a far riformulare la frase con domande del tipo "che cosa?", "ripeti?", "cosa hai detto?". Questa inclinazione può avere una funzione positiva nel traghettare il bambino dal linguaggio primario, a due interlocutori, a quello dell'ambiente sociale allargato, che contempla più interlocutori. Non bisogna però esagerare: gli interventi non devono essere troppo severi, cioè tali da inibire invece di incoraggiare a spiegarsi meglio e a proseguire il dialogo.

Un bambino, inoltre, deve avere anche la possibilità di usare il "suo" linguaggio in altri momenti, il che è più facile se ha dei fratelli, degli amichetti, o se altri adulti in casa (la mamma, la nonna...) accettano senza fare resistenza il suo linguaggio infantile, i suoi errori, le sue buffe espressioni. Dal canto loro, i bambini, che non sono mai dei recettori passivi, riconoscono molto presto i diversi stili di interazione e di dialogo e reagiscono in maniera differenziata agli uni e agli altri.

Sempre secondo le statistiche, analoghi atteggiamenti i padri mostrerebbero, in misura maggiore delle madri, quando i figli cominciano a leggere o sono impegnati a risolvere un problema: gli uomini appaiono più concentrati sull'obiettivo, sfidano, incitano, forniscono regole e indicazioni pratiche, le donne consentono ai bambini di divagare di più, di prendere maggiori iniziative, di seguire le proprie strategie, di giocare con le parole...

Questi risultati però non considerano che nella realtà di tutti i giorni (a differenza di ciò che si verifica in un contesto sperimentale) gli interventi paterni sono più rari di quelli materni... una variabile da non sottovalutare!

LA PAROLA AL MEDICO

UN VUOTO EDUCATIVO PIENO DI PREMURE

Può sembrare un controsenso, ma in un'epoca in cui si dice di fare tanto per i bambini e soprattutto se ne parla tanto, ci siamo ritrovati a esporli a quello che probabilmente rappresenta proprio uno dei maggiori rischi, sociali e individuali: la mancanza di un adeguato bagaglio formativo/educativo. Abbiamo cioè prodotto figli insicuri, inabili, poco dotati di autonomia e soprattutto poco muniti di quelle fondamentali doti che rendono gli uomini liberi, capaci e sociali: la tolleranza e l'adattabilità.

La poca tolleranza al disagio e alla fatica che sembra contraddistinguere una gran fetta della società odierna ha portato a trasferire questo concetto al mondo dei bambini in termini categorici: "il bambino non deve e non può soffrire".

Concetto questo che potrebbe avere anche una sua nobiltà, se realmente si lavorasse su quelle che sono le vere fonti di sofferenza per il bambino. La protezione dell'infanzia invece si traduce quasi sempre in un consumismo esasperato, anche di farmaci e di risorse sanitarie, o ancora nella creazione intorno ai bambini di un clima di terrorismo che ci porta a diffidare di tutti, tutti potenziali rapitori, pedofili, stupratori, senza per altro rendersi conto che la radice di questi fenomeni è da ricercare non tanto nel sottoscala del vicino o nell'immigrato da terre lontane, ma piuttosto nello stile di vita e nella cultura di tutti noi, quella che permea i nostri quartieri, i nostri salotti, le nostre scuole, i nostri strumenti informativi.

Mentre si perdono tempo ed energie a distribuire vitamine, immunostimolanti e zainetti col fischio antiaggressione, intanto paradossalmente si rinforzano le vere cause della sofferenza, proponendo stili di vita nevrotici e stressanti: si fa correre il bambino dalla mattina alla sera, prima a scuola, poi al corso di lingua alternativa, poi a farsi i muscoli in palestra, poi dal mister per fare "squadra" ecc. Il rapporto coi genitori diviene spesso poco "reale": assenti per gran parte della giornata, padre e madre pieni di sensi di colpa diventano maniacali nei limitati spazi di presenza, cercando di creare un rapporto "amichevole", complice, ma mai educativo ("che vuoi, col poco tempo che si passa con i figli, vuoi sciuparlo a discuterci?").

E ancora: si esasperano e si rendono i figli sempre più aggressivi per un diffuso delirio di doverli fare tutti dirigenti, comandanti, capi, donne vincenti e maschi dominatori. Così in quella "preparazione alla vita adulta" che è l'infanzia, i figli devono imparare a vincere a tutti i costi (e non importa se imbrogliano agli esami e ai concorsi col telefonino in tasca); devono pretendere il rispetto, anche quando i metodi con cui lo ottengono li rendono già assai meno rispettabili, vedi l'ottenerlo a suon di botte (ho sentito personalmente genitori chiedere alle maestre di asilo di insegnare ai bambini più miti a reagire con violenza agli spintoni degli amici: "bisogna che imparino a difendersi").

Ma devono anche farsi furbi e un po' cinici, e quindi ad esempio non correre rischi "personali" per un vantaggio sociale: quindi meglio non vaccinarsi, tanto si vaccinano gli altri e così comunque la malattia non si diffonde. Poi c'è il bambino che non deve mangiare la carne, o un certo tipo di olio... perché si è saputo che non fanno bene: la soluzione però quasi mai è quella di agire coinvolgendo la scuola e gli altri genitori per un miglioramento generale rivolto a tutti, ma piuttosto si ricorre a un certificato medico che salvi nostro figlio, e solo lui: gli altri si arrangeranno.

I bambini intanto divengono sempre più intolleranti: i mal di gola e i nasi chiusi richiedono farmaci "risolutivi", forti e subito perché i bambini stessi hanno imparato che anche i più piccoli sintomi vanno subito scacciati (dice una pessima pubblicità: prendi subito il farmaco X ai primi sintomi di raffreddore! Mentre avremmo dovuto spiegare ai figli che ai primi sintomi di raffreddore si dovrebbe solo imparare a fare i conti con i piccoli disagi respiratori che può procurare). Non fanno in tempo a uscire da scuola, dove la maestra ha appena segnalato un po' di tosse, o qualche linea di febbre, che subito vengono trasportati all'ambulatorio del medico, presentandosi con l'urgenza che fa passare avanti a tutti. Infatti questi bambini non hanno più il raffreddore, la tosse o un po' di febbre (come è capitato a tutti noi bambini... tanti anni fa) ma solamente raffreddori "mostruosi", tossi "pazzesche", febbri "assurde"!

Alla base di questa esasperazione dei termini fatta dai genitori quando riferiscono le sintomatologie più varie (che peraltro alla visita risultano quasi sempre di entità assolutamente trascurabile), oltre a una dilagante intolleranza e insofferenza penso ci sia soprattutto un grande, diffuso senso di solitudine, unito al timore di non essere ascoltati. Allora non è tanto questo urlare coloritamente i sintomi che preoccupa (anche se sul piano della cultura generale mi sembra un fenomeno avvilente), ma il fatto che questo poi dia luogo a una tale intolleranza anche dei più piccoli fastidi da portare inevitabilmente a un consumo crescente (ed economicamente disastroso) di farmaci e prestazioni mediche. E certo il problema non si risolve passando da farmaci di tipo "ufficiale" a quelli alternativi, anche questi usati a dismisura (omeopatia, erboristeria, chiroterapia ecc.): la spesa è comunque altissima anche se trasferita dallo Stato al privato, e soprattutto i sintomi sono comunque vissuti in maniera angosciata. Continuiamo a non capire cioè che la soluzione "sana" non è cambiare tipo di medicine ma smettere di usarle per sintomi

e situazioni per cui non sono affatto necessarie e che richiederebbero invece solo pazienza, tolleranza e un più serio impegno per rivedere e migliorare il proprio stile di vita, insegnandolo anche ai propri figli. Che cosa penseranno questi poveri figli: con quale intelligenza ed equilibrio gestiranno i loro piccoli disagi fisici di adulti?

E infine, un altro tragico effetto della mancanza di educazione a cui esponiamo i nostri bambini è che divengono immediatamente onnipotenti, piccoli tiranni: tutto gli è dovuto ("ne avrà di tempo nella vita per patire..."). Il bambino francamente obeso, col medico che si raccomanda di tenerlo a dieta, non può essere educato: "sapesse che scene mi fa se non gli do quello che vuole!". Decide lui se vuole andare dalla nonna e non i genitori, per vedere di recuperare un po' di spazio di coppia, magari per un cinema o una cena finalmente da soli! Non occorre neppure che impari le regole comportamentali del vivere sociale, saper mangiare, saper salutare, saper rispettare anche le esigenze degli altri. I genitori spenderanno tanto per farlo viaggiare, perché impari l'informatica, per insegnargli più lingue, ma imparare l'educazione e il comportamento civile, quello no, perché oggi non produce potere. E qui per altro sbagliano due volte: l'educazione formale certamente non dà potere nell'ambito ristretto dell'arroganza generalizzata, quella che tira il malcostume generale;

ma la cosa è già un po' meno vera quando ci si sposta di categoria: allora sì che, come ai tempi di Erasmo da Rotterdam, che raccomandava ai prìncipi l'insegnamento ai figli delle "buone maniere", il potere dell'educazione paga e dà comando.

È come se ogni famiglia avesse un suo Bambin Gesù: quando c'è lui non è concessa altra attività che l'adorazione. Quante tragiche cene abbiamo già tutti subito, da quei genitori che ci rifilano per l'intera serata, fra un piatto e l'altro, i loro piccoli brillanti saccenti figli, abili solo nello spettacolino delle loro "abilità". E quante altre cene passate con l'immancabile posto a tavola vuoto di chi deve mettere a letto il bambino... e lo rivedremo forse dopo il caffè.

Ma è questo che serve ai figli? Genitori che non hanno più una dignità del proprio vivere sociale, tutti annientati in nome del figlio? O forse a questi bambini servirebbe poter imparare, pena qualche protesta e pianto, che si può e si deve riuscire a dormire da soli: un bacio, una carezza e via... perché solo così si cresce. E crescere non è facoltativo: è obbligatorio.

(da: P. Sarti, *Neonati maleducati*, Giunti 2008)

RUOLI IN TRASFORMAZIONE

Il ruolo paterno sta dunque attraversando una fase di trasformazione e ristrutturazione. La classica frase pronunciata dalle madri "vedrai cosa ti succede quando tuo padre torna a casa..." sta diventando sempre più rara: i padri moderni non vogliono più recitare la parte del giustiziere, del braccio armato della madre. L'autorità viene divisa tra padre e madre. I rapporti tra uomini e donne sono cambiati e sarebbe irrealistico voler tornare indietro. Ciò però non significa che i genitori debbano essere completamente intercambiabili.

È importante che simbolicamente un figlio possa situarsi tra un polo materno e un polo paterno, anche se le differenze sono ora più legate alle caratteristiche individuali e di genere che a ruoli definiti in anticipo e uguali per tutti. Un papà che spinge il passeggino o che cambia il pannolino resta sempre un papà, non corre il rischio di diventare automaticamente un "mammo" come alcuni paventano. Analogamente, una mamma che promuove i giochi movimentati resta sempre una mamma.

Anche quando svolgono le stesse funzioni, le persone non si comportano mai in modo identico: ognuno ha un proprio modo di tenere il bebè, di parlargli, di giocare con lui... Queste differenze continueranno anche in seguito, e sono preziose: dimostrano al piccolo che il papà non è "una mamma-bis", ma un genitore con caratteristiche proprie, uniche, specifiche. I bambini scoprono presto le differenze tra papà e mamma, notano il diverso uso che fanno degli oggetti e degli spazi (la poltrona di papà, la scrivania di mamma...), le attività che l'uno e l'altra svolgono in casa (la meccanica è il dominio di papà, la cucina quello della mamma o viceversa) e intorno a queste differenze strutturano due diversi e complementari poli di riferimento.

UN LAVORO D'ÉQUIPE

In materia d'autorità, per esempio, la presenza di un terzo può risolvere un conflitto interminabile, o evitare, nel corso di uno scontro accalorato, la scalata verso forme crescenti di aggressività e di risentimento. Se poi in una coppia uno è incline all'indulgenza e l'altro al rigore, prima o poi si creerà un equilibrio. Se ciò non si verifica bisogna cercare di realizzare una complementarietà, il che è possibile se c'è un buon ascolto reciproco. Discutere insieme dei ruoli e degli atteggiamenti di ognuno, ritornare su episodi mal vissuti cercando di comprenderne le cause e cercare di capire le rispettive posizioni consente di superare gelosie, rancori e risentimenti che, se non affrontati in tempo, rischiano di creare incomprensioni, divisioni o di indebolire la figura di uno dei due agli occhi dei figli.

Emotività L'emozione di coccolare il proprio "cucciolo" è forte per la madre, ma spesso lo è anche per il padre.

Il dialogo consente invece di individuare, per ognuno, un ruolo coerente con i figli. In questo campo non esistono ricette prefabbricate; è importante, però, che il padre non cerchi di imitare la sua compagna e che la madre ne accetti il comportamento diverso e che entrambi ricordino che i bambini, lungi dall'essere creature fragilissime facilmente traumatizzabili, sono in grado di far fronte brillantemente a una serie di "normali" emergenze ed errori dei loro genitori... Non tutti i padri sono presenti nella vita dei figli e, quando mancano, le madri cercano di sopperire svolgendo due ruoli in uno, a volte con successo.

Non è necessario che padre e madre svolgano gli stessi ruoli o abbiano lo stesso tipo di interazione, il fatto che si relazionino con i figli in modi diversi non è di per sé negativo. I bambini esposti a due diverse attitudini – purché non in evidente contrasto tra loro – imparano di più. Certamente i bambini amano sentire l'intesa tra i genitori, la complicità, la tenerezza e tuttavia ciò non significa che essi non possano confrontarsi con le divergenze dei punti di vista, delle opinioni e dei caratteri.

Alla scoperta! La sicurezza che offre un equilibrato rapporto con i genitori è un punto di partenza essenziale per affrontare senza paura le incognite della crescita.

Ecco alcuni esempi di attitudini divergenti.

• **Coccole e tafferugli per un buon equilibrio affettivo**: quando padre e madre vanno d'accordo e si rispettano, i loro modi diversi di essere arricchiscono i figli. Per esempio, la mamma che fa le coccole trasmette a suo figlio un sentimento di benessere. Il papà che fa dei giochi fisici aiuta il bambino a controllare i movimenti, ma anche le emozioni che a quei movimenti sono collegate. Sia pure attraverso modi diversi, entrambi i genitori contribuiscono a creare un'atmosfera positiva che induce un sentimento di fiducia. Lo stesso si dica per i nonni o per altre persone che fanno parte della famiglia.

• **Assunzione di rischi e appelli alla prudenza**: analogamente, se uno dei due genitori spinge a provare esperienze nuove e a superare le paure e l'altro invita alla prudenza, le due attitudini entro certi limiti possono convivere. Questa convivenza diventa difficile quando uno o entrambi esagerano: per esempio uno pone il bambino in situazioni di evidente pericolo, oppure lo spinge al di là delle sue reali capacità, lo vorrebbe più maturo e più capace di quello che è, l'altro invece proietta sul figlio le proprie paure.

• **Autorità e indulgenza**: può capitare che uno dei due abbia un'attitudine troppo rigida e intransigente nell'insegnare ai figli la differenza tra il bene e il male, mentre l'altro sia eccessivamente indulgente. La prima attitudine può produrre insicurezza e rigidità, la seconda mancanza di autodisciplina: in momenti diversi maschi e femmine hanno bisogno sia di controllo che di comprensione. Ciò non significa che un genitore debba smentire l'altro, si tratta di trovare una linea educativa comune per il bene dei figli.

• **Affrontare ed evitare**: il padre ritiene di dover preparare i figli alla dura realtà del mondo. La madre invece pensa di risparmiargli le esperienze dolorose. Questa diversità di vedute deve indurre alla riflessione e a valutare in quali contesti e a quale età è opportuna la prima attitudine e quando è preferibile la seconda.

• **Relazioni con l'altro sesso**: osservando il rapporto che esiste tra padre e madre i figli imparano molto sui rapporti tra i sessi, in maniera indiretta e inconsapevole. Ciò che assorbono e fanno proprio dipende ovviamente dal tipo di relazione che c'è tra i due.

I BISOGNI DEI BAMBINI PICCOLI

All'interno delle ovvie differenze individuali è comunque possibile evidenziare alcuni bisogni emotivi generali, comuni a tutti i bambini.

• **Amore incondizionato**: il messaggio che un figlio vuole ricevere di tanto in tanto, anche in una forma non verbale, è "sono contento di stare con te; per me tu sei speciale e io ti valuto come individuo, non come un bambino o un adolescente". Più è piccolo più un figlio ha bisogno di sentirsi accettato per quello che è, capito e guidato. Negli anni dell'infanzia, sapere che c'è qualcuno che pensa a noi e che ci ama senza condizioni, non soltanto quando si è "buoni" o si rende a scuola, è un'esperienza fondamentale per il senso di sicurezza personale. Ciò non significa che si debba cedere ai capricci: i bambini che sono sicuri dell'affetto dei loro genitori possiedono, via via che crescono, la forza per tollerare gli inevitabili dissensi e anche qualche critica e sgridata.

• **Rispetto per la personalità del bambino**: tutti vogliono essere rispettati. Accusare con insistenza un bambino di essere stupido, infantile, cocciuto o deriderlo per i suoi errori non lo aiuta a crescere né a correggersi. Rispetto significa molte cose. Significa che sentimenti come la tristezza, la gelosia, la rabbia e la paura non vengono negati o derisi, ma riconosciuti. Rispetto significa non fare paragoni sgradevoli con altri figli o compagni di scuola e non etichettare un bambino con espressioni del tipo: "pecora nera", "cattivo della famiglia", "nanetto di casa...", "figlio ciccione" ecc. Questo genere di definizioni possono essere fatte proprie dal bambino che è alla ricerca di una identità, e diventare per lui una sorta di seconda pelle.

Se si vuole stabilire un clima di fiducia è necessario che la comunicazione non venga continuamente banalizzata. Per non rispondere a domande che li imbarazzano o li irritano, gli adulti a volte svalutano la comunicazione dei bambini fingendo di non avere sentito, cambiando discorso, distorcendo il significato delle parole o prendendo troppo

Approccio diverso I padri interagiscono spesso fisicamente coi figli, incoraggiandoli a fare giochi fisici.

alla lettera ciò che il loro giovane interlocutore, meno abile nell'uso del linguaggio, cerca di dire. Quando gli adulti ricorrono troppo spesso a queste trappole linguistiche, i bambini possono: protestare, diventando capricciosi; arrendersi, rinunciando man mano a comunicare; imitare, utilizzando le stesse modalità comunicative squalificanti che vengono usate con loro. Ai bambini piace che i grandi evitino le critiche distruttive (un bambino sa di essere "piccolo" e di non possedere le competenze e le abilità che hanno i grandi), che mostrino dell'interesse per quello che fanno.

• **Tempo dagli adulti**: non è possibile indicare un numero di ore standard da dedicare ai figli valido per tutte le situazioni. I bambini hanno però bisogno che qualcuno dedichi loro del tempo. Il contatto fisico (soprattutto nei primi anni), parlare, capire, svolgere insieme delle attività, giocare... sono tutte componenti di un buon rapporto.

Qualunque sia la dimensione della famiglia, ai bambini fa bene ricevere delle attenzioni individualizzate, stare ogni tanto da soli con uno o entrambi i genitori, sentirsi ascoltati. I ragazzini abbandonati a loro stessi sono più a rischio degli altri sia per gli incidenti che per i comportamenti antisociali: tenderanno a cercare altrove quel sostegno che non trovano in famiglia.

• **Stabilità**: l'essenza di questo bisogno consiste nell'avere almeno una relazione affettiva stabile. La stabilità affettiva consente di nutrire fiducia negli altri. Per poter crescere si ha bisogno di stimoli e novità, ma anche di stabilità e di coerenza, di disporre di punti di riferimento reperibili sia nell'ambiente fisico che nelle persone. Ogni cambiamento va compreso e assimilato. Troppi cambiamenti insieme non aiutano i più piccoli, che non hanno il tempo di analizzare e assimilare una situazione in continua evoluzione.

Disponibilità
La possibilità di passare il tempo con gli adulti permette di accumulare esperienze e di sviluppare le emozioni più velocemente.

Le abitudini e la routine sono alla base del senso di sicurezza: su questa base vanno inseriti i cambiamenti, con una gradualità sostenibile da ogni bambino. Stabilità implica che il genitore reagisca in un modo abbastanza prevedibile. I bambini che hanno dei genitori che alternano rabbie incontrollate con tormentosi sensi di colpa sono più vulnerabili. È questo, per esempio, il caso dei figli degli alcolizzati: i loro genitori si trasformano completamente quando sono ubriachi e poi si sentono in colpa per come si sono comportati. Stabilità significa anche che i genitori non sono così soli e insicuri da dover usare i figli per fronteggiare le loro angosce. In altre parole, i confini generazionali non vengono scavalcati, i ruoli non vengono invertiti, i figli non diventano i "genitori" dei loro genitori.

- **Adulti responsabili**: bisogna essere emotivamente più forti dei bambini. Bisogna riuscire a prendere delle decisioni quando è necessario. I genitori non devono certo essere tirannici, è però loro compito indicare delle norme di comportamento e intervenire quando i figli corrono dei rischi. Alcuni comportamenti non possono essere ignorati.

Stabilità affettiva È importante infondere nei bambini senso di stabilità affettiva e sicurezza, che li accompagneranno per tutta la vita.

Alcuni interventi devono essere immediati e non possono essere sottoposti a patteggiamenti. Bisogna saper dire "no" quando è necessario. Bambini e adolescenti desiderano che i genitori siano amichevoli, ma non pretendono che siano loro pari. I genitori autorevoli, che stabiliscono dei limiti con l'amore e la sollecitudine, sono più efficaci sia di quelli severi e autoritari sia di quelli permissivi e lassisti. E questo è vero indipendentemente dalla struttura familiare. Bisogna incoraggiare l'autonomia senza ignorare i bisogni di dipendenza. Non sono necessarie regole rigide e attitudini inflessibili. Il bambino sa che la casa è diversa dagli altri luoghi e che la sua famiglia può tollerare alcune défaillance, alcuni comportamenti regressivi quando le difficoltà sono serie.

• **Aiutarlo a crescere**: i bambini si ispirano ai modelli che vedono. Imparano un'infinità di comportamenti in modo informale. Hanno bisogno di acquisire competenze sociali come cooperare, fare amicizia, gestire in maniera accettabile i conflitti. Tutto ciò richiede incoraggiamento e una graduale e progressiva responsabilizzazione adeguata

Crescere Amore incondizionato, rispetto, disponibilità da parte degli adulti, in un clima di stabilità, permettono ai bambini di sentirsi sufficientemente sicuri e protetti da sperimentare in prima persona il mondo che li circonda, vincendo timidezze e paure.

alle loro forze. Altri importanti aspetti dell'apprendimento consistono nell'imparare a chiedere ciò di cui si ha bisogno e nel sapere dilazionare le gratificazioni. Anche per questo soddisfare ogni capriccio è controproducente.

La relazione genitore-figlio naviga tra due scogli: da un lato c'è lo spauracchio dell'abbandono (anche sotto la forma dell'indifferenza, del disinteresse o delle lunghe assenze) e dall'altro c'è il rischio dell'iperprotezione che non consente al figlio di essere autonomo, pur avendone le potenzialità, in svariati settori della sua vita. Non bisogna sconfinare né nell'abbandono né nell'iperprotezione. Bisognerebbe riuscire a dare al bambino che cresce dei diritti e dei poteri (di espressione, di riunione, di partecipazione); insegnargli a cavarsela da solo in tante diverse situazioni; insegnargli a compiere delle scelte il che, ovviamente, implica che egli sia in possesso delle informazioni e delle abilità necessarie. È normale che i genitori alternino successi e fallimenti nella quotidiana ricerca di soddisfare i bisogni dei figli. Ma la coscienza di quali siano i bisogni, unita alla consapevolezza della propria fallibilità, diventano un nuovo stimolo all'impegno educativo.

D'altra parte anche i figli sono in grado di capire che gli adulti hanno le loro esigenze e stanchezze. Questo elenco di bisogni è soltanto quindi uno spunto per riflettere...

Momenti sereni
Il contatto fisico con i propri figli, nei momenti di gioco o relax, è molto importante per stabilire con loro un rapporto equilibrato.

DESIDERIO DI PATERNITÀ

La scelta di avere un figlio

Aspettative e realtà

Una paternità consapevole

L'adozione

LA SCELTA DI AVERE UN FIGLIO

Non più in mano al destino
In un'epoca in cui i figli possono essere "programmati", la decisione di diventare padre viene presa in modo più consapevole.

Si dice spesso che una donna, a un certo punto della vita, senta attivarsi, dentro di sé, una sorta di "sveglia" che la porta a desiderare un figlio. Il tempo di questo orologio interno che segnala la voglia di maternità sarebbe regolato anche da fattori biologici oltre che culturali.

Nell'uomo esiste qualcosa di simile? C'è un desiderio di paternità negli uomini?

Alcuni affermano di essere sicuri di non avere lo stesso tipo di "voglia di figli" che hanno le donne. «Se la decisione di procreare dipendesse soltanto da noi il genere umano si sarebbe già estinto perché gli uomini hanno meno voglia di procreare delle donne» dice un uomo senza figli.

«Per una donna è diverso, il suo corpo è fatto per procreare e avere dei figli è una conseguenza logica; ma per un uomo questo desiderio, quando c'è, o nasce dal legame con la sua donna, oppure dal desiderio di trasmettere qualcosa di sé ai figli, dalla voglia di lasciare una traccia di sé nel mondo...» spiega un altro con due figli.

E ancora: «Lo si fa per avere una famiglia propria», «È per fare un piacere alla propria compagna», «Volevo essere quel padre che mio padre non è stato per me...», ma anche: «Mi piace questa avventura, avere un figlio, scoprire che tipo è, vederlo crescere».

Viviamo in un'epoca in cui i figli possono essere

programmati, ed è sempre più raro che nascano "per caso", come accadeva in passato quando i metodi di controllo delle nascite erano aleatori e l'aborto era il metodo anticoncezionale più praticato.

Anche oggi può accadere che un uomo si trovi di fronte al fatto compiuto, che una donna decida di interrompere una gravidanza o, al contrario, scelga di portarla avanti da sola; molto più spesso, però, è la coppia a decidere se avere un figlio e quando. E può anche succedere che a decidere di avere un figlio siano due uomini uniti in coppia, anche se le modalità della fecondazione e della gravidanza sono ovviamente diverse e diverse saranno anche le spiegazioni che dovranno saper dare al figlio (o figlia) quando, crescendo, costui vorrà sapere in quale pancia era prima di nascere.

Desiderio di famiglia
Come per molte donne, anche per molti uomini crearsi una famiglia è una tappa della storia personale che può essere realizzata solo quando si sia raggiunta solidità e sicurezza economica.

QUALI SONO I MOTIVI?

All'inizio, quando viene concepito, per molti uomini il figlio ha il valore simbolico di concretizzazione dell'amore che provano per la propria donna. Se lei desidera un figlio anche lui lo desidera. La stessa cosa può verificarsi nelle coppie gay.

Insieme al desiderio di far piacere, c'è però spesso anche la soddisfazione di sapere che lei porta dentro di sé la propria impronta e il desiderio di consolidare il rapporto. Il bambino, frutto del legame d'amore, può essere infatti un segno di stabilità di un rapporto. «Ci siamo decisi ad avere un figlio quando, dopo esserci presi e lasciati due o tre volte, ci siamo finalmente sentiti sicuri del nostro legame e abbiamo capito di poter vivere insieme» spiega un padre in attesa.

E tuttavia, l'arrivo di un neonato non è sinonimo di una migliore intesa di una coppia che fino a quel momento non ha avuto un rapporto armonioso. Un figlio porta alla coppia uno statuto differente, trasforma i partner in genitori: questo non significa però che porti anche l'accordo là dove non c'è.

In qualche caso la gravidanza modifica il rapporto in meglio, in altri può agire da vero e proprio detonatore: col passare delle settimane e dei mesi lui, lei o entrambi hanno l'impressione sempre più netta di essere caduti in una trappola e così possono incominciare a pensare alla separazione prima ancora che il piccolo sia venuto al mondo.

FORMARE UNA FAMIGLIA

Formare una famiglia, realizzare una delle tappe fondamentali della vita è un'altra motivazione forte. Per alcuni si tratta di una tappa della storia personale che si raggiunge dopo essersi consolidati socialmente: dopo aver terminato gli studi, aver trovato un lavoro, avere la certezza di poter mantenere dei figli. Ci si sente cresciuti e adulti.

Come per le donne, anche per gli uomini l'età cronologica non è garanzia di maturità. Si può essere trentenni e quarantenni, senza in realtà essere adulti: ci si sente ancora figli e non si è pronti per assumersi la responsabilità di una famiglia.

«Quando la mia compagna rimase incinta (perché aveva smesso di prendere la pillola), le chiesi di abortire e siccome lei non volle farlo io semplicemente scappai... Avevo 34 anni, non ero pronto alla paternità e il suo desiderio di maternità mi allontanava ancora di più da lei. Non volevo una madre ma un'amante. Non volevo una donna ma una ragazza. Poi nacque la bambina. Io ero molto dibattuto nei confronti della piccola (che tra l'altro era vivace e carina) ma soprattutto ero arrabbiato con sua madre, che mi aveva fatto questo tiro mancino. Per lungo tempo continuai a essere ambivalente: una parte di me voleva prendersi cura della bimba, aiutarla a crescere; un'altra parte di me voleva invece restarsene al sicuro lontano da un ruolo che sentivo del tutto estraneo a me. È soltanto da qualche anno, dopo la morte dei miei genitori che sono riuscito a calarmi nella parte...».

PRENDERE IL POSTO DEL PADRE

Prendere il posto del padre può essere un'altra motivazione, così come lo è, a volte, il desiderio di mostrare al proprio padre e a se stessi di poter essere un padre come lui, meglio di lui... Alcuni si propongono di dare ai figli quella presenza che a loro è venuta a mancare.

«Un padre può svolgere una funzione importantissima di trampolino per consentire ai figli, via via che diventano grandi, di emanciparsi dalla madre, di crescere, di occupare un posto nella società. Mio padre non ha fatto nulla di tutto questo, si è chiamato fuori, producendo in me e nei miei fratelli una carenza, una mancanza...».

Quando invece il rapporto è stato buono, avere dei figli significa anche dare dei nipotini al proprio padre, assicurare una discendenza e continuare, con orgoglio, la storia della famiglia. Questa aspirazione si inserisce in una più ampia tendenza alla generatività, di cui fanno parte anche il desiderio di mostrare a se stessi e agli altri la propria virilità oltre alla voglia di lasciare una traccia di sé nel mondo. Si è ormai capaci di dare, non soltanto di ricevere.

ASPETTATIVE E REALTÀ

Molti giovani uomini, così come molte giovani donne, arrivano alla paternità (e alla maternità) con una scarsa conoscenza di bambini, non certo per colpa loro ma perché oggi ne nascono meno rispetto al passato, perché spesso essi stessi non hanno avuto fratelli e sorelle o ne hanno avuto uno soltanto e anche perché il numero di cugini è in contrazione, come quello dei fratelli. E così, per molti, gli unici bambini che conoscono o a cui fanno riferimento sono quelli delle pubblicità: bambini belli, che scoppiano di salute, facili da trattare, sorridenti, educati, puliti e quasi sempre abbastanza cresciuti da poter parlare con gli adulti "da pari a pari". Non stupisce, quindi, che il neonato sia per molti una scoperta, una specie di alieno.

Alla nascita del primo figlio, i genitori devono imparare in breve tempo molte cose: come lavarlo, il numero delle poppate, il tipo di latte, come rispondere ai suoi pianti, quante volte cambiare i pannolini nelle 24 ore, quante sono le ore di sonno e quelle di veglia, se è bene farlo uscire oppure no, e così via. Insomma, ci si accorge che il bimbo reale è diver-

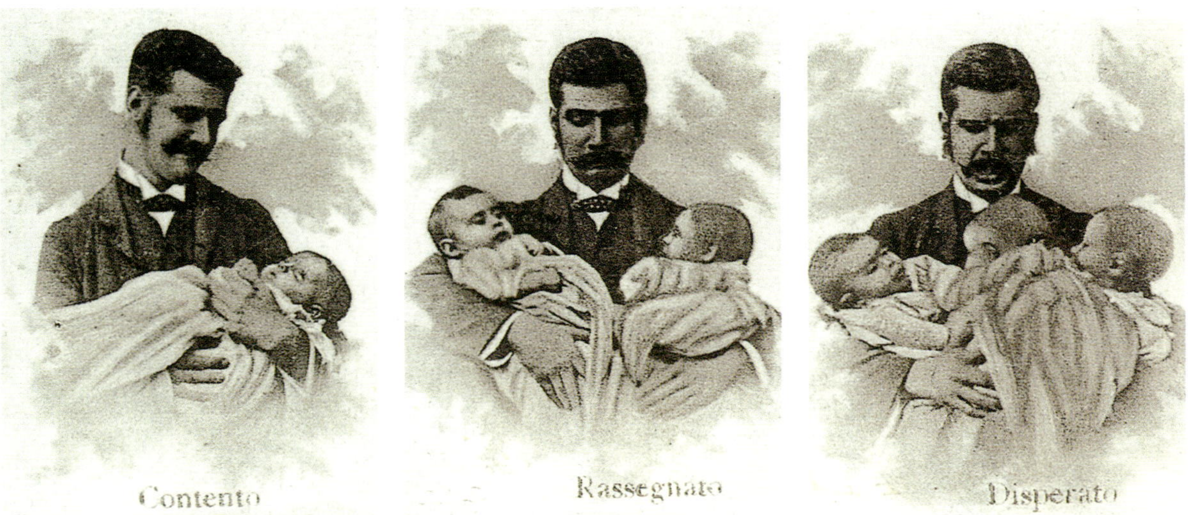

Le gioie paterne Una spiritosa sequenza di fine Novecento mostra la reazione paterna (ma certamente anche materna!) all'aumentare delle nascite.

so da quello fantasticato durante l'attesa. Al momento della nascita e nei primi tempi può avere un aspetto deludente, il viso tumefatto, un naso sproporzionato, gambe e braccia scarne, e per svariati mesi non è in grado di fare con noi quei giochi che avevamo immaginato. Anche in seguito si potrà scoprire che alcune delle nostre aspettative non corrispondono alla realtà, oppure che nostro figlio ha un carattere diverso dal nostro o fin troppo simile...

Tutto ciò è normale, purché non ci vieti di vedere il bambino reale che abbiamo di fronte o, peggio, purché non ci porti a sottovalutarlo in quanto non è del sesso desiderato, oppure perché ci sembra che non regga il confronto col bambino ideale che abbiamo in mente. Quello che abbiamo di fronte è un bambino vero, in carne e ossa, che cambia aspetto di giorno in giorno e che, crescendo, manifesterà con sempre maggiore evidenza i segni del suo carattere, le sue preferenze, la sua maggiore o minore adattabilità alle nostre richieste. Dobbiamo fare la sua conoscenza e lui dovrà fare la nostra. Non è una cosa immediata.

Ci vuole tempo.

Primi mesi
Spesso i primi mesi di vita con un neonato sono emotivamente sconvolgenti e fisicamente pesanti: è bene essere pronti ad affrontarli pensando che non sarà sempre così...

UNA PATERNITÀ CONSAPEVOLE

Desiderio e rifiuto, gioia e timore, entusiasmo e preoccupazione possono coesistere, nei primi tempi. L'oscillare ambivalente tra due sentimenti opposti è una condizione frequente e naturale che non deve creare sensi di colpa ma che bisogna imparare a gestire.

È normale, per un neo-padre o un padre in attesa, volere un figlio in alcuni momenti e in altri avvertire, come schiacciante, il peso delle responsabilità. È nel tornare a casa dall'ospedale col "fagottino" tra le braccia, che molti neo-padri, così come molte neo-madri, diventano improvvisamente consapevoli del fatto che la loro vita non sarà più quella di prima. L'ospedale è alle loro spalle. Medici e infermiere hanno svolto il loro ruolo istituzionale. D'ora in avanti saranno loro, i genitori, a essere responsabili di quell'esserino dipendente ed esigente. Dovranno alimentarlo, lavarlo, proteggerlo, calmarlo, addormentarlo, vestirlo. La vita di coppia subirà dei contraccolpi? Potranno ancora frequentare gli amici? Fino a che punto la presenza del piccolo altererà gli equilibri preesistenti? E infine, la mamma, lo terrà tutto per sé o vorrà condividerlo col papà? Una buona intesa all'interno della coppia aiuta a superare questo momento. Ciò che veramente conta è la disponibilità al cambiamento, la voglia di confrontarsi con le novità che la vita ci porta. È utile trovare, fin dall'inizio, un accordo con la partner sulla partecipazione alle cure parentali. Per poter svolgere il suo ruolo, un

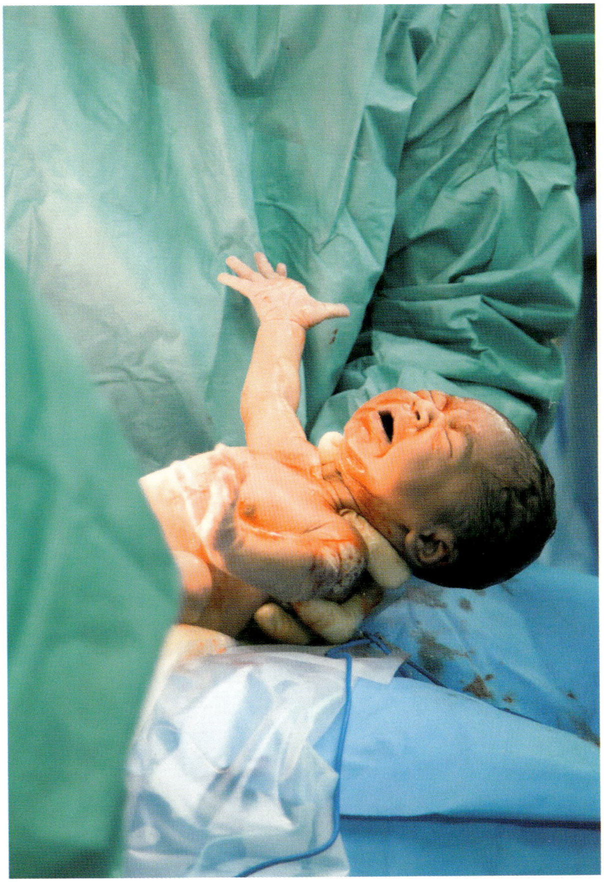

Primo incontro
Tutto diventa vero: dopo 9 mesi di congetture e fantasie, il nuovo arrivato irrompe nella vita dei genitori.

padre ha bisogno che la compagna creda in lui e che gli lasci uno spazio accanto ai figli. La donna, che ha portato dentro di sé il neonato per 9 mesi e che lo allatta, è indotta a stabilire un rapporto molto stretto col piccolo, una sorta di fusione che è sicuramente funzionale alla sopravvivenza del neonato ma che rischia di emarginare l'uomo che, sentendosi "di troppo", finirà per considerare quello dei figli un "affare di donne". E invece si può entrare nel ruolo fin dall'inizio. C'è anche l'eventualità opposta, ossia che la coppia, troppo chiusa e autosufficiente, non riesca ad accogliere il bambino; non tanto come entità fisica, bensì come persona che ha delle esigenze psicologiche e di crescita diverse da quelle dei genitori. È una possibilità da tenere presente, sia nei primi tempi che successivamente. Per riuscire ad accogliere i figli nell'alveo familiare e anche per una sana vita di coppia, bisogna trovare il giusto equilibrio tra la ricerca di fusione, in alcuni momenti, e il bisogno di autonomia, in altri. Si vive insieme, si hanno degli obiettivi in comune, si è in sintonia, ma si riconoscono anche dei "confini" psicologici tra le persone.

L'ETÀ PUÒ ESSERE UN FATTORE CRITICO

Chiunque può avere difficoltà ad accettare il ruolo di padre, ma nei giovanissimi questa difficoltà è maggiore. Si è ancora troppo "ragazzi" per entrare in un ruolo di responsabilità e d'impegno come quello paterno. Bisogna studiare, prefigurarsi un futuro, procacciarsi un lavoro. Ci si sente deprivati, di tempo e di opportunità, rispetto ai coetanei. È facile comprendere queste difficoltà se si considera che la paternità è un processo di riorganizzazione identitaria che ha i suoi tempi di realizzazione. Se è legittimo dire che un bambino lo si fa in due, è ancora più pertinente affermare che un bambino lo si attende e lo si cresce in due. Non si nasce genitori ma lo si diventa giorno per giorno.

Che fare, perciò, quando ci si trova nella condizione di baby-padre? Bisogna valutare, insieme alla compagna, quanto si è disposti a impegnarsi e premunirsi contro la "sindrome dell'adolescen-

Età
Si accettano meglio le responsabilità dovute alla nascita di un figlio se ci si sente già "realizzati", cosa che accade meno quando si è molto giovani e ancora dipendenti dai propri genitori.

In vitro
Il momento della fecondazione: in una cellula uovo, tenuta ferma con una pipetta di vetro, viene inoculato uno spermatozoo usando una microsiringa.

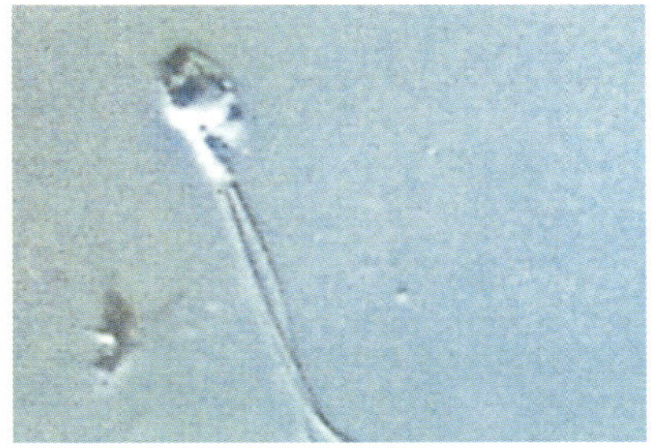

Sterilità
Uno spermatozoo con due code: la malformazione è una frequente causa dell'incapacità a procreare.

za perduta" che porta a sentirsi intrappolati nella vita di famiglia e a rammaricarsi di non aver avuto una giovinezza spensierata. Il rischio di insuccesso è maggiore nelle coppie con meno di 18-20 anni e tuttavia molti ce la fanno, sia perché, invece di negare il problema, prendono delle decisioni consapevoli, sia perché, soprattutto nei primi anni, dispongono di un sostegno esterno che consente loro di entrare gradualmente nel ruolo di genitore.

PATERNITÀ ASSISTITA

Si diventa padri giorno per giorno anche quando l'entrata nella fase di attesa prende una forma del tutto diversa da quella considerata sin qui: è il caso della procreazione assistita e, più in particolare, dell'inseminazione artificiale eterologa, realizzata attraverso un donatore che non è il padre. La paternità raggiunta con l'inseminazione eterologa apre uno scenario insolito perché l'uomo che desidera la paternità non vi arriva per la via biologica naturale, ma per una scelta precisa in cui, a causa della propria infertilità, s'impegna a fare da padre a un bambino che non avrà il suo patrimonio genetico. Trattandosi di una scelta che, se venisse rinnegata, potrebbe avere conseguenze dissestanti sul figlio, bisogna sapere bene quello che si sta facendo, cercare di prefigurarsi il "dopo" e valutare la propria completa disponibilità a una decisione di questo tipo. L'uomo sterile deve poter guardare come suo il bambino che la sua compagna concepirà con l'aiuto di un altro uomo, ma soprattutto deve considerare che per un figlio ciò che conta è l'attaccamento, e che per lui il padre è colui che lo alleva e con il quale cresce. Nel nostro Paese la fecondazione eterologa non è consentita, ma lo è in altri Paesi europei. Se si pensa di intraprendere questa strada, bisogna prendersi tutto il tempo necessario per riflettere, al di fuori di obblighi o pressioni della propria compagna e dei parenti, perché nessuno può decidere al posto nostro.

E se alla fine decidiamo per il sì, il bambino che nascerà dalla provetta dovrà essere nostro figlio a tutti gli effetti, anche nell'eventualità in cui un giorno dovessimo separarci da sua madre; quanto un figlio biologico (e forse di più), egli è infatti venuto al mondo per un preciso atto di volontà e di impegno personale.

LA PAROLA ALLA LEGGE

LA POTESTÀ

Il diritto-dovere dei genitori di "mantenere, istruire ed educare i figli" agendo nel perseguimento del loro interesse, è affermato dalla *Costituzione italiana* (art. 30) e dal *Codice civile* (art. 147). È proprio nell'esercizio di tale diritto-dovere che consiste l'esercizio della potestà dei genitori, che si estende, allo stesso titolo, anche ai figli naturali (nati fuori dal matrimonio) e a quelli adottivi. I genitori, di comune accordo, devono preoccuparsi di assumere le decisioni che più ritengono utili al raggiungimento del benessere materiale e morale dei figli finché questi ultimi non raggiungano la maggiore età o l'emancipazione (art. 316 c.c.). Hanno però l'obbligo preciso, nell'esercizio della potestà, di rispettare la personalità dei figli (art. 147 c.c.), cioè di tener conto delle loro attitudini e delle loro aspirazioni. Quando il genitore "viola o trascura" i doveri che derivano dall'esercizio della potestà, ovvero quando abusa dei propri poteri portando danno agli interessi dei figli, il giudice può decretare la "decadenza dalla potestà" e nominare un tutore per il minore (artt. 330, 333 c.c.). I provvedimenti che decretano la decadenza dalla potestà non hanno carattere definitivo: una volta che si modifichino le condizioni e le ragioni che avevano portato il giudice a pronunciarli, il Tribunale per i minorenni può reintegrare i genitori nella loro potestà.

LA PAROLA AL MEDICO

LE TECNICHE DI FECONDAZIONE ASSISTITA

FIVET (***Fertilization In Vitro Embryo-Transfer***) • ideata dall'inglese Robert Edwars, "padre" della prima bambina nata "in provetta" (1978), la FIVET si è diffusa, con qualche variante, in tutto il mondo. La FIVET, tecnica che feconda in vitro un ovocita umano e trasferisce l'embrione nell'utero, è nata innanzi tutto per risolvere il problema dell'infertilità tubarica: infiammazioni pelviche delle tube che ne causano la chiusura, oppure la mancanza delle tube congenita o per asportazione chirurgica, possono impedire l'incontro fra uovo e spermatozoo. In questo caso l'unione dei gameti può avvenire in laboratorio. Dopo la stimolazione dell'ovulazione vengono prelevati gli ovociti, sotto guida ecografica. Una volta selezionati, ovuli e spermatozoi sono incubati a 37 °C e dopo 12-14 ore si verifica se è avvenuta la fecondazione. Ottenuti gli embrioni, se ne trasferiscono 3 nell'utero. Almeno uno dovrebbe riuscire a impiantarsi dando luogo alla gravidanza. I rischi sono di fallimento del tentativo e di una gravidanza multipla.

GIFT (***Gametes Intra-Fallopian Transfer***) • con questa tecnica (trasferimento intratubarico dei gameti), al contrario della FIVET, l'intervento esterno sugli ovociti è ridotto: gli ovociti sono prelevati dai follicoli con una laparoscopia in anestesia generale, vengono aspirati in sottilissimi cateteri assieme a una certa quantità di liquido seminale per poi essere depositati in una tuba. Così l'incontro dei gameti avviene nella sede naturale della fecondazione. Se si esclude l'aspirazione e la deposizione dei gameti, tutto poi procede fisiologicamente.

Questo è il vantaggio della GIFT rispetto alle altre tecniche di fecondazione artificiale e, forse, ciò spiega la più alta percentuale di gravidanze ottenute. La GIFT è particolarmente consigliata a donne in età avanzata per le quali la FIVET è meno efficace, nei casi di endometriosi, in quelli di presenza di anticorpi anti-spermatozoo, nei casi di riduzione della concentrazione e della mobilità degli spermatozoi e in quelli di ostilità del muco cervicale: ossia in tutti quei casi in cui è ostacolato il naturale trasporto dei gameti fino al punto dove avviene la fecondazione.

ICSI (***Intracytoplasmic Sperm Injection***) • questa tecnica consente di fecondare l'ovulo anche con seme di "bassa qualità" che naturalmente non riuscirebbe a superare la prima barriera dell'ovulo (zona pellucida) e meno ancora la seconda (citoplasma). Dal liquido seminale oppure dai genitali maschili si preleva uno spermatozoo e lo si inietta direttamente nel citoplasma di un ovulo. Si evita così il rischio di "polispermia", cioè la fecondazione con più spermatozoi, che dà origine a embrioni non vitali. L'ICSI elimina un aspetto "naturale" della fecondazione in vitro: la penetrazione spontanea dello

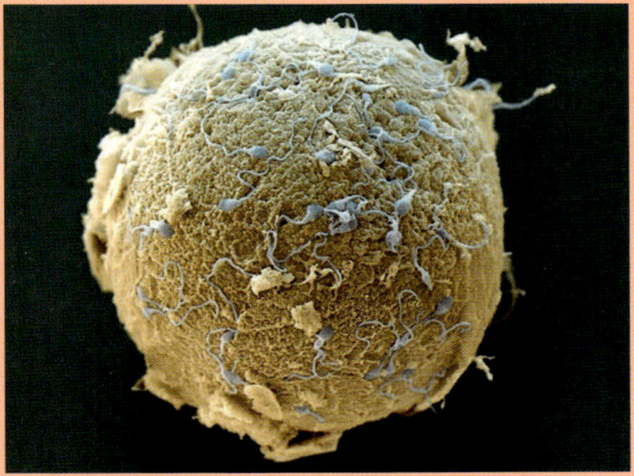

Un ovocita "assediato" dagli spermatozoi durante una fecondazione in vitro.

spermatozoo nell'ovulo. La percentuale di successo di questa tecnica è considerata elevata: s'impianta con successo circa il 26% degli embrioni. Ma il suo impiego solleva problemi di natura etica e medica: il bambino concepito con questa tecnica "aggressiva e invasiva", non rischia nulla? Alcuni ritengono che l'incapacità di uno spermatozoo di fecondare naturalmente sia una prevenzione selettiva per evitare eventuali malformazioni dell'embrione. Pericolo che per altri non esiste. La discussione e la verifica dei dati sono in atto.

Altre tecniche, più o meno sorelle di quelle appena considerate, vengono usate nella fecondazione assistita, quali la SUZI (*Sub Zonal Injection*) nella quale lo spermatozoo viene iniettato sotto la zona pellucida dell'ovulo; l'embrione così ottentuo è trasferito nella tuba o nell'utero; e la ICI (*Intra-Cervical Insemination*): sul collo dell'utero si applica una coppetta di plastica attraverso cui s'inietta lo sperma.

FERTILITÀ DI COPPIA E FECONDAZIONE ASSISTITA

L'infertilità nei Paesi industriali coinvolge il 15-20% delle coppie desiderose di avere un figlio. Una coppia viene definita "sterile" quando non è in grado di ottenere una gravidanza dopo 1 anno di rapporti sessuali intenzionalmente fecondi. A questo termine convenzionale si è giunti dopo aver rilevato statisticamente che, dall'inizio dei rapporti liberi, il 25% delle donne concepisce entro il 1° mese, il 63% entro 6 mesi e l'80% entro 12 mesi.

In termini numerici il contributo maschile e quello femminile all'infertilità si equivalgono: circa il 40% dei casi d'infertilità dipende dalla donna; un altro 40% è a carico dell'uomo, mentre un 10% nasce da problemi di lui e di lei che s'incrociano, e il restante 10% resta senza ragioni apparenti.

Le cause della sterilità femminile e le metodiche per superarle sono state molto studiate, e oggi è possibile intervenire e risolvere la maggior parte dei casi. Il problema è più complesso, invece, quando la sterilità è di origine maschile: i trattamenti messi a punto, infatti, danno per il momento risultati insoddisfacenti, tanto che nel 35-40% dei casi non si arriva neppure a identificarne la causa.

Negli ultimi anni l'infertilità maschile è andata crescendo. È ciò che è emerso da studi che hanno messo sotto monitoraggio il numero di spermatozoi presenti nel liquido seminale dell'uomo: nel 1974 erano in media 80-100 milioni per millimetro cubo, nel 1994 si erano ridotti a 20-40 milioni. Gli ultimi dati, ancora parziali, sembrano evidenziare un'ulteriore riduzione. La causa di questo fenomeno va cercata soprattutto nelle malattie sessualmente trasmesse e nell'inquinamento.

Per quanto riguarda la donna, il concepimento è reso più difficile dal fatto che sempre più spesso oggi si cerca il primo figlio dopo i 30 anni: col passare degli anni, gli ovuli subiscono alterazioni genetiche che, in un alto numero di casi, non permettono la formazione dell'embrione e ne bloccano lo sviluppo.

Sempre più spesso, comunque, si tende a parlare di "sterilità di coppia": la sterilità è in tanti casi la conseguenza del sommarsi di problematiche di per sé lievi, che causerebbero solo la riduzione della fertilità nel singolo ma che, quando si associano, divengono ostacolo determinante alla riproduzione.

È indubbio che il problema della sterilità abbia connotazioni rilevanti dal punto di vista dell'armonia di coppia: un allargamento della possibilità di adozione sembra poter risolvere il problema in modo parziale.

Notevole sviluppo, quindi, stanno assumendo le varie metodiche messe a punto in questi anni per superare l'infertilità. Le tecniche di fecondazione assistita sono sempre più sicure e sempre meno traumatizzanti, e quindi più accessibili, anche se stanno aumentando invece le problematiche legate alle differenti normative che regolano questa materia nei vari Paesi (in particolare rispetto alla fecondazione artificiale eterologa, cioè quando si ricorre alla donazione di gameti di persona estranea).

I progressi compiuti in questa direzione terapeutica non devono poi far dimenticare la grande importanza che ha l'intervento preventivo nel campo della sterilità di coppia: la prevenzione primaria si

basa soprattutto sul controllo di infezioni e malattie che danneggiano gli apparati della riproduzione, sulla prevenzione di traumi e danni di origine ambientale, alimentare, lavorativa ecc.

I bambini nati con tecniche di fecondazione assistita aumentano ogni anno. I dati disponibili non sono omogenei e probabilmente non descrivono correttamente la variegata realtà della procreazione assistita. Le attuali valutazioni dei dati disponibili ci dicono però che solo poco più del 20% circa delle coppie che si sono sottoposte a cure negli appositi centri hanno avuto esito favorevole. La percentuale di successo riconosciuta attualmente a queste tecniche, dunque, non è alta. La percentuale di risultati positivi, poi, si abbassa ulteriormente fino a poco più del 12% quando andiamo a valutare il numero di bambini nati con successo. Le gravidanze avviate artificialmente, infatti, hanno spesso esito negativo: è molto alto il numero di aborti spontanei e di parti prematuri, e sono più frequenti anche i nati di basso peso.

L'ADOZIONE

Analoga consapevolezza bisogna avere quando si decide di adottare un figlio: i figli adottivi hanno patrimoni genetici diversi dal nostro; per loro non siamo genitori biologici ma "educativi" o "sociali". Il che non è una controindicazione se consideriamo che in alcune culture esiste una dissociazione tra padre biologico e padre sociale, e in altre il ruolo sociale del padre (*pater*) è più importante di quello biologico (*genitor*).

Tutti sanno che il *pater familias* dell'antica Roma, quello che incarnava il potere, non diventava padre se non nel momento in cui riconosceva il neonato come proprio e lo adottava: era lui a decidere se considerarlo figlio oppure no. In altre culture può accadere che il padre sociale sia il fratello della madre, lo zio materno, oppure una donna. Per esempio, nell'antica famiglia antillana strutturata intorno al polo materno (società matrilineare) la funzione paterna è spesso assunta dalla nonna materna. Capita così che un bambino abbia a disposizione una pluralità di padri, tra cui figurano come due persone distinte il genitore biologico e il *pater*, ossia il genitore sociale.

Le famiglie adottive sono sempre più numerose, sia perché la trafila cui si deve sottoporre una coppia che ricorre alla fecondazione assistita può essere lunga ed estenuante, durare vari anni e comportare parecchi insuccessi, sia perché è giusto dare una famiglia a quei bambini, italiani o stranieri, che ne sono privi.

Bambini in fasce
Queste immagini di bambini, realizzate in terracotta invetriata da Andrea Della Robbia, decorano lo Spedale degli Innocenti a Firenze, la prima istituzione in Europa "specializzata" ad accogliere i bambini abbandonati. Allora come oggi l'anonimato della madre che abbandonava un neonato era garantito.

Figli naturali e figli adottati Se in famiglia ci sono altri figli, è bene coinvolgerli fin dall'inizio nella lunga strada che porta all'adozione di un nuovo componente della famiglia. In questo modo, potranno viverla come una scelta, e non come un'imposizione, riducendo al minimo le gelosie.

L'adozione richiede però una disponibilità psicologica a tutto campo: il bambino va accettato così com'è da entrambi i genitori, il suo passato non va rimosso, un'eventuale "restituzione" potrebbe essere traumatica; inoltre bisogna essere pronti a tornare sul tema dell'adozione ogni qual volta lui porrà delle domande o, sentendo i commenti degli altri, avrà necessità di parlarne.

Se è vero che ogni famiglia adottiva ha una sua storia unica e irripetibile ed è bene vivere questa esperienza nel modo più spontaneo possibile, ci sono tuttavia alcune questioni ricorrenti che la maggior parte delle famiglie si trova ad affrontare prima o poi: se tali questioni sono note in anticipo è più facile superarle brillantemente, senza lasciarsi turbare dall'"anomalia" della propria situazione, che poi anomala non è in quanto le famiglie oggi possono essere molto diverse per formazione e struttura, e le adozioni sono numerose ovunque.

• Un primo punto da tenere presente è che il bambino reale può essere un po' o anche molto diverso da quello atteso e immaginato, non soltanto nel fisico, ma anche nel temperamento. Per esempio, può essere molto più mobile e vivace di quanto lo si era immaginato; oppure avere bisogno di un supplemento di cure e di attenzioni, in quanto ha trascorso i primi anni di vita in condizioni difficili.

• È bene che i genitori adottivi parlino al figlio delle sue origini anche se l'adozione è avvenuta in tenera età, sia per evitare "scoperte-choc" negli anni successivi, sia perché ognuno ha, in linea di massima, il diritto di conoscere la verità sulla propria nascita.

• In età prescolare, leggere o raccontare una storiella simpatica su un bimbo o una bimba adottati è un modo efficace per introdurre il racconto della "nostra" adozione.

• Quando si parla dei genitori naturali bisogna evitare critiche o valutazioni negative che potrebbero indurre sentimenti depressivi o di auto-svalutazione: a nessuno piace sapere di essere stato abbandonato. Si spiegherà il motivo per cui la "prima mamma" (o "mamma-pancia" per i più piccini) ha preferito affidarlo a loro: per esempio perché era molto giovane, impossibilitata a occuparsi di un bimbo piccolo ecc.

Adozione
L'adozione richiede una disponibilità psicologica a tutto campo, perfino superiore a quella necessaria per allevare un figlio proprio.

• Crescendo, il figlio può notare alcune differenze tra lui e i suoi parenti che prima, pur sapendo di essere adottato, non notava. È un fatto normale legato alla crescita intellettiva, che non deve mettere in crisi i genitori ma essere un'occasione per chiarire e fare emergere eventuali dubbi o piccole vulnerabilità connesse alla condizione di figlio adottato.

• Quando le differenze fisiche sono dovute a differenze razziali tra genitori e figlio, è bene parlarne serenamente e favorire, se si offre l'occasione, anche amicizie con bambini e ragazzi dello stesso gruppo umano: specchiandosi in coetanei che hanno caratteristiche fisiche simili alle sue, la sensazione di essere diverso o unico scompare.

• Se uno o entrambi i genitori sono rintracciabili e il figlio adolescente esprime il desiderio di conoscerli, si può considerare l'eventualità di un incontro tenendo presente che se il rapporto con lui è solido quell'incontro, per quanto emozionante possa essere, non modificherà il suo affetto ma soddisferà soltanto una sua curiosità.

Nell'adolescenza possono emergere problemi legati all'età. Alcuni figli possono attribuire la causa dei normali scontri che possono esserci tra genitori e figli alla loro condizione di adottati. Bisogna fare attenzione a non cadere in questa trappola.

L'adozione può essere il contenitore di comodo del più vasto disagio adolescenziale, una sorta di "argomento bersaglio" su cui un ragazzo o una ragazza riversano altre insoddisfazioni o inquietudini indipendenti dall'adozione. Questo tipo di problemi si affronta dialogando e cercando di tener separato il tema dell'adozione dalle inquietudini dovute a fattori transitori.

ERRORI DA NON FARE CON UN FIGLIO ADOTTATO

• Parlargli in termini negativi dei genitori naturali o non parlarne affatto.

• Se l'adozione è avvenuta quando aveva già qualche anno d'età, non si può pensare di cancellare il passato che va invece integrato nella sua storia personale come uno stadio della sua vita.

• Cambiargli il nome: il nome attribuisce identità, non si può cambiarlo a cuor leggero specialmente quando il figlio non è più piccolo.

• Considerare l'adozione un tabù ed evitare di parlarne in famiglia.

• Avere una visione idilliaca o "eroica" dell'adozione.

• Se si hanno altri figli, minimizzare gelosie o rivalità che possono nascere.

• Far credere al figlio adottivo di essere un figlio naturale: la verità può sempre emergere, per esempio nel caso di una malattia genetica, e scoprirlo all'improvviso può essere traumatico.

• Arrabbiarsi eccessivamente se altri bambini fanno delle osservazioni antipatiche o maldestre: il figlio potrebbe convincersi che c'è qualcosa di sbagliato in lui, non nella mentalità degli altri.

ADOZIONE: COME FARE?

Adozione nazionale • Per adottare un bambino italiano occorre presentare domanda presso una o più sedi di Tribunale per i minorenni. La domanda rimane valida 3 anni e può in seguito essere ripresentata. Non si può fare domanda per un bambino in particolare, ma si può indicare la disponibilità ad adottare più fratelli o bambini con handicap. La domanda di adozione deve essere accompagnata dall'elenco dei documenti da produrre e dal questionario con il quale il Tribunale acquisisce tutte le informazioni necessarie. Il Tribunale per i minorenni deciderà se i coniugi sono o meno idonei all'adozione. In caso positivo, il minore viene affidato ai coniugi per un affidamento preadottivo, un periodo preparatorio all'adozione che dura non meno di 1 anno. Il Tribunale che ha disposto le modalità per l'affidamento preadottivo dispone infine l'eventuale dichiarazione di adozione, ovvero la revoca dell'affidamento preadottivo.

Adozione internazionale • Dopo aver presentato domanda presso il Tribunale dei minorenni del distretto di residenza, i coniugi devono attendere di essere dichiarati idonei all'adozione, secondo le stesse modalità e requisiti dell'adozione nazionale. Lo Stato estero da cui proviene il minore da adottare dovrà emettere un provvedimento a favore degli adottandi. Tale provvedimento dovrà essere reso valido dal Tribunale per i minorenni italiano, che ne deve accertare la conformità alle leggi dello Stato estero stesso e la compatibilità coi principi fondamentali del diritto di famiglia italiano. Occorre inoltre che ci sia stato un affidamento preadottivo di almeno 1 anno e che il Tribunale riconosca l'esito positivo di tale affidamento. La legge 476 del 3 dicembre 1998 prevede la costituzione della Commissione per le adozioni internazionali presso la Presidenza del Consiglio dei ministri, nonché l'obbligo per chi intende adottare un bambino straniero di servirsi dell'intermediazione di associazioni ed Enti che promuovono tale modalità di adozione. La legge si preoccupa inoltre di garantire la rispondenza di tali Enti e associazioni a requisiti di affidabilità, e a tale scopo stabilisce i criteri che devono regolarne le concessioni.

I REQUISITI PER L'ADOZIONE

L'adozione e l'affidamento sono disciplinati dalle leggi 184 del 4 maggio 1983 e 149 del 28 marzo 2001. Ecco in sintesi quali sono i requisiti di chi adotta e di chi viene adottato.

Chi adotta:

• L'adozione è consentita a coniugi che siano sposati da almeno 3 anni e non siano separati, un requisito di stabilità accertato dal Tribunale per i minorenni, considerato valido anche quando i coniugi hanno convissuto in modo stabile e continuativo prima del matrimonio per un periodo di almeno 3 anni.

• La coppia deve essere affettivamente idonea e capace di educare, istruire e mantenere i minori che ha intenzione di adottare.

• La differenza di età fra i coniugi e il minore da adottare non può essere minore di 18 anni e superiore a 45 anni. Su quest'ultimo requisito la legge prevede alcune deroghe: quando il limite massimo di età degli adottanti sia superato da uno solo di essi in misura non superiore a 10 anni; quando gli aspiranti genitori adottivi siano già genitori di figli naturali o adottivi dei quali almeno uno sia in età minore; quando l'adozione riguarda un fratello o una sorella del minore già adottato dalla stessa coppia; in ogni caso, infine, in cui il Tribunale accerti che dalla mancata adozione derivi un danno grave per il minore.

I requisiti richiesti a una coppia che intende adottare un bambino straniero sono gli stessi richiesti a una coppia che ha scelto l'adozione nazionale.

Chi può essere adottato:

• Possono essere adottati tutti i minori dichiarati in "stato di adottabilità" dal Tribunale per i minorenni, cioè tutti quei bambini e ragazzi in "stato di abbandono" (art. 7 l. 149/2001), abbandonati da genitori o parenti tenuti alla loro assistenza morale e materiale, oppure ricoverati in istituti di assistenza, a meno che la situazione non sia temporanea e dovuta a cause di forza maggiore.

• Il minore che ha compiuto 14 anni non può essere adottato senza il suo consenso; il consenso dato può comunque essere revocato fino al momento della pronuncia definitiva di adozione.

• Se l'adottando ha compiuto 12 anni deve essere personalmente interpellato; se invece ha meno di 12 anni deve essere sentito "in considerazione della sua capacità di discernimento".

Casi particolari di adozione

L'articolo 44 della legge 184/1983, modificato dall'articolo 25 della legge 149/2001, individua alcuni casi particolari di adozione, in particolare stabilisce che i minori non dichiarati in stato di abbandono possono essere adottati se si prevede l'adozione dell'orfano da parte di parenti entro il 6° grado, l'adozione del figlio del coniuge o l'adozione del minore nei casi di "constatata impossibilità di affidamento preadottivo".

Documenti necessari per l'adozione

- Domanda di adozione.
- Certificato di nascita dei coniugi adottanti.
- Stato di famiglia.
- Dichiarazione sostitutiva di atto notorio da parte dei genitori viventi dei coniugi, dalla quale risulti l'assenso all'adozione.
- Certificato medico di entrambi i coniugi.
- Documentazione attestante le condizioni economiche dei coniugi (per esempio dichiarazioni dei redditi o buste paga).
- Certificato generale del casellario giudiziale di ciascuno dei coniugi.
- Atto notorio o dichiarazione sostitutiva da cui risulti che fra i coniugi non esiste separazione personale, neanche di fatto.

Effetti dell'adozione

Con l'adozione il bambino interrompe ogni rapporto di parentela coi genitori naturali, anche se questi sono ancora in vita, e acquisisce lo stato di figlio legittimo dei genitori adottivi assumendone il cognome. Entrando a far parte della nuova famiglia, acquisisce, oltre allo status di figlio rispetto ai genitori adottanti, anche i vincoli di parentela con gli altri membri della famiglia (fratelli, sorelle, nonni, zii, cugini). Il nuovo cognome è il solo che risulterà negli atti ufficiali ed è vietato a chiunque di fornire notizie e informazioni sulla famiglia d'origine e, in particolare, all'ufficiale di Stato civile e all'ufficiale di Anagrafe di produrre certificazioni, estratti o copie dalle quali possa risultare il rapporto di adozione.

L'affidamento familiare

È un istituto introdotto dalla legge 184/1983 che si basa sul diritto del minore a essere affidato a una famiglia (preferibilmente con altri figli minori) quando è temporaneamente privato di un ambiente familiare idoneo a soddisfare le sue necessità educative. L'affidamento è disposto dai servizi sociali pubblici del luogo nel quale si trova il minore in difficoltà, dopo aver ottenuto il consenso di chi esercita la potestà e dopo aver sentito il parere del bambino stesso (se possibile e opportuno). Se manca l'assenso dei genitori, l'affidamento può essere disposto con provvedimento del Tribunale dei minorenni. Le norme che regolano l'affidamento stabiliscono che, nella famiglia in cui viene accolto, il minore deve ricevere mantenimento, educazione e istruzione. La famiglia affidataria è tenuta a svolgere le sue funzioni in modo solo temporaneo: non può tentare di allontanare le figure dei genitori o sostituirsi a esse.

Il problema dell'affidamento è soprattutto legato alla temporaneità di permanenza del minore nella famiglia affidataria: abbastanza frequentemente infatti l'affidamento ha avuto in passato durata pluriennale. Un tempo così lungo può determinare complessi rapporti relazionali e affettivi tra la famiglia di origine, il bambino e la famiglia affidataria trasformando l'affidamento in una sorta di adozione impropria. È per questo che la legge 149/2001 stabilisce che gli affidamenti non dovranno durare più di 2 anni, prorogabili a 3 in casi particolari. Al termine di questo periodo, il giudice dovrà valutare se le difficoltà della famiglia di origine ci sono ancora. Si spera che questa "garanzia" sul limite di durata dell'affidamento avrà l'effetto di ridurre la diffidenza dei genitori naturali in difficoltà verso questo strumento di supporto.

Regole per gli affidatari

1. Gli affidatari offrono un sostegno a un minore in difficoltà e a una famiglia in crisi, animati da una logica di servizio e da solidarietà, per rafforzare il vincolo del minore con la propria famiglia, collaborando al recupero sociale di questa.

2. Gli affidatari assumono il ruolo di operatori sociali *sui generis* e collaborano con quelli dei servizi territoriali.

3. Possono essere affidatari: una coppia unita sposata o convivente, una persona singola. Non esistono limiti d'età.

4. Gli affidatari non sono investiti della potestà genitoriale (a meno che uno di essi non sia stato nominato tutore). A essi compete tutto ciò che riguarda l'ordinaria amministrazione.

CONDIVIDERE LA GRAVIDANZA

Nove mesi di attesa

Una presenza reale

Desiderio e attrazione

NOVE MESI DI ATTESA

La gravidanza è l'evento biologico più estraneo alla sfera maschile che si possa immaginare. È comprensibile, quindi, che molti uomini ne siano intimiditi, non sappiano come comportarsi e preferiscano ignorare tutto ciò che sentono come lontano dal loro essere maschi. Molti sono abituati a considerare le donne incinte delle persone da osservare a distanza, esseri talmente diversi e sconosciuti che è meglio non avvicinare; così, quando a essere incinta è la propria compagna, possono avere difficoltà a conciliare l'immagine che hanno di lei come partner sessuale e donna "normale" con quella della donna in attesa, col pancione e la mente rivolta al nascituro.

Cambiamenti
Con la gravidanza, il corpo e la psiche della donna cambiano rapidamente. Vivere questi cambiamenti insieme al partner è indispensabile perché il rapporto di coppia possa reggere agli stress che gli verranno imposti dall'arrivo del nuovo nato.

UNA TEMPESTA DI EMOZIONI

Stupore, meraviglia, gioia, inibizione, angoscia e persino invidia e disgusto sono le emozioni che possono alternarsi, in momenti diversi, in un padre in attesa. La trasformazione, però, non è improvvisa ma graduale, nell'arco di 9 mesi, cosicché c'è tutto il tempo per prendere coscienza della gravidanza, abituarsi alla nuova condizione e pianificare, insieme alla propria compagna, l'arrivo del "terzo incomodo". Ed è più facile adattarsi al cambiamento se si sa che cosa sta accadendo, che cosa accadrà nei mesi che verranno, che cosa è opportuno fare o non fare.

Se fino a non molto tempo fa la gravidanza era una questione tutta femminile, cosicché erano altre donne a dare sostegno alla donna in attesa, oggi invece molte future madri ricercano l'appoggio del proprio uomo. Questo si verifica non soltanto perché, con la trasformazione della famiglia da "allargata" in "nucleare", la contrazione del gruppo dei parenti e il maggior impegno delle donne nel mondo del lavoro, la presenza e la disponibilità concreta delle altre donne è diminuita, ma anche perché all'interno della coppia, quando si va d'accordo, c'è più confidenza e più complicità di un tempo.

Argomenti che in passato erano tabù, oggi sono oggetto di dibattiti in televisione, tematiche trattate negli spot pubblicitari. Volenti o nolenti, i futuri padri finiscono per essere coinvolti in questioni a cui un tempo non erano tenuti a prestare attenzione.

«All'inizio non volevo pensarci, quando aveva qualche problema le dicevo distrattamente "rivolgiti al ginecologo"», spiega un padre in attesa. «Poi ho capito che voleva soprattutto parlare, essere ascoltata, avere un sostegno psicologico. D'altronde sua madre vive lontano e la mia ha dei problemi di salute».

LE INFLUENZE SUL RAPPORTO DI COPPIA

Il rapporto di coppia, com'è noto, subisce delle variazioni in relazione al periodo storico, alla cultura, al tipo di educazione che viene impartita dall'infanzia a maschi e femmine. Le coppie di questi anni – abituate ad avere amici di entrambi i sessi fin dai primi anni di vita – in un partner non cercano soltanto l'amore, la dedizione, i sentimenti; ma anche la comunicazione, la comprensione, uno scambio tra pari.

L'intesa sessuale è importante, ma importante è anche essere amici, poter parlare di tutto, comunicarsi le reciproche esperienze ed emozioni. In anni in cui il matrimonio può essere sciolto facilmente e in cui non esistono costrizioni sociali che obblighino due persone a vivere insieme se non vanno d'accordo, chi desidera realizzare una coppia che duri nel tempo e una famiglia propria, con una sua storia e un suo progetto evolutivo, non può

Insieme
Le possibilità di condividere l'uno le esperienze dell'altra e di essere vicini nei momenti più significativi sono i mattoni su cui oggi si costruisce la propria storia sentimentale e familiare.

più affidarsi a regole sociali incontestabili, ma deve impegnarsi attivamente, in prima persona, in un lavoro di costruzione della propria vita dove la solidarietà e la comunicazione col partner rappresentano dei collanti indispensabili. La possibilità di condividere l'uno le esperienze dell'altra, di essere vicini nei momenti più significativi, sono i mattoni su cui oggi si costruisce la propria storia sentimentale e familiare.

UN CORPO IN TRASFORMAZIONE

Normalmente il corpo di una persona adulta non si modifica mai così in fretta come nel corso di una gravidanza: le dimensioni del seno aumentano, le gambe possono gonfiarsi, il ventre aumenta di volume di mese in mese, anche lo sguardo è diverso e gli occhi possono acquistare una luminosità inconsueta. Questa trasformazione può essere vissuta in modo ambivalente tanto da lui quanto da lei: lui perché si ritrova accanto una donna diversa; lei perché teme d'ingrassare, di perdere fascino, di non piacere più al suo uomo. Sapere che queste trasformazioni sono temporanee è importante, sia per l'una che per l'altro.

Durante il 2° e il 3° trimestre il corpo femminile subisce rapidissime modificazioni che possono causare alcuni disturbi tipici, ma facilmente fronteggiabili.

Al termine della 27ª settimana il feto è 4 volte più lungo di quanto non fosse alla 12ª. La futura mamma può provare un senso di tensione alla muscolatura dell'addome e ai legamenti. In questa fase, le articolazioni e i legamenti si ammorbidiscono sotto l'azione degli ormoni, in modo che la struttura scheletrica diventi più flessibile. È importante allora evitare gli affaticamenti eccessivi, ridurre l'impegno in alcune attività quotidiane. Non dimenticate

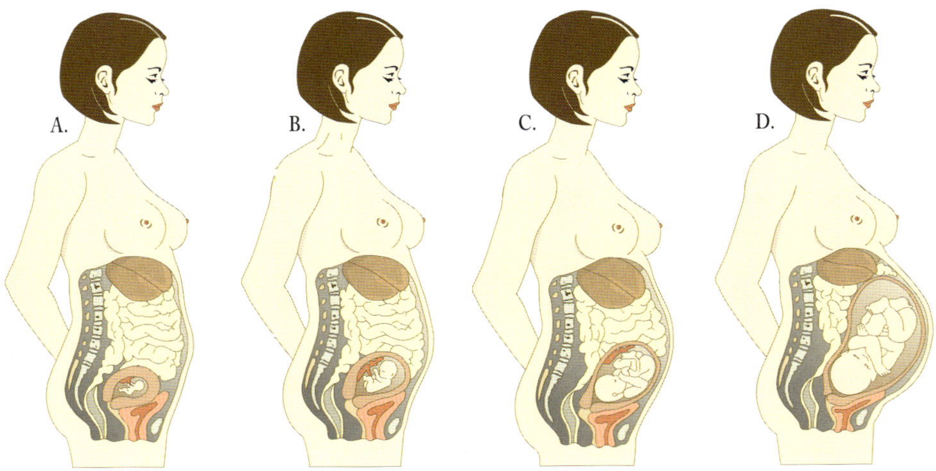

Anatomia
Mese per mese, ecco le principali modificazioni nel corpo della donna:
A. 3° mese;
B. 5° mese;
C. 6° mese;
D. 9° mese.
Sono evidenziati il progressivo assottigliamento della parete uterina e la compressione di tutti gli organi addominali.

che la ripartizione dei compiti tra uomini e donne, così come ognuno di noi la vive, non ha un valore universale legato alla natura biologica dei due sessi, ma è frutto di costruzioni culturali e di abitudini che, con un minimo di buona volontà, possono essere modificate.

NON SEMPRE IN FORMA PERFETTA

Un altro problema cui può andare incontro la donna in attesa è il mal di schiena: il peso dell'utero modifica il centro di gravità del corpo accentuando le curve naturali della colonna vertebrale e causando dolore alla parte bassa della schiena.

L'utero che si dilata può anche comprimere lo stomaco e questo, insieme all'azione degli ormoni, rallenta la digestione creando a volte sonnolenza, cambiamenti improvvisi di umore, irritabilità.

Una dieta adatta, priva di cibi grassi, piccanti o acidi, mangiare poco e spesso, infine assumere posizioni che facilitino il reflusso, evitano i bruciori di stomaco e altri disturbi della digestione.

Nel 2° e 3° trimestre di gravidanza la donna può soffrire di nausee e vomito anche molto debilitanti, e può avere degli spasmi alle gambe: il crampo si presenta spesso di notte e dura al massimo qualche minuto.

Non è ben chiaro da cosa dipendano: per i crampi, tra le ipotesi fatte c'è il possibile ruolo di bassi livelli di sodio e calcio.

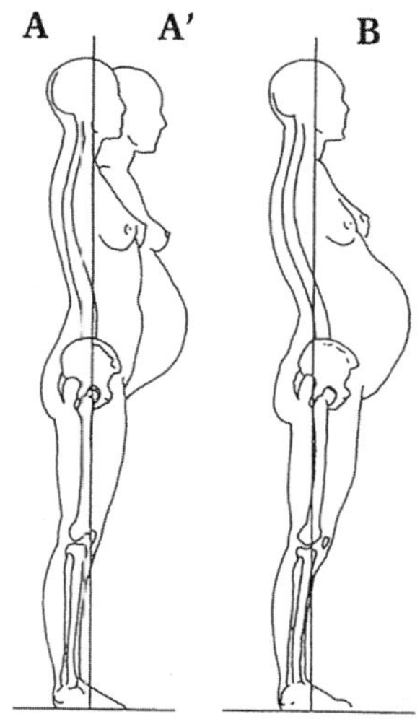

Postura e baricentro
Modificazione della postura e della collocazione del baricentro scheletrico in una donna non incinta (A) e in una donna incinta (B).
A' mostra la posizione che la donna incinta tenderebbe ad assumere se non contrastasse continuamente il peso del bambino.

UN COINVOLGIMENTO CRESCENTE

Man mano che la presenza del nascituro diventa evidente, lei intraprende un progressivo ritiro in se stessa che ha lo scopo di accogliere amorevolmente il piccolo che nascerà.

Anche il futuro papà si sente coinvolto, soprattutto quando ascolta i palpiti e i movimenti che avvengono nel pancione. «I miei primi ricordi di Barbara non risalgono alla sua nascita, ma ai mesi precedenti», racconta, con emozione, un padre ricordando il periodo dell'attesa. «Quando posavo le mani sul pancione ed esercitavo una leggera pressione la sentivo muoversi. Se spostavo la mano lei si spostava. Una volta, era la fine dell'8° mese, mi misi a canticchiare con la testa appoggiata allo stomaco di mia moglie. Ebbi la sensazione che Barbara mi sentisse perché incominciò a muoversi e continuò fino a quando non ebbi finito di cantare. Appoggiai poi lievemente una mano sul pancione e Barbara mosse la mia mano...».

MOMENTI DA CONDIVIDERE

Le ecografie sono altri momenti importanti per la progressiva conoscenza tra padre e nascituro. Il fatto di poter vedere il piccolo attraverso una macchina non deve portarci a sottovalutare questa esperienza: guardarlo nella sua culla prenatale è un'esperienza che può coinvolgere molto. Un uomo può essere conquistato dall'immagine di quell'esserino che si muove sullo schermo, dal miracolo del concepimento e della nascita, e sentirsi padre prima ancora che il figlio sia nato. Ecco perché non bisognerebbe perdere l'occasione di essere presenti a questi esami clinici. E tuttavia è bene, come per il parto, che ognuno scelga in sintonia con le proprie inclinazioni e con quelle della propria compagna.

L'ecografia dà anche la possibilità di conoscere con grande anticipo il sesso del nascituro. C'è chi preferisce non saperlo fino alla nascita, altri, invece, e sono la maggioranza, sono troppo curiosi per resistere... Una volta che si conosce il sesso diventa inevitabile pensare al nome.

Ci si accorge subito che non è una scelta qualunque. Il nome è una specie di carta d'identità che nel tempo finisce per aderire a chi lo possiede come una seconda pelle, sia per le caratteristiche fonetiche, sonore, che per il suo significato esplicito o implicito. Gli amici non saprebbero chiamarci con un nome diverso e noi stessi viviamo il nostro nome come un tratto fondamentale della nostra identità tanto da irritarci se qualcuno lo storpia o lo confonde con un altro.

Momenti irripetibili
Ascoltare i movimenti che avvengono nel pancione della compagna in attesa coinvolge emotivamente anche il futuro papà.

LA PAROLA ALLA LEGGE

L'ATTRIBUZIONE DEL NOME

L'importanza del nome da attribuire al neonato non dipende soltanto dalle implicazioni psicologiche e affettive che esso comporta, ma è legata anche a effetti di carattere pratico-legale. Quando viene redatto l'atto di nascita, infatti, il dichiarante dovrà specificare all'ufficiale di Stato Civile se intende attribuire al bambino un nome composto o un eventuale secondo nome da aggiungere al primo - che rimane quello effettivo - e dovrà essere consapevole della differenza che intercorre fra le due diverse possibilità. Nel caso del nome composto, per esempio Alberto Antonio, i due elementi che lo costituiscono sono parte integrante del nome; così il nuovo nato dovrà sempre firmare con entrambi i nomi ed essi compariranno in tutti i documenti.

L'atto di nascita conterrà la seguente dicitura: "il giorno... è nato un bambino al quale il dichiarante dà il nome Bianchi Alberto Antonio". Se invece si attribuisce un secondo nome, la dicitura sarà: "il giorno... è nato un bambino al quale il dichiarante dà i nomi Bianchi Alberto Antonio"; in questo caso il nome "ufficiale" è il primo, mentre il secondo non comparirà nei documenti.

LA PAROLA AL MEDICO

LE VOGLIE

È antica tradizione quella che attribuisce alla donna in gravidanza improvvisi e insopprimibili desideri per particolari cibi, e che consiglia ai familiari di assecondare prontamente queste "voglie" per non rischiare che il bambino possa nascere con macchie sulla pelle, localizzate nei punti dove la donna si sia toccata mentre era in preda alla voglia insoddisfatta. Ovviamente questo collegamento non trova alcun riscontro sul piano scientifico e in realtà le macchie di cui si parla in genere sono angiomi, formazioni vascolari benigne che quasi sempre scompaiono spontaneamente in breve tempo e sulla cui origine pesano ipotesi ormonali ma non certamente l'insoddisfazione alimentare della madre. È interessante comunque interpretare il senso di questo fenomeno (prodotto dalla nostra civiltà, di cui non esiste alcun riscontro nelle popolazioni cosiddette primitive): per alcuni le voglie simboleggiano il "voler dare il meglio al proprio bambino", ma è anche un po' una rottura del tabù alimentare (trasgredire alla rigidità della prescrizione dietetica) o ancora un tiranneggiare (a esprimere una situazione di privilegio, di stato "interessante" della donna incinta) sui familiari. Nell'insieme, certamente la "voglia" esprime un bisogno di sentirsi accudita e protetta. Più diffuso nel passato, questo fenomeno tende oggi a limitarsi, forse anche per la grande disponibilità di cibi esotici e "fuori stagione" ormai a disposizione.

LA PAROLA AL MEDICO

L'ECOGRAFIA

L'ecografia è un mezzo diagnostico relativamente recente, che ha permesso di seguire lo svolgersi della gravidanza e di acquisire conoscenze prima impensabili. È un esame estremamente semplice nell'esecuzione e veloce: in genere bastano circa 20 minuti. La sonda, che viene appoggiata all'addome della donna, emette un fascio di ultrasuoni che attraversano il ventre e giungono al feto. Secondo la consistenza e la composizione del tessuto che il fascio incontra, può attraversarlo (viene "assorbito") o esserne respinto del tutto o in parte: questi "echi di ritorno" sono raccolti dalla stessa sonda e, trasformati in impulsi elettrici dalla struttura centrale dell'ecografo, sono inviati al monitor e visualizzati in forma di punti luminosi su di uno schermo. L'immagine che si forma è quella della sezione del corpo fetale che respinge gli ultrasuoni. Gli apparecchi attuali, composti da più sonde in serie, danno fotogrammi che scorrono così velocemente da dare l'effetto di un film, permettendo di vedere il feto in movimento.

L'immagine che si ottiene, e da cui si traggono fotografie e video, non è di facile interpretazione e deve essere letta da un tecnico: solo nella fase avanzata della gravidanza anche i profani riescono a distinguere i dettagli.

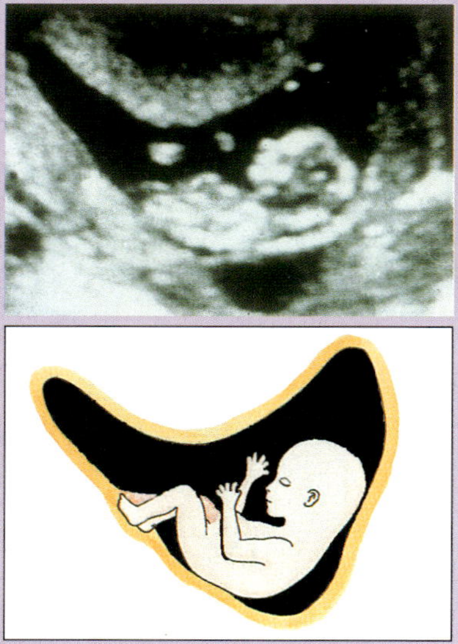
A

A. 13ª settimana di gestazione.
Si distingue bene il profilo del volto.

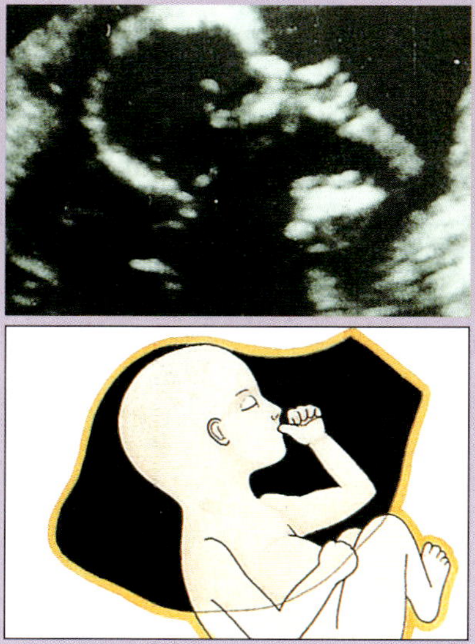
B

B. 16ª settimana di gestazione.
Il feto si succhia il pollice.

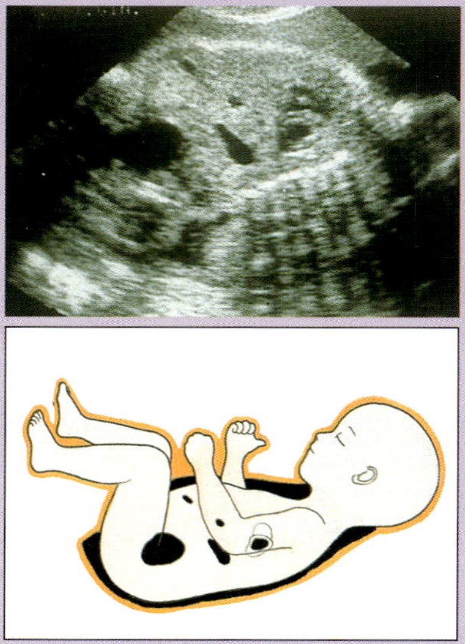
C

C. 34ª settimana di gestazione.
Si osservano le cavità del cuore, dello stomaco, della vescica (in basso) e il fegato.

Il protocollo per le indagini diagnostiche prevede che nel corso di una gravidanza fisiologica si effettuino 3 ecografie: alla 10ª-13ª settimana, alla 19ª-21ª e alla 30ª-33ª. I benefici offerti sul piano diagnostico dall'ecografia sono ampi: si può verificare la vitalità dell'embrione, la normalità dell'anatomia, lo sviluppo e il grado di maturità fetale, osservare la localizzazione della placenta, controllare le caratteristiche del liquido amniotico. Sul piano medico, è certamente una somma di vantaggi: a tutt'oggi, infatti, non si ha alcuna notizia di danni conseguenti all'uso di ultrasuoni per lo studio del bambino in utero.

L'introduzione di questa tecnica è stata una rivoluzione non solo sul piano medico ma anche nel vissuto della coppia, che ha potuto "guardare dentro la pancia" sostituendo a fantasie e aspettative immagini e certezze. Un esempio significativo: si pensi alla possibilità che c'è oggi di conoscere la presenza di una gravidanza gemellare in epoca precocissima, offrendo alla coppia un tempo "lungo" per prepararsi, e non solo psicologicamente.

Sul piano medico certamente una somma di vantaggi; sul piano culturale e relazionale dobbiamo parlare per ora solo di profondi "cambiamenti": quanto di questi cambiamenti rappresenti un vantaggio deve essere verificato e valutato, vedi ad esempio il poter conoscere il sesso del figlio prima che nasca. Il fatto che l'elaborazione di atteggiamenti e vissuti sul sesso del figlio (stereotipi compresi) prenda le mosse nei genitori già molto prima della nascita, configura scenari culturali ed emotivi ancora poco esplorati, con tutti i rischi e l'imponderabilità che ha ciò che è ignoto. È, comunque, un cambiamento "epocale" e non mancano perplessità da parte degli psicologi sulle possibili reazioni negative che possono presentarsi. In molti casi, ad esempio, l'esame tridimensionale viene richiesto dalle coppie solo per "vedere" il bambino: nonostante l'ecografista avverta dei limiti della metodica, cioè della possibilità di ottenere immagini non accattivanti, spesso l'esito di questa visione anticipata innesca emozioni difficilmente prevedibili e contenibili, quali la difficoltà di accettazione da parte dei futuri genitori che comunque avevano già in un certo modo prefigurato il proprio bambino. Si interferisce cioè con l'antico processo di formazione del "bambino immaginario" che da sempre precede la sua nascita.

I CAMBIAMENTI DEL CORPO MATERNO

In gravidanza, i cambiamenti più visibili riguardano l'utero, il seno, il peso; ve ne sono altri, però, meno evidenti ma fondamentali, che riguardano il metabolismo, l'apparato cardio-circolatorio, quello respiratorio, quello immunitario. Questi apparati si devono modificare per adattarsi al nuovo carico di lavoro e per proteggere il bambino in crescita, garantendone il benessere.

Genitali esterni e vagina • I tessuti che li costituiscono tendono a diventare più soffici e morbidi per la notevole ritenzione d'acqua, e di colore più scuro per l'aumento dei vasi sanguigni. La secrezione vaginale aumenta notevolmente in conseguenza dell'iperstimolazione delle ghiandole produttrici di muco.

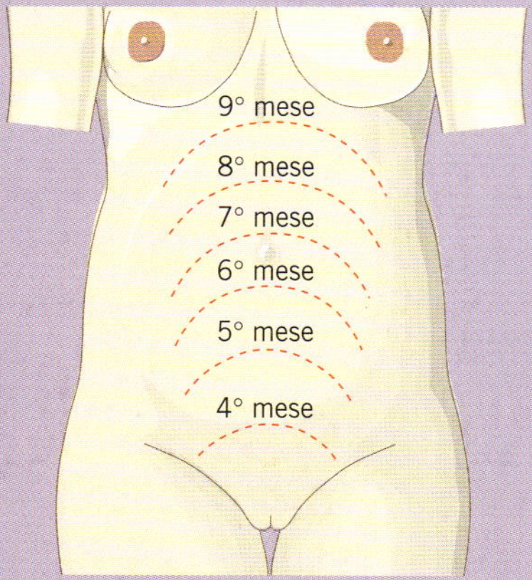

Utero • È l'organo che subisce le modificazioni più vistose: prima del concepimento è lungo 6-7 cm, al termine della gravidanza supera i 30 cm, e 25 cm di larghezza. Diviene anche più pesante, passando dai 50-60 g iniziali ai 1.000-1.500 g di fine gestazione.

Seno • Le modifiche del seno avvengono tanto precocemente da costituire uno dei primi segnali dello stato di gravidanza: diviene teso e aumenta di volume, con indolenzimento e prurito. In seguito l'areola si fa più scura e più grande mentre su tutta la cute circostante si evidenzia il reticolo venoso sottostante. Negli ultimi mesi possono comparire piccole perdite liquide dal capezzolo: qualche goccia di colore giallastro e consistenza vischiosa, il colostro.

Cute • La gravidanza determina un aumento della pigmentazione cutanea soprattutto in corrispondenza delle areole dei capezzoli e della linea mediana dell'addome (linea alba). Anche sul volto il pigmento può accumularsi, dando luogo a chiazze. L'abbronzatura può non risultare omogenea, a macchie. Soprattutto sull'addome, sulle natiche, sulle cosce e sul seno possono comparire anche le "smagliature", striature lunghe alcuni centimetri e larghe 3-4 mm, di colore rosso violaceo, che dopo il parto assumono un colore bianco perlaceo.

Disturbi • Se per alcune donne la gravidanza è un periodo di benessere generale, in cui alla soddisfazione e gratificazione per il proprio stato si aggiunge un'ottima forma fisica, più spesso si verificano piccoli fastidi. Nel 1° trimestre sono i cambiamenti ormonali, intensi già dai primissimi giorni dopo la fecondazione, a determinare i disturbi che tendono poi ad attenuarsi nel giro di qualche settimana, fino a scomparire. La nausea e il vomito sono i più frequenti, tipici dell'inizio della gravidanza: nei primi 3 mesi ne soffre il 50% delle donne. Alcune soffrono anche di un fastidioso eccesso di salivazione (scialorrea). Un'altra serie di disturbi è dovuta invece all'aumento di volume dell'utero e si presenta nella fase finale della gravidanza: frequenti ad esempio la stitichezza e, ad essa collegate, le emorroidi. È molto diffusa anche la sensazione di stanchezza e di facile affaticamento: per molte donne la gravidanza rappresenta il periodo delle "grandi dormite", altre invece, soprattutto dal 5°-6° mese in poi, hanno notevoli difficoltà nel prendere sonno. Un altro sintomo tipico di tutta la gravidanza è l'abbassamento della pressione arteriosa: sono frequenti i capogiri o addirittura gli svenimenti. Il nuovo equilibrio ormonale, inoltre, provoca un rilassamento delle pareti venose che tendono a "sfiancarsi", causando varici e vene varicose. La tendenza a urinare molto più frequentemente è costante e in continua crescita per tutta la gravidanza, e questo, soprattutto durante la notte, disturba ulteriormente il sonno. Frequenti le irritazioni vaginali da infezioni: secrezioni vaginali, irritazioni e prurito devono essere sempre segnalati al medico. In genere, i disturbi non hanno conseguenze sulla gravidanza e si possono attenuare o risolvere senza ricorrere a farmaci, con rimedi semplici e legati allo stile di vita: spesso è sufficiente correggere la dieta, il livello di attività fisica, la postura.

L'ALIMENTAZIONE IN GRAVIDANZA

L'igiene alimentare della gestante non è molto diversa da quella di ogni persona in buona salute, quindi il controllo della sua dieta deve essere inteso più come eventuale rieducazione alimentare che come restrizione. Durante la gravidanza è essenziale assicurare alla madre non solo l'energia e i nutrienti necessari per mantenersi in buona salute, ma anche quelli necessari per consentire la formazione di nuovi tessuti e di riserve energetiche che verranno utilizzate nel corso sia della gestazione che dell'allattamento. Il tipo di alimentazione da seguire in gravidanza non si discosta tuttavia significativamente da quello da seguire in altri periodi; le differenze sono minime, relative principalmente all'aumento dei bisogni in energia e di alcuni nutrienti.

In linea del tutto teorica si ritiene necessario aumentare l'apporto calorico della dieta della gestante nella misura di circa 200 calorie al giorno, pari a circa il 10% del fabbisogno energetico in condizioni abituali. Bisogna però tenere presente che in genere non è necessario "mangiare di più": le 200 kcal in più consigliate al giorno, tenuto conto delle condizioni di vita moderna, sono infatti molto spesso superiori al fabbisogno reale. I bisogni energetici poi non sono gli stessi per ogni individuo e variano in funzione dell'età, delle abitudini alimentari precedenti la gravidanza, dei fattori ambientali e sociali. È quindi impossibile fornire valori validi in assoluto per tutte le donne.

Si calcola in gravidanza un maggior bisogno di proteine (+ 15%), di calcio e fosforo (+ 50%), di acido folico (+ 100%) e di vitamina D (+ 300%). Questo però non significa che sia necessaria l'integrazione farmacologica di vitamine e sali minerali: solo per l'acido folico è consigliata la supplementazione a tutte le donne (da iniziarsi preferibilmente già in epoca preconcezionale), mentre l'assunzione di altri integratori va fatta solo su indicazione del medico curante in alcune particolari situazioni. In genere quindi è sufficiente seguire una dieta ben variata, comprendente latte e latticini, carne, pesce, uova, legumi, cereali e derivati, frutta, verdura e olio extravergine di oliva.

Diete rigide e monotone sono controindicate. Le vegetaliane, che si nutrono esclusivamente di vegetali, necessitano di integrare la dieta con ferro, proteine e vitamine, in particolare la vitamina B12. Le vegetariane, invece, che si nutrono anche di latte e latticini, uova e pesce, in genere non vanno incontro ad alcun deficit purché la loro dieta sia varia ed equilibrata; spesso però durante la gravidanza anche loro necessitano di supplementazioni alimentari.

Durante la gravidanza è opportuno evitare il consumo di bevande alcoliche e ridurre significativamente il consumo di bevande "nervine" quali caffè, tè e bevande a base di cola. Per il rischio che possono comportare di trasmettere infezioni (con rischio di danni anche gravi al feto) è consigliato di non mangiare carni, pesce e uova crude o poco cotte, insaccati e verdure crude se non accuratamente lavate, formaggi a base di latte non pastorizzato.

IL CONTROLLO DEL PESO

Il peso corporeo è il parametro più semplice e pratico da prendere in considerazione per valutare lo stato nutrizionale della donna in gravidanza, sebbene un peso adeguato non sia di per sé indice di un'alimentazione corretta ed equilibrata.

L'aumento di peso durante la gravidanza è di solito costante e progressivo in tutte le donne. Oggi si ritiene ottimale un aumento nel corso della gravidanza di 10 kg, ed è bene comunque non superare i 12-13 kg. Poiché 4 kg di incremento ponderale sono costituiti dall'aumento del tessuto adiposo, cioè del grasso corporeo, una donna che inizi la gravidanza già in condizioni di sovrappeso non dovrebbe aumentare più di 7-8 kg. L'aumento del peso corporeo durante la gravidanza va attentamente sorvegliato: è del tutto infondato il detto popolare che consiglia alle donne incinte di mangiare per due. Nel primo trimestre il normale sviluppo della gravidanza non richiede necessariamente un aumento ponderale: nei primi mesi infatti l'aumento di peso del feto è molto limitato, tanto da non incidere significativamente sul peso materno. L'aumento che si ha nella prima metà della gravidanza è dovuto soprattutto all'accumulo di "riserve energetiche" (grassi di deposito) che serviranno negli ultimi mesi di gestazione per garantire nutrimento adeguato al bambino, in quella fase in crescita estremamente rapida.

L'aumento ponderale comincia a farsi più evidente a partire dal 4° mese, per rallentare poi negli ultimi 3 mesi di gestazione. L'aumento di peso materno dell'ultima fase della gravidanza è dovuto essenzialmente alla crescita del feto.

Il peso va controllato regolarmente per cogliere in tempo eventuali variazioni anomale: ad esempio, va segnalato al medico un aumento di peso di più di 1 kg in 10 giorni, soprattutto se accompagnato da mani e piedi gonfi ed edematosi.

Hanno significato negativo non solo gli aumenti eccessivi del peso materno, per il rischio che comportano di complicazioni soprattutto al momento del parto (feti "macrosomici", con peso superiore ai 4 kg, aumentano il rischio di parti difficoltosi e di parto cesareo), ma anche le crescite scarse, che vanno seguite attentamente, poiché sono un possibile indice di scarsa nutrizione fetale o di patologie in corso (col rischio di parti prematuri e di basso peso alla nascita).

UNA PRESENZA REALE

Nell'attribuire il nome a nostro figlio inviamo anche un messaggio. Molti nomi, di parenti o antenati, sono dettati dal desiderio di continuità familiare. Altri collegano il piccolo a un santo protettore. Alcuni indicano un'ideologia politica o si riallacciano a un personaggio storico, a un artista (Raffaello, Leonardo, Tiziano), oppure vengono dati sotto l'influenza di eventi particolari (come Yuri all'epoca del volo in orbita dell'astronauta Gagarin). Ci sono poi i nomi augurali (Felicita, Fortunato, Bonaventura) e quelli che si rifanno alle celebrità dello schermo e dello sport. Alcuni nomi piacciono per la loro qualità fonetica, il loro armonizzarsi con il cognome, l'originalità. Un nome può essere armonioso, arioso, colorato, leggero, elegante, lineare, incisivo, duro, stridente... Ci sono, infine, i nomi insoliti e particolarmente strani, su cui è meglio riflettere prima di fare una scelta definitiva.

Nell'assegnare il nome a nostro figlio dovremmo considerare: che non resterà bambino per sempre e avrà una sua personalità (Modestino potrebbe diventare grande e grosso e Mansueta potrebbe avere un carattere forte); che in linea di massima porterà quel nome per tutta la vita (Cirillo, Fermo, Addolorata, Policarpo, Trifone, Perpetua); che la

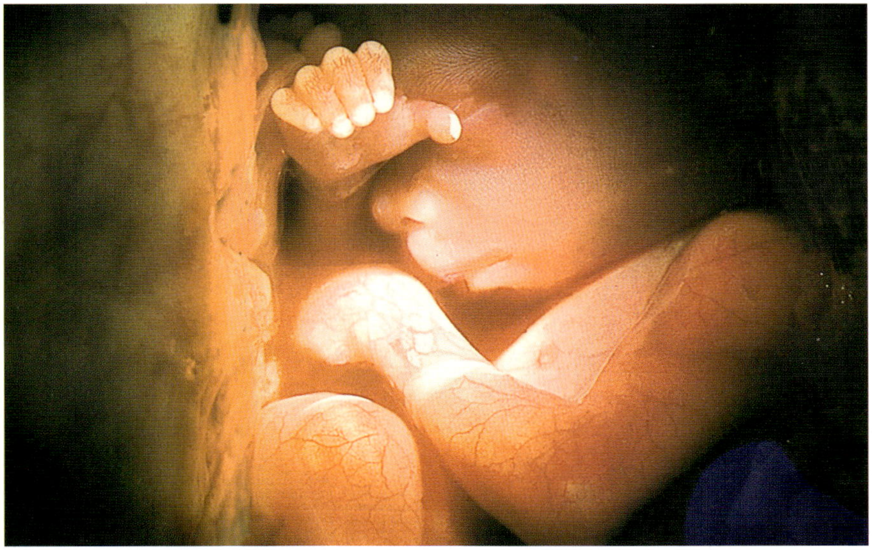

Diventa vero
Ascoltando per la prima volta il battito cardiaco fetale ci si rende conto che, in poco tempo, un altro essere umano popolerà la nostra vita.

posizione psicologica di chi assegna il nome è diversa da quella di colui che lo porterà. Questo non significa che si debba andare verso un appiattimento o una noiosa omologazione: un nome può essere originale e "unico" senza essere imbarazzante. Col procedere della gravidanza, i quasi-genitori si immaginano il figlio che verrà e fantasticano su di lui: ne immaginano il fisico, lo spazio che occuperà nelle loro vite, il carattere, le esigenze, le attività che potranno fare insieme quando sarà un po' più grande. Il coinvolgimento può crescere a tal punto che il nascituro entra non solo nei discorsi dei suoi genitori, ma anche nei loro sogni. È normale che sia così, non soltanto perché il neonato dovrà trovare qualcuno "sensibilizzato" e pronto ad accoglierlo senza riserve; ma anche perché, in fondo, un figlio promette a ciascuno "una seconda volta": di sfuggire al male, di ottenere il meglio... Le cose però sono quasi sempre diverse da come uno se le immagina, e una volta nato il bambino sognato lascerà il posto a quello reale.

GLI SPAZI PER IL NASCITURO

In genere, quando sta per nascere un bambino i genitori preparano un posto per lui: una cameretta, un angolo della camera da letto per i primi mesi e di un'altra stanza per quando sarà più grande. La culla rappresenta lo spazio per eccellenza che il piccolo occuperà nei primi mesi di vita, uno spazio che si arricchisce di oggettini e viene invaso dai genitori che si chinano sul piccolo, lo sollevano, giocano con lui, gli parlano.

Ma lo spazio non è soltanto fisico: è anche e soprattutto mentale. I futuri genitori devono infatti far spazio nel loro mondo alla nuova presenza, sacrificare una parte del loro spazio interiore, dello spazio di coppia, dello spazio quotidiano dedicato ai loro interessi, allo svago, alle letture, alle telefonate. Presto si accorgeranno che il loro spazio si è ridotto, a volte drasticamente, e non sempre sono pronti per questa evenienza. Ma un bambino piccolo ha capacità quasi magiche, lentamente s'insinua nello spazio interno dei genitori, nella loro mente, e diventa una presenza insostituibile.

Spazi e limiti
Per quanto si cerchi di dare a ciascun figlio uno spazio privato, sarà molto difficile riuscire ad arginare la curiosità e l'irrefrenabile vivacità di un bambino, confinandolo in uno spazio predelimitato.

DESIDERIO E ATTRAZIONE

Dal punto di vista dell'attrazione sessuale nei confronti della partner incinta, ognuno ha un proprio personale vissuto o punto di vista.

«Penso che se la madre sta bene, anche il bambino stia bene. L'uomo però deve adattarsi al comportamento della donna. Deve seguirla, comportarsi con dolcezza, comprensione...», spiega un uomo che ha rapporti con la moglie al 5° mese di gravidanza.

«Ho l'impressione che ci sia una maggiore intesa fra di noi. Prima mi rimproverava perché facevo tutto troppo in fretta, senza preliminari... Ora, siccome ho paura di farle male, vado più lentamente, i preliminari sono più lunghi e lei è più contenta. La gravidanza è stata anche un'occasione per migliorare i nostri rapporti», spiega un altro.

Ma ecco altre opinioni e impressioni: «Da quando ha il pancione, mi sembra di farle male...», «Durante i primi mesi era lei a non volere. Poi mi sono bloccato io e ora non ho più erezioni...», «Per me è ancora più donna, ha forme più abbondanti e femminili», «È una questione di testa, anche le donne incinte possono essere sexy. In alcune riviste ho visto dei nudi di donne incinte che ne esaltavano il fascino erotico...», «Vedo che lei lo fa solo per farmi piacere, ma senza partecipazione perché si preoccupa del bambino». Esistono molte diverse sfaccettature. Se durante la gravidanza non si ha voglia di fare l'amore, meglio lasciare passare questo periodo. Non ci sono regole uguali per tutti. Le persone sono diverse così come diverso può essere l'andamento della gravidanza. Uno non avrà voglia di fare l'amore per tutto il periodo dell'attesa, un altro invece continuerà a farlo.

Ogni coppia gestisce la propria sessualità come crede, come sente e non seguendo uno schema prestabilito.

Intimità
Solo in rare occasioni il sesso è controindicato in gravidanza.

Sesso e gravidanza
Le reazioni dell'uomo ai cambiamenti fisici prodotti nella donna dalla gravidanza sono spesso contrastanti.

IL SESSO IN GRAVIDANZA

Si possono avere dei rapporti in gravidanza? Il feto si accorge di quello che sta avvenendo? Il sesso può danneggiarlo? La risposta alla prima domanda è "sì", la risposta alla seconda e alla terza è "no", anche se è necessaria qualche precisazione. Bisogna superare l'idea che il nascituro sia in qualche modo cosciente di ciò che sta avvenendo: eventuali reazioni, un rallentamento dei movimenti durante il rapporto e la successiva accelerazione dopo l'orgasmo, sono soltanto risposte fisiologiche all'attività ormonale e uterina. Dunque, non ci sono controindicazioni, è però importante che lui e lei comunichino l'uno all'altra gli eventuali problemi che possono insorgere: il seno, per esempio, può diventare più sensibile, anche eccessivamente sensibile, e gli odori del corpo più intensi. Le modifiche fisiche e psichiche che si verificano nel corso dei nove mesi hanno un'influenza sulla vita sessuale. E generalmente si avverte l'esigenza di un rapporto "dolce".

Nel 1° trimestre alcune donne mostrano una diminuzione del desiderio e del piacere; inoltre possono inibirsi per paura di danneggiare il feto. Paura che è più frequente nelle donne che hanno perdite, dolori addominali o che in precedenza hanno avuto aborti. Nella maggior parte dei casi, le cose migliorano col passare del tempo, quando i primi disturbi sono superati e la gravidanza non è più una novità. Il periodo che va dal 3° al 6° mese di gravidanza è generalmente il più tranquillo, e il piacere e la frequenza dei rapporti migliorano. Negli ultimi mesi ci può essere qualche problema: se il collo dell'utero ha tendenza a cedere, se le contrazioni uterine sono troppo frequenti, se c'è qualche lontano segno di parto prematuro, allora è bene chiedere consiglio al medico; durante le fasi dell'atto sessuale ci sono infatti dei cambiamenti neuro-ormonali o vascolari che potrebbero teoricamente provocare l'inizio di un travaglio.

LA PAROLA AL MEDICO

NON FARE SESSO: UNA LIMITAZIONE INUTILE

La sessualità risponde ad almeno tre funzioni fondamentali: riproduttiva, relazionale e ludica. In gravidanza l'aspetto riproduttivo si è già realizzato e l'aspetto relazionale si arricchisce della condivisione delle fantasie sul figlio; è l'aspetto ludico che invece rischia di essere represso, mettendo a rischio il piacere come fonte di gratificazione, fondamentale per tutto l'arco della vita.

Gli studi di antropologia umana mostrano comportamenti discordanti: alcune tribù "primitive" vietano il sesso in gravidanza per paura che possa danneggiare il feto; altre invece lo incoraggiano, considerando lo sperma una sorta di nutrimento per il bambino. Anche l'atteggiamento degli altri mammiferi è variabile, ma generalmente le femmine tendono a rifiutare il coito (a volte lo accettano, forse per non rischiare di dover combattere, nel senso letterale della parola, col maschio).

Ci sono diversi studi sull'andamento della libido femminile in gravidanza. Masters e Johnson segnalano mediamente un aumento del desiderio sessuale, da loro collegato a un'aumentata vascolarizzazione della pelvi (cosa che determinerebbe una maggior facilità nel raggiungere l'orgasmo). Basini invece distingue fra le varie fasi della gravidanza: nel 1° trimestre riferisce una diminuzione sia nel desiderio che nella soddisfazione sessuale, nel 2° trimestre un aumento di entrambi i parametri, nel 3° trimestre una nuova flessione del desiderio, dovuta essenzialmente all'ingombro della pancia, alla presenza di piccoli dolori e fastidi pelvici, a "prescrizioni" mediche (e questo nonostante non vi sia alcuno studio che correli in modo certo l'attività sessuale con fenomeni quali la rottura precoce delle membrane, l'avvio anticipato del parto ecc).

Nell'uomo, durante la gestazione della compagna, più spesso si verifica un generale e costante calo del desiderio e una conseguente riduzione dell'attività sessuale: per paura di danneggiare il bambino, per i cambiamenti fisici della donna, per i cambiamenti di "immagine" della donna (vista più come madre che non come moglie/amante), per una sensazione diffusa di sentirsi "inutile" nel corso della gestazione. Questi e tanti altri motivi fanno sì che molto spesso la gravidanza sia uno stimolo negativo sulla sessualità maschile.

La sessualità è una forma di comunicazione interumana così intensa e insostituibile che deve essere sempre difesa, soprattutto nelle situazioni "svantaggiate" (quali sono nello specifico la gravidanza, il puerperio e l'allattamento). È evidente quindi che di fronte all'assenza di prove scientifiche di rischio di danni (presente solo in casi specifici e poco frequenti: avvenuta rottura del sacco, per esempio) normalmente non vi è alcun motivo di sostenere limitazioni all'attività sessuale. Luoghi comuni e "sentiti dire" pongono invece troppo spesso divieti che non fanno altro che disturbare la relazione di coppia, dimenticando che la gravidanza non è solo un fatto fisico ma un evento complesso e variegato che coinvolge vari livelli della personalità e della relazione.

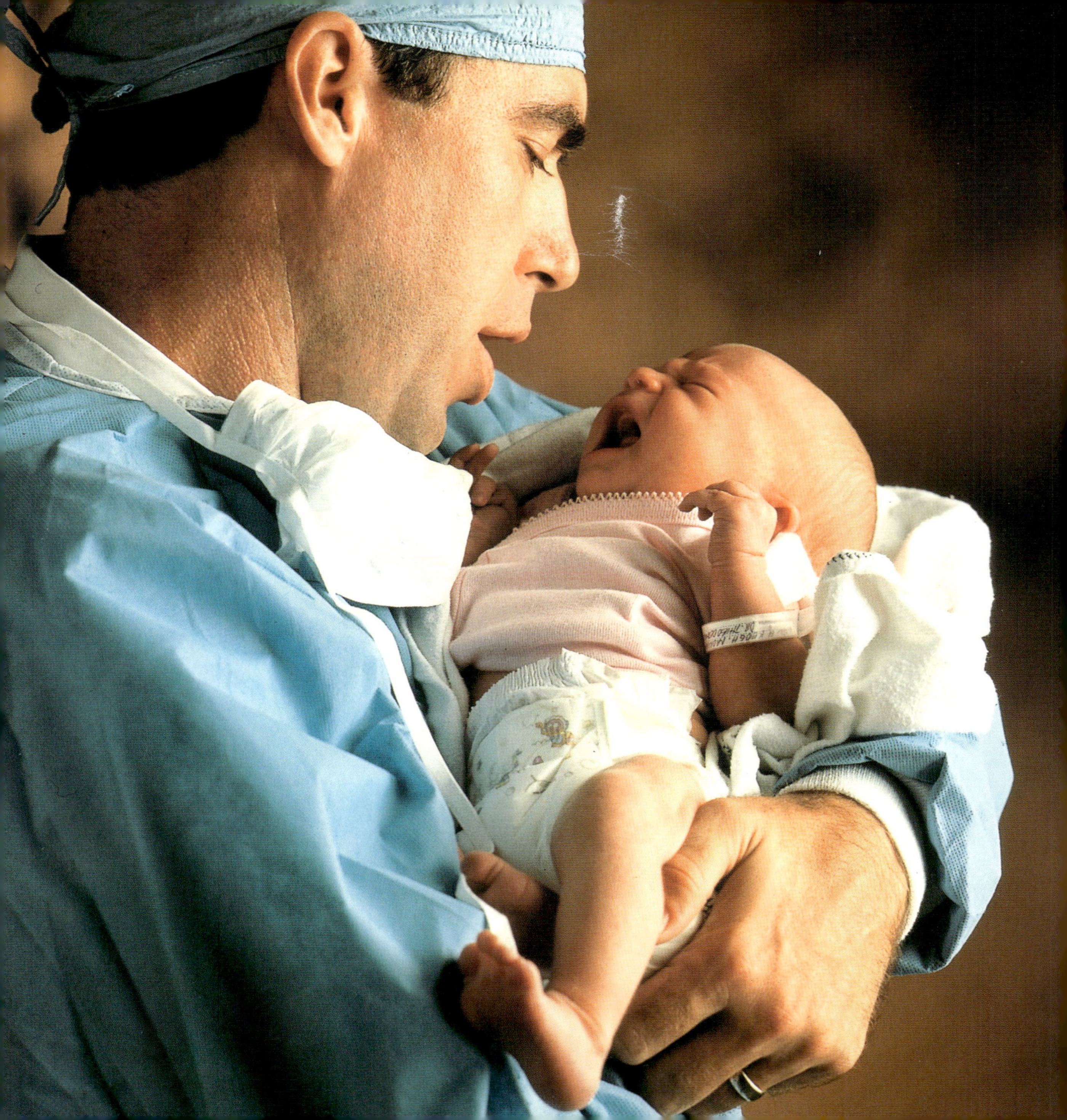

LA NASCITA

In due in sala parto

In caso di parto cesareo o prematuro

Attenti al mammo!

I primi giorni di vita

Voi e il neonato

IN DUE IN SALA PARTO

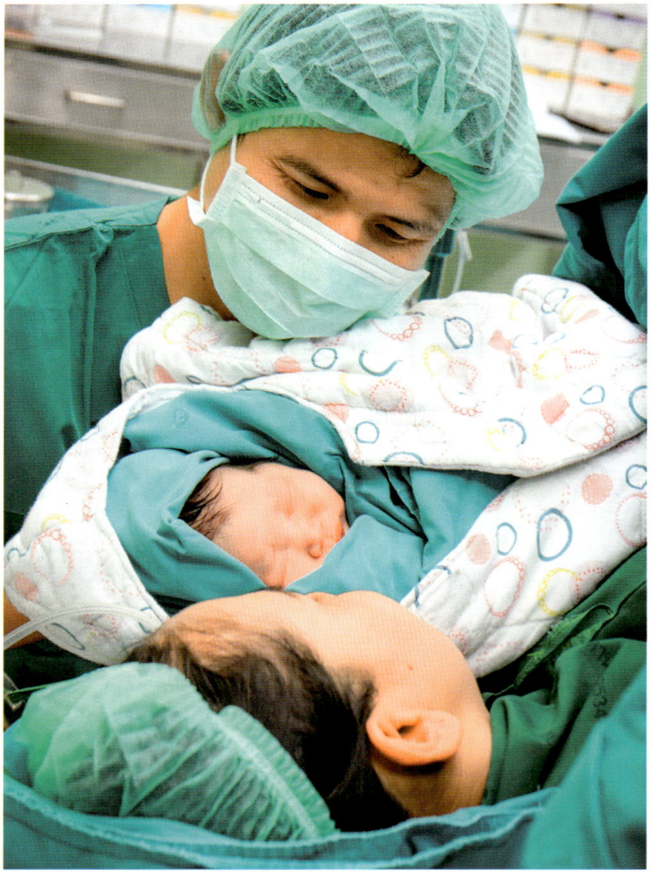

Sostegno e conforto
La presenza del padre in sala parto ha conseguenze molto positive sia sulla psicologia materna, sia sull'instaurarsi precoce del rapporto col neonato.

Sino a una ventina d'anni fa i padri non erano ammessi in sala parto. La loro partecipazione a un evento tutto al femminile non era considerata opportuna. I riflettori erano tutti puntati sulla donna: era lei l'unica e indiscussa protagonista. Ciò che si chiedeva a un padre era di non dare fastidio durante il travaglio, di non intralciare, con la sua inutile e ansiogena presenza, i movimenti di tutti coloro che "con cognizione di causa" si affannavano intorno alla partoriente. Il posto del marito era fuori, in sala d'attesa, e i suoi compiti istituzionali erano quelli di diffondere la lieta novella tra amici e parenti e di registrare il neonato all'anagrafe.

Questa esclusione senza appello era vissuta con sollievo da molti uomini; ma in altri, però, il sentirsi inutili e marginali poteva generare una sorta di irritazione e di imbarazzo, a volte addirittura un'inconscia gelosia oppure un'identificazione con la partoriente che poteva sfociare in "strani" malesseri. Altri, infine, potevano provare una sensazione di incapacità che li rafforzava nell'idea socialmente condivisa di una inettitudine maschile a partecipare all'evento della nascita e, di conseguenza, a prendersi cura di un neonato. Non è da molto, dunque, che si è incominciato a considerare la presenza del padre durante il travaglio dapprima come non dannosa (il timore delle infezioni è in buona parte ormai superato) e successivamente come potenzialmente benefica. Così oggi sono sempre più numerosi gli ospedali che consentono all'uomo di essere presente al parto e anche di parteciparvi attivamente, se lo desidera ed è preparato.

Ma qual è il vantaggio di questa innovazione? A che serve, realmente, il padre in sala parto (o altrove, se il parto avviene in casa)?

UNA LIBERA SCELTA

Un primo punto da chiarire è che nessuno deve sentirsi obbligato a seguire il lieto evento da vicino se la cosa non è gradita per un qualsivoglia motivo (paura di emozionarsi troppo, di non saper che fare, di perdere interesse sessuale per la propria compagna ecc.): ognuno deve essere libero di comportarsi secondo la propria inclinazione.

«È stato uno shock per me vederla soffrire così.

L'aver assistito alla nascita della piccola» spiega, con un po' di reticenza, un uomo che è stato in sala parto per tutto il periodo del travaglio fino all'espulsione «ha rinforzato il cameratismo tra me e mia moglie, ma non l'attrazione sessuale... così, alla fine, non so se ho fatto bene».

Bisogna considerare anche il punto di vista della donna che, ovviamente, deve essere il più possibile tranquilla e a proprio agio. Alcune donne considerano il loro partner impressionabile. Altre temono di dare uno spettacolo poco attraente di sé. Altre ancora preferiscono restare sole o con la propria madre. Meglio se la decisione viene presa di comune accordo rispettando i desideri di ognuno: ogni coppia deve regolarsi in base al proprio sentire.

Parto
Assistere al parto può essere un'esperienza traumatica: meglio se la decisione viene presa di comune accordo, rispettando i desideri e le emozioni di ognuno.

INTRALCIO O VALIDO AIUTO?

L'uomo che è presente durante il travaglio deve poter entrare, uscire e ritornare accanto alla sua donna liberamente, sia pure attenendosi alle norme sanitarie ed evitando di creare problemi al personale. Alcuni preferiscono essere presenti durante il travaglio ma non nella fase espulsiva. Chi ha seguito un corso di preparazione, aiuterà la donna a spingere, a rilassarsi, a respirare; potrà cioè assumere un ruolo di sostegno sia affettivo che fisico. La disponibilità di lui crea un clima di complicità e di conforto nella coppia, purché l'uomo sia disposto a coordinarsi con il personale sanitario, non entri in competizione (conscia o inconscia) con l'ostetrico, non assuma atteggiamenti oppositivi o conflittuali nei confronti della propria compagna. Non è quello il luogo e il tempo per iniziare una terapia di coppia!

Al momento del parto la partecipazione può assumere la forma di gesti più simbolici, come il taglio del cordone ombelicale – atto precursore della funzione di separazione del figlio dalla madre, caro alla psicoanalisi – e il bagno, che anticipa l'azione tipicamente paterna d'introduzione al mondo esterno e immersione del figlio nell'ambiente sociale. Ovviamente non c'è alcun obbligo, e chi non se la sente di compiere questi gesti è bene che se ne astenga.

Nella maggior parte degli ospedali è ormai accettata la presenza del partner al momento del parto: non viene invece ancora considerato importante coinvolgere il padre nei giorni di ricovero post-parto.

Sono pochi giorni, 2 o 3 in genere, ma estremamente delicati: la donna, stanca del parto e "confusa" per i rapidi cambiamenti ormonali che si verificano nel suo organismo, a volte in stato depressivo, si ritrova da sola a gestire i primi momenti di relazione con il neonato, con tutte le incertezze e le ansie che l'avvio di una relazione può comportare (l'inizio dell'allattamento, le prime insicurezze sul pianto, i ritmi del sonno, la fame ecc.). Sarebbe quindi utile che la presenza del padre/compagno fosse consentita oltre che in sala parto anche in reparto.

I VANTAGGI PER LUI, LEI E IL NEONATO

La maggior parte dei padri che ha vissuto l'esperienza della sala parto la descrive come un'esperienza rara, emozionante, che può produrre uno stato di vera e propria euforia.

Per quanto riguarda la donna, gli studi che esistono sull'argomento indicano che, nella maggior parte dei casi, le donne sostenute dai loro compagni fanno minor uso di analgesici e vivono il parto come un'esperienza più "positiva" di quanto non l'abbiano vissuta le donne che non hanno avuto questo tipo di sostegno.

Il vantaggio per il neonato è indiretto: la madre è meno tesa, il padre entra nel ruolo di genitore fin dall'inizio.

«Certamente sarò là per sostenere e confortare mia moglie», dice un uomo prossimo alla paternità, «però ci sarò anche per me stesso e per mio figlio, perché desidero riconoscerlo socialmente, vederlo e assisterlo in quel momento unico e irripetibile in cui fa la sua entrata nel mondo. Quella di avere un figlio è un'esperienza straordinaria che non accade spesso».

Incontri ravvicinati Nei primissimi attimi che seguono il parto, ancora prima del taglio del cordone, i genitori accolgono insieme il nuovo membro della famiglia.

Gli fa eco un altro: «Sarò là anche per una ragione sociale, per attestare che quel figlio è mio, non soltanto di sua madre...».

Un terzo, infine, pone l'accento sul delicato passaggio da due a tre: «L'arrivo di un figlio rischia di destabilizzare la coppia, di creare una frattura. Si entra in una nuova fase della vita. Un uomo può sentirsi escluso dallo stretto legame madre-neonato, addirittura geloso di questa nuova intimità, di questa coppia che si sta formando... e la donna può a sua volta formare una coppia troppo esclusiva con il figlio. È un passaggio delicato che è bene non sottovalutare». «Io ci sarò in sala parto ma soprattutto per sostenere mia moglie».

In definitiva occorre avere sempre ben chiaro che la presenza maschile all'evento parto assume "valore" positivo perché dà finalmente all'uomo la possibilità di vivere la bellezza di un evento unico e irripetibile come è quello della nascita del figlio, partecipando ed entrando in relazione con gli altri protagonisti, madre e bambino.

Influsso positivo
Oltre che in sala parto, sarebbe utile che la presenza del padre del neonato fosse consentita anche in reparto, nei giorni seguenti il parto, senza limitazioni di orario.

LA PAROLA AL MEDICO

LE FASI DEL PARTO

Periodo prodromico: può durare per un periodo estremamente variabile di tempo, sia al primo parto che ai successivi. Eventi caratteristici:

• le contrazioni si fanno gradualmente ritmiche, passando progressivamente da fastidiose a dolorose;

• il collo dell'utero si ammorbidisce, si centralizza e si appiana;

• spesso viene espulso il "tappo mucoso".

Periodo dilatante: dura in media 8 ore al primo parto e 3-4 nei parti successivi. Eventi caratteristici:

• le contrazioni uterine si fanno più intense, più frequenti e durano più a lungo;

• la testa del bambino si confronta con le ossa del bacino e si impegna (cioè non è più possibile respingerla in alto);

• la dilatazione del collo uterino prosegue fino a completarsi;

• spesso si rompono le membrane amnio-coriali (rottura del sacco delle acque).

Periodo espulsivo: dura circa 2 ore nel primo parto e mezz'ora-1 ora nei parti successivi. Eventi caratteristici:

• alla forza delle contrazioni uterine si aggiunge la forza della donna che spinge con la muscolatura addominale;

• il bambino discende nel canale del parto: attraversa il cingolo osseo pelvico, la vagina, la vulva ed esce completamente.

Periodo del secondamento: dura generalmente 10-30 minuti. Eventi caratteristici:

• l'utero, svuotato, si contrae rapidamente ritraendosi;

• la placenta si distacca e viene espulsa insieme alle membrane e al residuo del cordone ombelicale (annessi fetali);

• la contrazione dell'utero assicura l'arresto dell'emorragia (emostasi) a livello della superficie di impianto placentare: l'utero, indurito e contratto, forma il "globo di sicurezza".

DALLE LEVATRICI AGLI OSPEDALI

In passato tutti i parti venivano assistiti dalle levatrici o dalle donne anziane, le familiari o le vicine: il parto era "una faccenda da donne". Addirittura si narra che ad Amburgo, nei primi del Cinquecento, un medico fu bruciato vivo perché, travestito da donna, aveva osato assistere a un parto.

La levatrice apprendeva il mestiere attraverso l'insegnamento orale di altre donne, dalla tradizio-

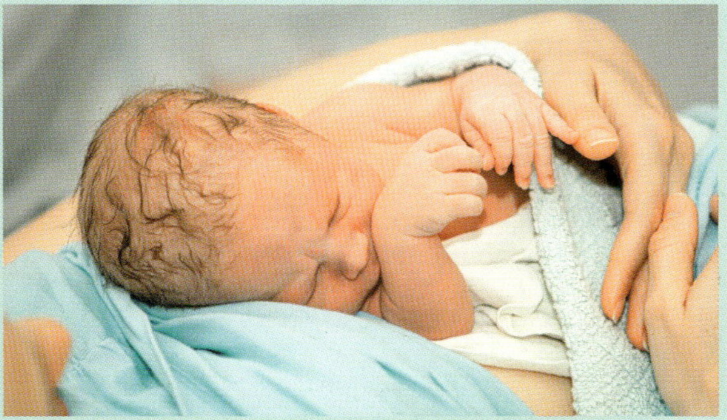

ne in senso lato e dall'esperienza personale: libri e trattati sull'argomento esistevano in misura limitata e con scarsissima diffusione. È solo nel XVIII secolo che furono aperte le prime scuole professionali di ostetricia, obbligatorie per poter esercitare. Per la prima volta nella storia dell'ostetricia, gli uomini (medici) insegnano a delle donne come assistere le partorienti. Contemporaneamente apparvero i primi libri scritti da medici e rivolti alle levatrici: i medici cioè avevano raccolto le esperienze di levatrici disposte a parlare del loro lavoro e le avevano messe per scritto, insieme a quella che era la tradizione ippocratica e medievale. In questi manuali il ruolo della levatrice diviene subordinato a quello del medico, che riesce a distinguersi prefigurando un suo sapere "superiore". L'apparizione dell'ostetrico uomo, motivata da ragioni di prestigio e potere economico, è giustificata dal fatto che fin dal XIII secolo le corporazioni medievali dei barbieri e dei chirurghi possedevano l'esclusiva di poter usare gli strumenti chirurgici e quindi la possibilità e il diritto di intervenire nelle patologie del parto. Alla fine del Seicento i medici uomini erano già stabilmente insediati all'interno dell'assistenza al parto, tanto che apparvero le prime leggi che obbligavano a chiamarli in caso di parti patologici. Gli ostetrici uomini si imposero inizialmente nelle corti e nella nobiltà cittadina, espandendosi poi alla borghesia e, molto lentamente, nelle campagne, con una progressione che dall'inizio del Settecento arriva ai nostri giorni, nonostante le molte voci che si levavano contro questa nuova figura professionale (voci mosse soprattutto dalla preoccupazione per la moralità della donna). L'ostetricia, nel corso del Settecento, divenne ambita dai giovani medici perché permetteva loro di inserirsi nelle famiglie: c'era la speranza, una volta nato il bambino, di essere chiamati come medici per tutta la famiglia. Anche per questo era interesse dei medici limitare il potere e le conoscenze delle levatrici, motivando la necessità della loro presenza col fatto che essi erano maggiormente competenti a intervenire in caso di difficoltà.

Ignaz Philipp Semmelweis, nato a Buda, in Ungheria (1818) e morto a Vienna (1865), è considerato lo scopritore della principale causa della febbre puerperale che, ai suoi tempi, uccideva misteriosamente migliaia di puerpere soprattutto nei grandi ospedali. Dopo attente osservazioni, egli concluse che la malattia doveva essere provocata dagli stessi medici che, secondo una prassi comune, visitavano le pazienti dopo aver fatto pratica di dissezione di cadaveri. Per verificare l'ipotesi, Semmelweiss ordinò che nel suo reparto tutti si lavassero le mani con una soluzione disinfettante prima di qualsiasi contatto con le pazienti: ciò portò a una drastica riduzione dei decessi. Il valore della scoperta, però, fu contestato dagli altri medici, e Semmelweis fu addirittura espulso dall'ospedale e radiato dall'Ordine. Le madri continuarono a morire.

Nonostante ciò, il controllo del parto rimase nelle mani delle levatrici finché questo continuò ad avvenire preferibilmente in casa, fino a quando cioè l'elevata mortalità materna negli ospedali, per via delle "febbri puerperali", fu d'ostacolo all'istituzione delle cliniche ostetriche. Con l'affermazione della microbiologia, la scoperta della trasmissione batterica delle malattie e la pratica dell'asepsi la contraddizione venne superata: la sterilizzazione degli strumenti e degli oggetti, comprese le mani del medico che venivano a contatto con la partoriente, portò a cambiamenti rapidissimi e radicali nella gestione del parto. Tra il 1870 e il 1939 il rischio di morire di febbre puerperale calò in maniera costante. Alla fine del XIX secolo si cominciò ad affermare che era più sicuro partorire in ospedale che a casa e sebbene l'ostetrica fosse la sola a presiedere al maggior numero di parti, l'autorità più riconosciuta era ormai divenuta quella del medico uomo.

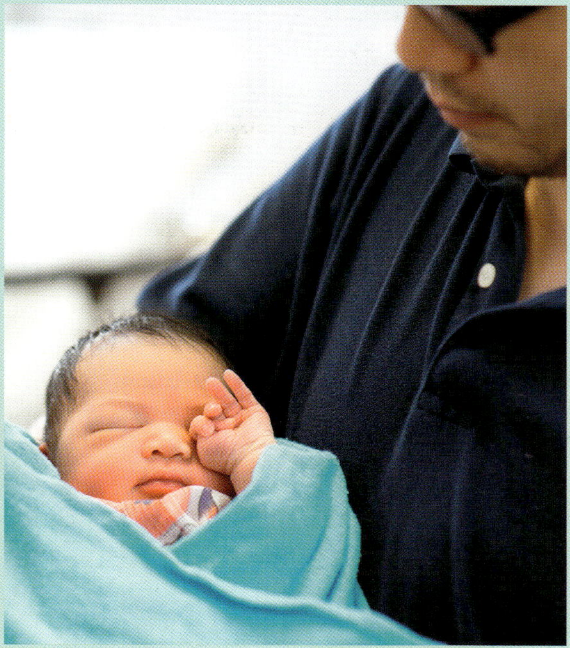

GENITORI E NEONATO: PROTAGONISTI DEL PARTO

Sempre più frequente è la richiesta da parte delle coppie di un tipo di parto diverso, definito via via come "naturale", "umanizzato", "attivo", "dolce" ecc. I termini in uso sono molti, e spesso diventa difficile anche capire cosa ci sia in pratica dietro queste parole. Parlare di ritorno a un parto naturale è oggi piuttosto ambiguo: la specie umana è un miscuglio di natura, cultura, apprendimenti, tradizioni. Non è possibile né auspicabile pensare a un mitico ritorno al primitivo stato di natura anche perché questo vorrebbe dire rinunciare ai livelli di sicurezza che scienza, tecnologia e cultura hanno prodotto nei secoli, garantendo oggi una drastica riduzione della mortalità materna e infantile. La ricerca di un parto naturale ha comunque un suo preciso significato: il bisogno di dare nuovamente valore e rispetto ai tanti aspetti affettivi e relazionali, culturali, psicologici, simbolici che dell'evento nascita hanno fatto parte per secoli e che negli ultimi decenni erano andati persi, trascurati dalla visione strettamente medica operante nei reparti di maternità.

La medicalizzazione del parto, iniziata con l'istituzione dei primi reparti di maternità, subì una brusca accelerazione negli anni Cinquanta (quando diventò sempre più normale partorire in ospedale) proseguendo fino a tutti gli anni Settanta, periodo in cui i movimenti femministi cominciarono a denunciare il fatto che il parto fosse troppo spesso un'esperienza violenta e alienante per la donna. Furono allora sperimentate modalità diverse, alternative, di partorire. In un primo tempo solo a cura di organizzazioni e associazioni private, poi sempre più spesso anche all'interno delle strutture pubbliche.

Le molte pratiche applicate fino ad allora in modo routinario vengono messe in discussione anche dalle società scientifiche e da istituzioni come l'Organizzazione Mondiale della Sanità, valutandone il valore effettivo e i reali vantaggi medici. Si ricorre quindi sempre meno alla pratica del clistere pre-travaglio, alla rasatura del pube (tricotomia), al taglio dei genitali (episiotomia).

Contemporaneamente si riscopre anche l'importanza di garantire un ambiente protetto, intimo e quindi ad esempio la necessità di non porre più partorienti nella stessa stanza. La figura paterna, inizialmente accettata come fastidio inevitabile, si rivela essere un aiuto, un sostegno per la donna in travaglio. Le separazioni fra madre e bambino diventano sempre più brevi, fino a essere completamente eliminate in alcune strutture ospedaliere.

Alla base di tutti questi cambiamenti vi è la graduale presa di coscienza che la struttura ospedaliera deve sì garantire l'incolumità fisica della madre e del bambino, ma non a costo di una perdita d'intimità e di distacco dal proprio vissuto.

La nascita rimane un evento essenzialmente naturale e fisiologico, in cui il ruolo dell'operatore è, nella maggior parte dei casi, di semplice osservazione e controllo. Veri protagonisti della nascita sono la coppia e il bambino, e questa cessione del "potere" dagli operatori alla coppia è forse la cosa più innovativa e rivoluzionaria che sta avvenendo nei nostri ospedali.

La battaglia contro le sale parto ad alta ospedalizzazione ha comportato un fiorire di iniziative alternative. Si sono moltiplicate le offerte alle donne di partorire in modi e in luoghi diversi dagli ospedali pubblici ed è tornato in misura rilevante anche il parto in casa. La maggioranza delle donne continua tuttavia a partorire in ospedale e il senso di sicurezza per l'incolumità fisica della madre e del bambino continua a essere la motivazione fondamentale della scelta. È una situazione ancora molto variegata, un momento in cui è possibile trovare nello stesso ospedale la sala parto tradizionale affiancata alla sala per il "parto naturale".

Siamo quindi in una fase di sperimentazione, in cui vengono ridiscussi non solo spazi e ambienti, ma anche gli stessi ruoli professionali, ed è difficile prevedere quale dei molti modelli possibili di organizzazione e gestione della nascita prevarrà. Quello che è certo è che ormai la necessità di restituire il controllo del parto alla donna e alla coppia, rivalutando l'essenziale naturalità della nascita, è sempre più presente e diffusa a livello degli operatori.

QUANDO ANDARE IN OSPEDALE

È sempre difficile decidere quando recarsi in ospedale, e soprattutto alla prima gravidanza si è dibattuti fra il timore di "far tardi" e quello di apparire ansiosi e inesperti. Col rischio poi che, se si arriva troppo presto, si devono trascorrere inutilmente molte ore (se non addirittura giorni) in ospedale. Alcune donne preferiscono trascorrere la maggior parte del travaglio a casa propria, altre preferiscono invece recarsi presto in ospedale, sentendosi così più accudite e controllate.

L'unica cosa veramente importante è che la donna in travaglio si senta protetta dall'ambiente in cui ha scelto di svolgere questo "lavoro", sì che possa rivolgere la propria attenzione e concentrazione al proprio corpo, senza doversi preoccupare di mediare con l'esterno (funzione questa che può essere invece svolta dal partner). Che questo ambiente sia la casa o l'ospedale è assolutamente variabile da persona a persona.

Il partner deve quindi fidarsi della sua compagna, capace, attraverso le sensazioni che le provengono dal corpo, di accorgersi del progredire del travaglio e valutare le proprie necessità. I tempi del travaglio e del parto sono di molte ore, non di minuti: non c'è dunque alcuna necessità di correre in ospedale, c'è tutto il tempo per analizzare e capire che cosa sta succedendo. Anche nel caso in cui non si tratti del primo parto, situazione nella quale in genere il travaglio è mediamente più breve (anche di diverse ore), conviene comunque attendere per essere certi che si tratti realmente di un avvio del travaglio e non semplicemente di contrazioni preparatorie. Infatti, se a volte le contrazioni iniziano e diventano progressivamente più vicine, regolari e intense fino a portare al travaglio vero e proprio, altre volte invece possono avviarsi e poi fermarsi anche più volte nei giorni che precedono il travaglio.

Come indicazione di massima, è opportuno recarsi in ospedale quando si verificano queste circostanze:

- contrazioni regolari che si ripetono ogni 3-4 minuti;
- rottura delle membrane con perdita di liquido amniotico, indipendentemente dalla presenza di contrazioni;
- evidente perdita di sangue.

IN CASO DI PARTO CESAREO O PREMATURO

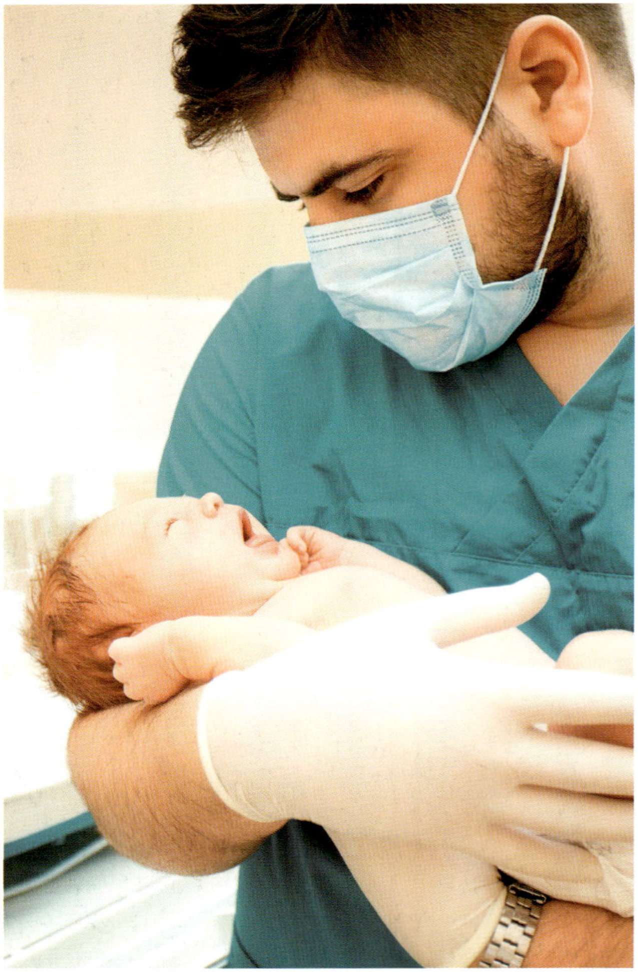

Che fare quando le cose non vanno per il giusto verso? Nel caso, per esempio, di parto cesareo o di nascita prematura? La presenza dell'uomo in sala operatoria nel caso di nascita per cesareo – un intervento chirurgico vero e proprio – è generalmente vietata nella maggior parte degli ospedali, anche se in alcuni viene tollerata. Bisognerà comunque evitare le scelte "di testa": meglio sempre domandarsi se si potrà reggere la vista dell'operazione e se si è più d'impaccio che di aiuto.

Quando il piccolo nasce prematuro, il padre spesso si trova in "prima linea". Con la madre temporaneamente indisponibile e il neonato in incubatrice, è lui che deve fare da mediatore tra i medici e la madre, è lui che tranquillizza, che informa i parenti ed è ancora lui che segue il piccolo nella sua lotta per la vita.

«Il mio legame con la bambina è nato quando era in incubatrice: c'è rimasta 4 settimane e mezzo, e io andavo a vederla due volte al giorno. Mia moglie non stava bene e io facevo la spola tra lei e la piccola, notavo tutti i minimi miglioramenti e glieli riferivo», racconta un padre che ha vissuto l'esperienza di una figlia nata in anticipo.

Ed ecco la testimonianza di un altro: «La prima sensazione fu di sconforto e di impotenza, potevo soltanto aspettare e pregare... Pensavo che nell'in-

LA PAROLA AL MEDICO

QUANDO È NECESSARIO IL PARTO CESAREO

È un vero e proprio intervento chirurgico durante il quale il feto viene estratto aprendo l'utero per via addominale. Le indicazioni che richiedono inevitabilmente il ricorso al taglio cesareo, sono:

• la sofferenza fetale: nel corso del travaglio, con una sonda posta sull'addome materno si rileva il battito cardiaco del bambino. Se l'andamento del tracciato si altera, allora s'interviene prontamente col taglio cesareo per far nascere rapidamente il bambino prima che lo stato di sofferenza crei danni permanenti;

• la placenta previa: è la placenta posta in corrispondenza del collo dell'utero. Se è centrale, ostruendo il canale del parto impedisce l'uscita del bambino; se è marginale (cioè solo alcuni lembi placentari sono in prossimità del collo uterino), pur non ostruendo il passaggio aumenta il rischio che si determini un distacco placentare a seguito delle modificazioni del collo, con una grave emorragia materna e sofferenza per il bambino;

• il distacco intempestivo della placenta: la placenta deve staccarsi dalla parete uterina dopo che il bambino è nato. Se si distacca prima, il bambino non ha più la possibilità di ossigenarsi mentre l'utero non può contrarsi e quindi fermare l'afflusso di sangue materno, con conseguente grave emorragia. In questo caso il taglio cesareo va eseguito con tempestività;

• sproporzione feto-pelvica: se il bacino materno è molto stretto o con malformazioni da malattie o incidenti, o se il bambino è particolarmente grosso, lo spazio offerto dal canale osseo può non essere sufficiente a consentirne il passaggio;

• anomalie della presentazione: nella gran maggioranza dei casi il bambino si presenta al canale del parto offrendo il proprio diametro minore, reclinando cioè la testa in avanti e poggiando il mento sul tronco. Gli altri modi di presentarsi avvengono con un diametro maggiore: di fronte, di faccia o di spalla, l'ingombro è tale che diviene impossibile il passaggio dal canale del parto;

• prolasso del funicolo: in rari casi succede che il cordone ombelicale preceda la testa nell'uscita dal canale del parto. Ciò porta una compressione del cordone via via che la testa avanza, e il blocco dell'ossigenazione del bambino.

Vi sono poi situazioni che non richiedono obbligatoriamente il taglio cesareo ma che lo rendono probabile:

• presentazione podalica: il bambino si presenta di piedi o di sedere. Sebbene il parto per via vaginale sia possibile, è una situazione ad alto rischio di sofferenza per il bambino;

• gravidanza multipla: il parto per via vaginale è previsto solo nei casi in cui il primo feto sia posizionato di vertice;

• infezioni, quali HIV o Herpes simplex in fase attiva, che rendono alto il rischio di contaminazione del bambino.

Sono invece da valutare caso per caso altre situazioni come il ritardo di crescita del feto, la prematurità, il pregresso taglio cesareo, alcune patologie materne.

LA PAROLA AL MEDICO

NATI PREMATURI

I bambini nati prima della 37ª settimana di gestazione si definiscono "prematuri". Il bambino che nasce prematuro ha avuto meno tempo per svilupparsi e il livello di funzionamento raggiunto dai vari organi può non essere adeguato a garantire un corretto avvio e mantenimento delle funzioni vitali autonome. Meno tempo il bambino ha trascorso nell'utero, maggiori saranno le difficoltà che dovrà superare per raggiungere l'autosufficienza.

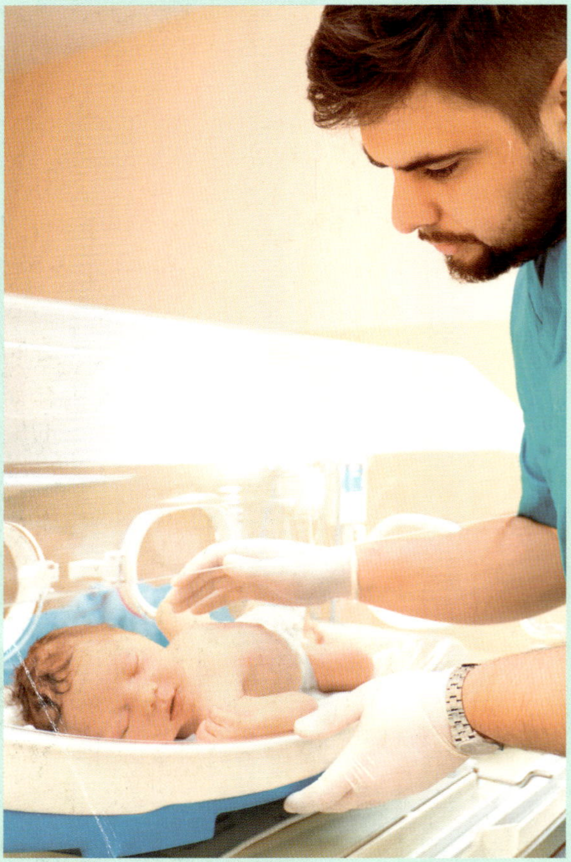

Uno dei problemi principali dei bambini nati prematuri è la difficoltà respiratoria. Nei loro polmoni è ancora insufficiente la produzione di surfactante, una sostanza indispensabile per mantenere espansi gli alveoli polmonari e impedire così che a ogni inspirazione la cassa toracica debba compiere uno sforzo troppo grande per riaprire e riempire ogni volta d'aria gli alveoli.

Il prematuro, inoltre, si raffredda con grande facilità: la sua termoregolazione è ancora fragilissima. Un valido sostegno a queste difficoltà di adattamento alla vita extra-uterina è oggi offerto dalle incubatrici: speciali culle dove si simulano le condizioni di vita prenatale. Le incubatrici consentono di mantenere a livelli adeguati sia la quantità di ossigeno che la temperatura e l'umidità dell'ambiente. Quanto più il bambino è prematuro, tanto più è compromessa anche la capacità di nutrirsi. In molti casi, mancando un buon riflesso di suzione e di deglutizione, è necessario nutrirlo per via venosa o tramite un sondino gastrico.

Anche il sistema nervoso è incompleto ma, in mancanza di lesioni, si svilupperà normalmente purché gli siano garantiti stimoli sufficienti. Fra questi, sono importantissimi quelli offerti dai genitori che possono accudirlo anche all'interno dei reparti di terapia intensiva neonatale (TIN).

cubatrice, lui così piccolo e fragile, immerso in tutta quella luce, non potesse distinguere nulla, non avesse alcuna reazione di orientamento. Quando incominciai a sfiorarlo attraverso i guanti, vidi invece che lui cercava di voltarsi verso di me. Vedendolo reagire a quel modo ebbi la certezza che ce l'avrebbe fatta. Una certezza che è poi diventata realtà».

CONDIVIDERE ANSIE E TENSIONI

Secondo osservazioni e studi fatti nelle unità di rianimazione neonatale, il coinvolgimento del padre nelle cure di puericultura dà spesso dei buoni risultati: l'umore della mamma migliora, il pessimismo lascia più facilmente il campo alla speranza e la madre incomincia a occuparsi del piccolo.

È noto, d'altro canto, che il poter agire nelle situazioni critiche, poter rendersi utile, aiuta a scaricare le tensioni e a controllare l'ansia; il che, nel caso specifico, ha l'effetto di creare un clima di positività e di ottimismo, da cui trae vantaggio tutto il gruppo familiare.

Quando il parto si è svolto in modo problematico e la neo-madre ha sofferto più del previsto, alcuni uomini, consciamente o inconsciamente, possono avvertire una sorta di distacco e risentimento nei confronti del neonato che ha la colpa di aver fatto soffrire sua madre; ma il piccolo, ovviamente, non ha alcuna responsabilità per ciò che è successo e questo sentimento, per quanto comprensibile ma irrazionale, deve essere superato. Come? Parlandone, traducendolo in parole magari in una battuta, invece di tenerlo dentro: i sentimenti tradotti in parole sono più facili da gestire.

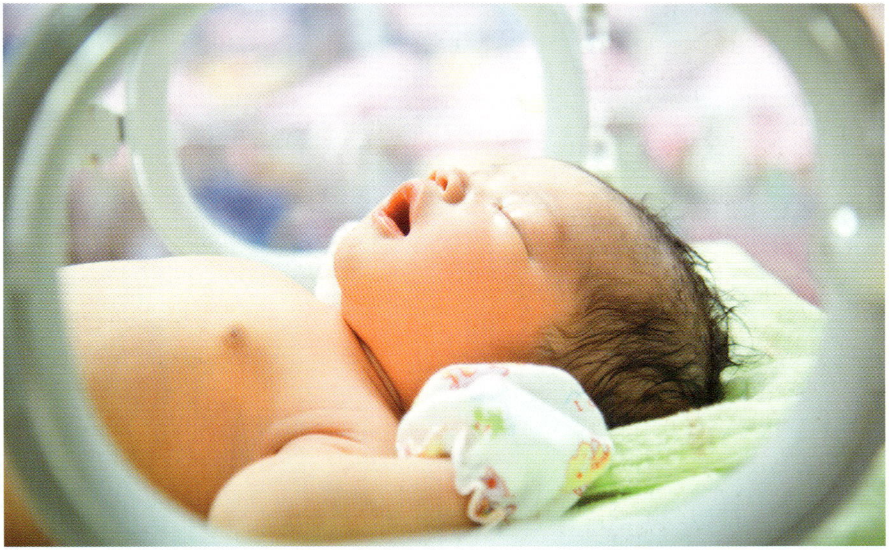

Incubatrice
Anche se sembra poco accogliente, questa culla riscaldata e attrezzata per ogni intervento d'urgenza salva la vita a moltissimi neonati prematuri.

ATTENTI AL MAMMO!

Le coppie giovani tendono a realizzare una relazione paritaria, ossia un rapporto in cui non ci sia qualcuno che assume una posizione superiore, primaria, di comando e un altro che si colloca, invece, su un piano di dipendenza, di obbedienza o sottomissione. È un'aspirazione condivisa dalla maggior parte delle coppie, almeno sul piano cognitivo, esplicito. Per quanto riguarda l'emotività e il subconscio, invece, bisognerà verificare di volta in volta.

Ciò però non significa che lui e lei debbano svolgere in tutto e per tutto gli stessi ruoli, avere gli stessi atteggiamenti, comportarsi in modi identici e intercambiabili. L'importante è che il padre non si immedesimi a tal punto nelle funzioni di accudimento da cercare di espropriare la madre, togliendole quella sicurezza in se stessa che è necessaria per poter avere un rapporto sereno con i figli, come nel caso seguente. "Lui seguiva la bambina momento per momento", spiega la madre di una bimba di sei anni, "Era attentissimo agli orari delle poppate e guai se sgarravo di

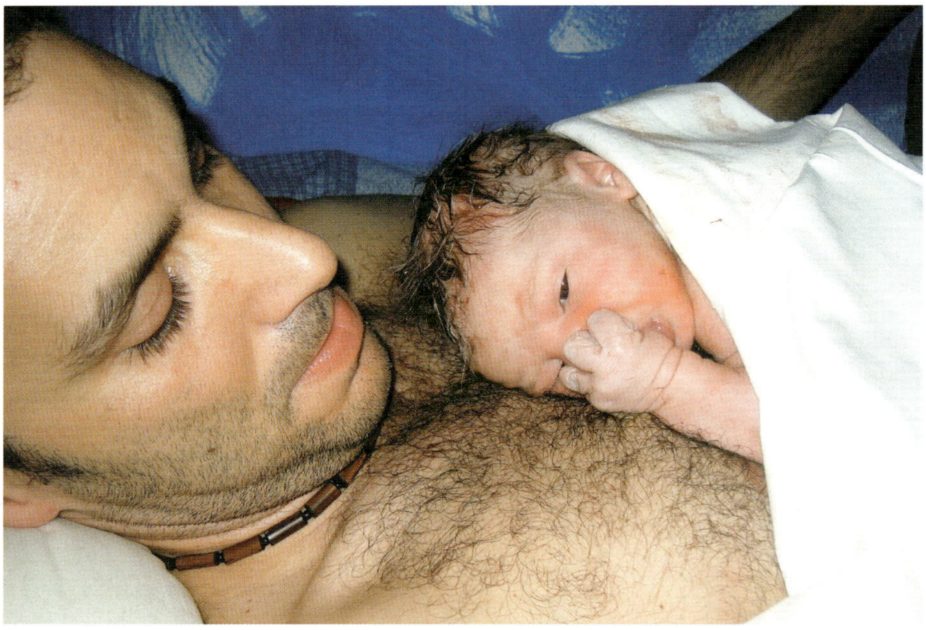

Presenza
La presenza al parto coinvolge il padre fin dai primi momenti di vita del figlio.

CITTADINI SI NASCE

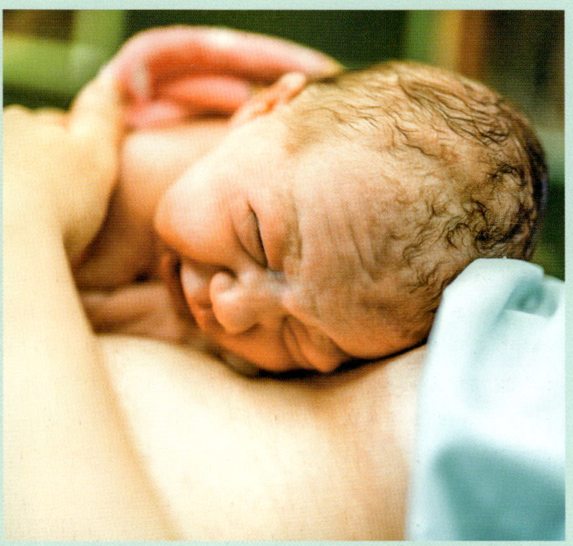

La nascita di un bambino deve essere denunciata all'ufficiale di Stato Civile affinché venga scritto l'atto di nascita. La denuncia di nascita può essere effettuata dal padre o dalla madre se si tratta di una coppia sposata, deve essere invece presentata da entrambi i genitori nel caso in cui questi ultimi non siano sposati. Anche i genitori stranieri non residenti legalmente in Italia devono provvedere a questo adempimento: la denuncia di nascita, in questo caso non dà diritto all'iscrizione automatica nell'anagrafe della popolazione residente, ma consente di poter chiedere il certificato e l'estratto di nascita. Si può scegliere di inoltrare la denuncia di nascita presso:

• la direzione dell'ospedale o della casa di cura dove è avvenuta la nascita, entro 3 giorni dalla stessa;

• l'ufficio dello Stato Civile del Comune nel cui territorio è avvenuta la nascita, entro 10 giorni dal parto;

• il Comune di residenza dei genitori, sempre entro 10 giorni dalla nascita. Nel caso in cui i genitori non risiedano nello stesso Comune, salvo diverso accordo tra loro, la denuncia va fatta presso il Comune di residenza della madre.

Se la denuncia di nascita non è effettuata nei termini previsti, l'atto di nascita viene comunque stilato ma diventa valido solo con un successivo provvedimento del Tribunale. Al momento della denuncia occorre essere muniti di un documento di riconoscimento valido e del certificato di stato di famiglia dei genitori; deve essere esibita inoltre la documentazione rilasciata dal personale medico che ha assistito al parto, cioè la notifica di nascita e il certificato di assistenza al parto. Con l'entrata in vigore della legge Bassanini (l. 127/1997) non è più necessaria la presenza di due testimoni che accompagnino chi effettua la denuncia di nascita. È indispensabile sapere inoltre che la legge vieta d'imporre a un neonato lo stesso nome del padre nel caso sia vivente, di un fratello o di una sorella viventi, e ancora un cognome come nome e nomi che possano risultare ridicoli o di cui il bambino si possa poi vergognare.

Se il genitore intende dare un nome che contravvenga a questo divieto, l'ufficiale di Stato Civile ha il dovere di avvertirlo e, nel caso in cui il dichiarante non modifichi la propria intenzione, è tenuto a darne notizia al procuratore della Repubblica ai fini del giudizio di rettificazione.

cinque minuti! Le faceva il bagnetto e, prevenendomi, si precipitava a cambiarla. Mi sorvegliava e tutt'ora mi sorveglia come se dovessi continuamente sbagliare. Questo controllo assillante mi ha resa tesa e nervosa con la bambina".

Un uomo che si occupa concretamente del figlio neonato non abdica alla propria mascolinità. Il padre è una figura di attaccamento come lo è la madre, anche se i suoi modi sono necessariamente diversi da quelli della mamma.

Tornando al parto, per esempio, ciascuno lo vive dalla posizione che gli è propria: lui può viverlo sul piano simbolico, ma è lei che lo vive a livello fisico. La stessa cosa si verifica per l'allattamento al seno: è lei che allatta, lui può aiutare e deve farlo in modi non invadenti.

Rispetto all'evento-parto, l'uomo può posizionarsi come partner, come testimone, come appoggio, non però come "mammo"! In seguito è bene evitare la competizione. Il rischio è che si crei una sorta di escalation, dove l'uno vuole dimostrare all'altro di saper fare meglio, e l'altro, di rimando, cerca di dimostrare di essere migliore: si generano tensioni che sfociano poi in litigi. Attenzione dunque a non cadere nella "sindrome della covata": sì a presenza e partecipazione, no a intrusione e prevaricazione. Le donne ricercano l'appoggio e la comprensione del loro uomo, ma hanno anche bisogno di spazi di autonomia con i figli. Qualche volta, dietro al desiderio del genitore di esserci, di contare, di avere un ruolo, di dimostrare il proprio attaccamento c'è anche un confuso bisogno di possesso: un'attitudine che è attribuita generalmente alle madri ma che può riguardare anche i padri. Correlati possibili del possesso sono: la gelosia, l'iperprotezione, la confusione tra gli obiettivi della crescita e i desideri dei genitori.

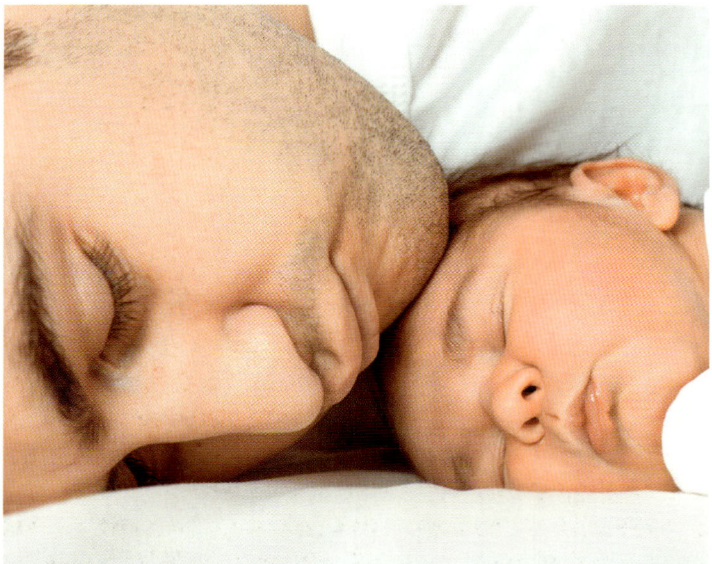

VITA QUOTIDIANA: DIVIDIAMOCI COMPITI E RUOLI

All'interno di una coppia ci può essere parità (ossia un'uguale distribuzione di poteri) pur mantenendo una certa dose di complementarità per quanto riguarda le diverse mansioni, suddivise in base alle inclinazioni individuali, al tempo e alle forze disponibili. Se lei allatta, stira e lui ripara gli elettrodomestici, si prende cura dell'au-

Riposo
Spesso i momenti di intimità sono travolti dalla stanchezza accumulatasi negli intensi giorni che seguono la nascita.

Stessi compiti, diverso stile
Suddividersi i compiti non significa che anche il padre non sia responsabile dei diversi aspetti legati al quotidiano della famiglia. Anche se si svolgono le stesse incombenze, comunque, le modalità che ciascuno segue per portarle a termine sono sempre diverse, e il figlio è in grado di apprendere e apprezzare la differenza.

tomobile, fa qualche faccenda e qualche volta cucina, la distribuzione dei ruoli è equa anche se non identica. La stessa cosa si dica per altri aspetti della vita quotidiana. Ogni coppia si accorderà su una suddivisione dei compiti e dei ruoli, in modo tale che i figli possano trovare nell'uno e nell'altra ciò di cui hanno bisogno.

Per quanto riguarda l'entrata in scena del padre, se è vero che prima si verifica meglio è per il clima di coesione familiare e per la formazione del legame di attaccamento, è però altrettanto vero che la marcia verso la paternità non è un itinerario rigido, da percorrere tutti quanti nello stesso modo, con gli stessi tempi e da un unico punto di partenza. Si possono mancare le tappe iniziali e poi inserirsi ugualmente nel flusso familiare. Succede spesso ai padri molto impegnati nel lavoro e lontani da casa. Tutto il processo psicologico umano si dispiega sul tempo vissuto: un tempo non omogeneo sottomesso a contrazioni e dilatazioni di origine esistenziale; un tempo non lineare, spesso accidentato, che le risorse personali consentono di fronteggiare senza danni irreparabili.

Non dimentichiamo, poi, che i bambini sono a loro volta dotati, nella maggior parte dei casi, di un notevole spirito di sopravvivenza che consente loro di far fronte a un certo numero di disagi e difficoltà senza subire gravi danni.

AIUTIAMOLO A ENTRARE NEL NOSTRO MONDO

Il mondo dei neonati è molto diverso dal nostro: i piccolissimi hanno sensazioni e percezioni di vario tipo, ma non sono consapevoli della loro provenienza e non distinguono tra i vari sensi. Essi non colgono le differenze tra ciò che proviene dall'interno del loro corpo e ciò che proviene dall'esterno: per loro esterno e interno formano una cosa unica, un unico guazzabuglio di suoni, luci, odori, movimenti, sensazioni che cambia drasticamente non appena si modifica anche una sola componente. Sentono fame, caldo, umido, un sapore buono o uno cattivo ma non sanno da dove provengono. Ecco perché è difficile, con i piccolissimi, scoprire la ragione dei loro pianti.

Che fare? All'inizio si va per tentativi. Se il tempo della poppata è ancora lontano, se il pannolino è stato cambiato da poco, potrebbe avere bisogno di cambiare posizione. Può essere allora sufficiente sollevarlo dalla culla e tenerlo contro il petto mentre camminiamo lentamente. Il ritmo dei passi gli farà ritrovare la cadenza del passo materno quando lei lo portava nella pancia.

Realizzando all'esterno ciò che prima avveniva all'interno lo aiutiamo a passare, gradualmente, dal suo mondo intrauterino al nostro mondo.

Basta poco Per calmare un neonato che piange, può essere sufficiente prenderlo in braccio e tenerlo contro il petto mentre camminiamo lentamente.

I PRIMI GIORNI DI VITA

«La mia prima preoccupazione, appena è nato mio figlio, è stata quella di verificare se fosse sano, se avesse braccia e gambe normali e tutte quante le dita. La seconda è stata quella di verificare se assomigliasse a me oppure a mia moglie. In seguito ho incominciato a osservarlo per capire chi avevo di fronte. Nelle prime settimane non danno molta soddisfazione, si limitano a dormire, a mangiare e a frignare...». L'affermazione di questo padre è decisamente riduttiva: in realtà, nelle prime settimane di vita, un neonato che non abbia problemi di salute manifesta svariati stati psicologici diversi. Vediamone alcuni.

• **Attivo allerta**: emette brevi suoni, muove le braccia, la testa, il corpo e gli occhi con una certa frequenza. Generalmente questi movimenti si manifestano, ogni 1 o 2 minuti, sotto forma di brevi esplosioni della durata di qualche secondo; sono indicativi dell'interesse che il neonato prova per ciò che lo circonda: suoni, voci, odori, profumi, sapori, immagini più o meno sfocate, movimenti, contatti.

• **Calmo allerta**: tutte le energie sono indirizzate a vedere e a udire. Anche se la sua capacità di messa a fuoco degli oggetti è ancora limitata, può seguire un oggetto che si muove, purché lentamente; fissare una luce e tentare di imitare l'espressione del viso che gli sta di fronte, purché questi si trovi a una distanza di circa 15-25 cm.

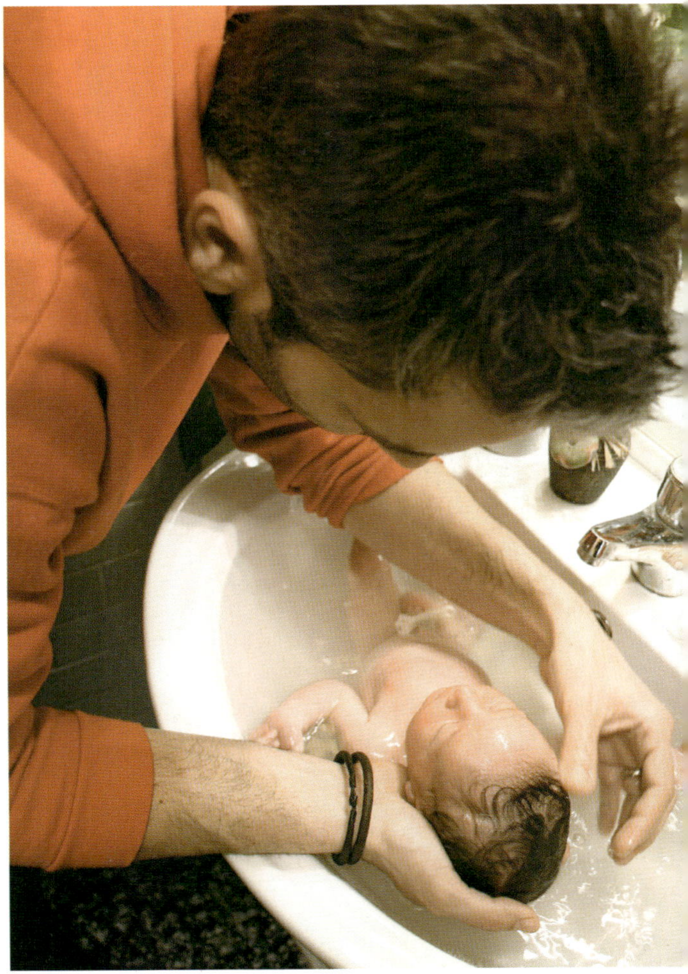

Tatto
In un mondo sfocato e sconosciuto, spesso una mano che culla o una carezza possono rassicurare e consolare.

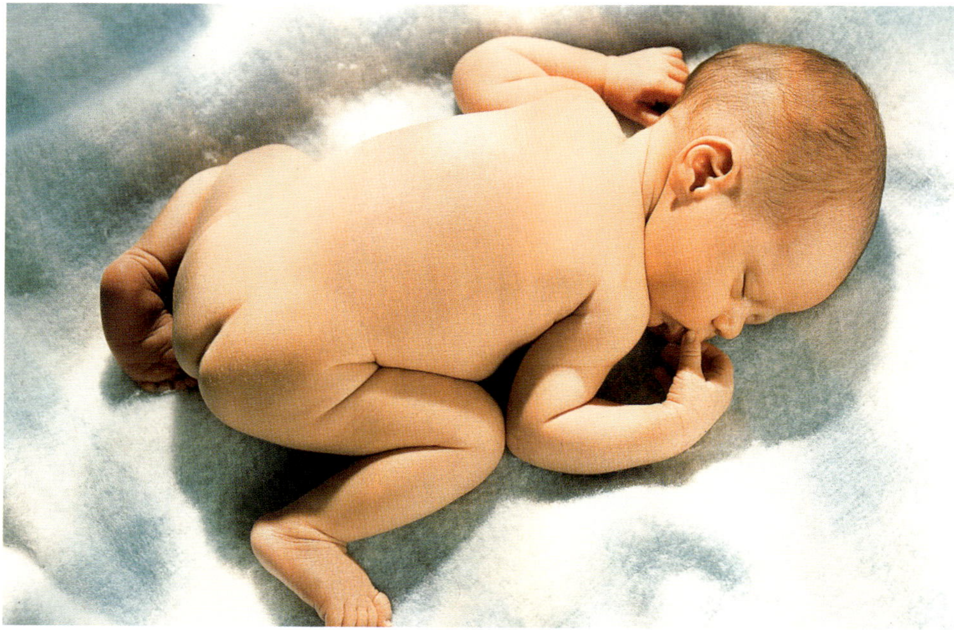

Sonno
In questo stato, il neonato è completamente rilassato, quasi insensibile al mondo che lo circonda.

Sente i suoni, capisce da quale direzione provengono e assorbe informazioni dal nuovo mondo anche attraverso l'olfatto. Durante la 1ª settimana, un bambino normale trascorre non più del 10% del tempo (sulle 24 ore) in questo stato psicologico.

• **Pianto**: il pianto è una manifestazione tipica e naturale con cui tutti i neonati esprimono e comunicano i loro bisogni, i loro piccoli malesseri o disagi: fame, cattiva posizione, luci o rumori troppo forti, caldo, freddo, mancanza di contenimento ecc. Il piccolo può piangere a occhi aperti o chiusi, diventare tutto rosso in faccia e muovere vigorosamente braccia e gambe. Spesso è sufficiente sollevarlo dalla culla e camminare un po' perché si calmi e smetta di piangere. Ciò che lo calma è un contatto rassicurante.

• **Sonnolenza**: è lo stato di transizione tra il sonno e la veglia e viceversa. In questo stato il piccolo può compiere qualche movimento con il corpo mentre gli occhi, aperti o socchiusi, hanno un'espressione spenta: non guardano, non tentano di seguire o di mettere a fuoco gli oggetti e le persone che stanno intorno. Se lo si lascia solo e tranquillo finisce quasi sempre per addormentarsi, se invece lo si stimola, può ritornare vispo e svegliarsi completamente.

• **Sonno tranquillo**: il viso è rilassato. Gli occhi sono chiusi. Non ci sono movimenti del corpo, ma soltanto qualche impercettibile movimento della bocca. Alcuni genitori si allarmano nel vedere il loro neonato immerso in un sonno profondo e immobile, temendo che abbia smesso di respirare. Resistete all'impulso di svegliarlo e, se proprio volete accertarvi che stia respirando normalmente, limitatevi ad avvicinare un dito alle sue narici, oppure appoggiate molto lievemente una mano sullo stomaco o sulla schiena a seconda della posizione che ha assunto.

- **Sonno movimentato**: gli occhi sono chiusi, ma di tanto in tanto le palpebre possono muoversi e non essere perfettamente chiuse. Quando è nella fase di sonno movimentato, il piccolo può sorridere, aggrottare le sopracciglia, succhiare, piagnucolare o avere delle piccole contrazioni o tremori. Metà del tempo circa che un neonato passa dormendo è caratterizzato da sonno tranquillo e l'altra metà da sonno movimentato, generalmente con intervalli di circa mezz'ora.

UN NEONATO COMPETENTE

Il neonato è stato a lungo considerato un essere impotente, completamente dipendente dall'ambiente, cui partecipava non prima del 2°-3° mese di vita. Si pensava che il neonato potesse organizzarsi prevalentemente a livello sottocorticale, non "cosciente", e da lui si attendevano quindi soltanto risposte di tipo "riflesso". Queste risposte erano ricercate attraverso stimolazioni negative (come l'abbagliamento improvviso con una forte luce per cercare il riflesso palpebrale, o la brusca caduta indietro della testa per evocare il riflesso di Moro ecc). Si tratta dei cosiddetti "riflessi arcaici", una volta unico strumento dei pediatri per valutare lo stato di salute neurologica dei neonati. In realtà l'osservazione non offriva molte informazioni né sullo stato di salute né sulla futura prognosi. Oggi la valutazione neurologica neonatale si fa invece osservando e interagendo col bambino, valutando le sue competenze (modalità di comportamento), di cui è già ricco fin dalla nascita, e la sua capacità a rispondere a stimoli positivi o sociali (capacità consolatoria, capacità di fissare e seguire con lo sguardo ecc).

Capacità
Alcuni gesti, come la capacità di afferrare saldamente il vostro dito, sono un riflesso istintivo del neonato: fin dai primi momenti dopo la nascita, egli è già in grado di svolgere numerose funzioni.

LA RELAZIONE CON IL NEONATO

Il neonato ha una predisposizione specifica a entrare in rapporto con gli altri esseri umani: è un essere sociale. Egli cresce sano e in buona salute solo se si trova vicino ad adulti capaci di soddisfare il suo bisogno d'amore. Il bambino interagisce socialmente fin dalla nascita perché, ancora prima di nascere, ha imparato a rispondere a stimoli, ad adattarsi a situazioni. La nascita rappresenta un momento delicato per lui, in cui vengono a mancare i precedenti riferimenti stabili (per esempio le pareti dell'utero) e in cui è sottoposto a stimoli sensoriali nuovi. Fin dal primo giorno si osservano i primi cenni di apprendimento: i neonati reagiscono con modalità simili a situazioni simili. Sempre di più si capisce quindi quanto sia importante favorire il contatto precoce con le persone che si occuperanno di lui in maniera continuativa (la madre, il padre, eventuali fratelli ecc.), affinché il bambino possa progressivamente abituarsi a riconoscerli attraverso le voci, gli odori, il contatto.

Si è sempre dato per scontato che la figura umana "preferita" dal neonato fosse la madre e che questo fosse un dato biologico. È invece, almeno per la specie umana, un dato culturale. Il bambino non "sceglie" la propria madre: la preferenza si manifesta se è la madre che costantemente si prende cura di lui, altrimenti la preferenza s'indirizza ad altre figure. Nei giorni seguenti i momenti di comunicazione intensa diventano gradualmente sempre più frequenti: madre/padre e bambino si guardano, si toccano, "si parlano". I neonati stessi imparano a usare un maggior numero di canali comunicativi, in forma sempre più integrativa. Questo processo chiamato "attaccamento", cioè il formarsi, crescere, stabilizzarsi del rapporto bambino-adulto che si occupa di lui, nell'insieme sociale in cui il bambino è inserito, si manifesta attraverso forme comportamentali molto varie. Le principali sono la rotazione del capo e la suzione; il sorriso; il toccare, aggrapparsi, afferrare; la vocalizzazione; il pianto.

La rotazione del capo e la suzione • La bocca e la zona circostante sono particolarmente sensibili: se ricevono uno stimolo tattile, il capo si volta nella direzione in cui è avvenuta la stimolazione; inoltre se la stimolazione è mantenuta sullo stesso punto per un certo tempo e poi si sposta, la testa la segue.

La suzione
L'automatismo tattile innato fa sì che il neonato reagisca alla vicinanza del capezzolo girando spontaneamente la testa, afferrandolo con la bocca e iniziando a succhiare.

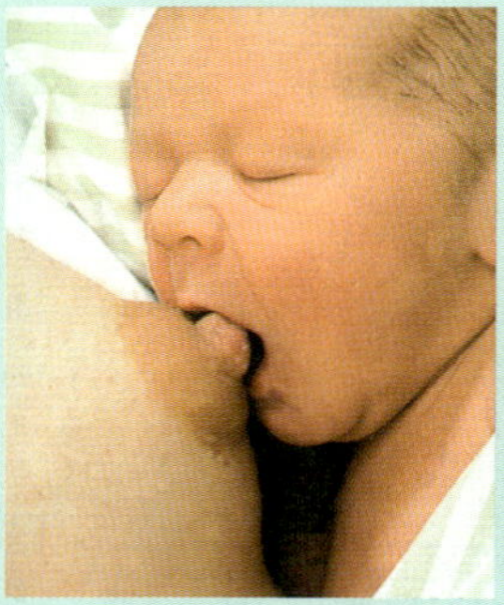

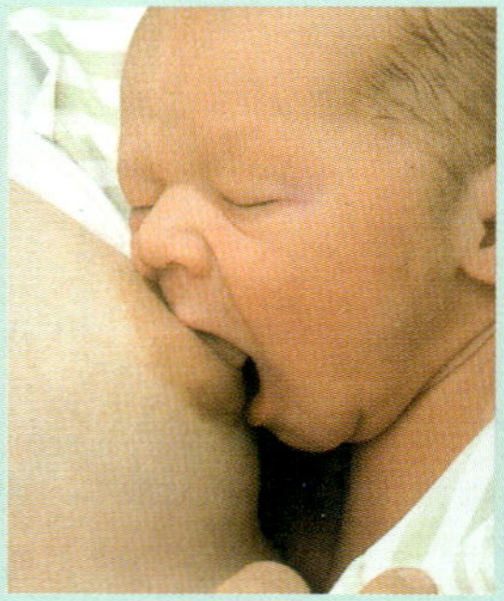

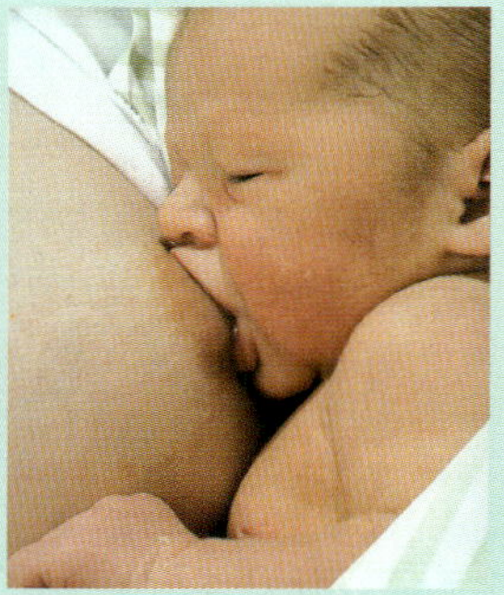

Questo movimento di rotazione fa sì che il bambino, una volta appoggiato vicino al capezzolo, ruoti verso di esso, apra la bocca quando lo incontra e inizi a succhiarlo.

Il sorriso • Il sorriso è uno stimolo sociale, nel senso che al sorriso del bambino l'adulto risponde in maniera amorevole. Il bambino impara molto presto che il sorriso prolunga il tempo di rapporto con gli esseri umani: sembra che la funzione del sorriso del bambino sia quella di aumentare l'interazione con l'adulto che così si occupa di lui e gli resta vicino. Il sorriso può essere suscitato da stimoli diversi, ma fin dall'inizio alcuni sono più efficaci di altri: la voce umana (prima indistintamente, poi la voce della persona che si occupa del bambino) e il volto umano (dapprima anche solo gli occhi, successivamente tutto il volto, infine il volto della persona che si occupa del bambino).

La vocalizzazione • Nella vita di relazione del bambino la produzione di suoni di tipo vocale ha una funzione abbastanza simile a quella del sorriso. I primi vocalizzi appaiono nel momento che precede il pianto, poi lentamente questi suoni prendono una loro autonomia per essere usati quando il bambino si trova in uno stato di benessere. I suoni, che il bambino ha scoperto casualmente, vengono ripetuti con crescente soddisfazione e con una evidente capacità di imitazione. Se l'adulto imita i suoni del bambino, questi a sua volta ripete i vocalizzi, in uno scambio che può essere definito come un primitivo modello di conversazione.

Il pianto • Il pianto è la più efficace modalità relazionale fin dalla nascita, e ha l'effetto di far intervenire qualcuno per nutrire, proteggere o confortare il bambino. Inoltre, mentre il sorriso e i vocalizzi hanno luogo solo quando l'adulto è già vicino, la funzione del pianto è in primo luogo quella di provocare la vicinanza. Subito dopo la nascita il pianto è provocato da una serie di stimoli (freddo, fame, dolore, interruzione del sonno ecc.). Molto presto però il bambino apprende che il pianto ottiene la vicinanza di una persona e quindi impara a usare, fin dalle prime settimane, anche un pianto che nasce solo dal bisogno di vicinanza e attenzione. Man mano che passano i giorni il pianto non s'interrompe solo cambiando la situazione svantaggiata (per esempio alimentando il bambino), ma già grazie al contatto fisico (l'esser preso in braccio), il dondolio, la vista della persona che si prende cura di lui, la voce di questa, la suzione non alimentare (capezzolo, succhiotto).

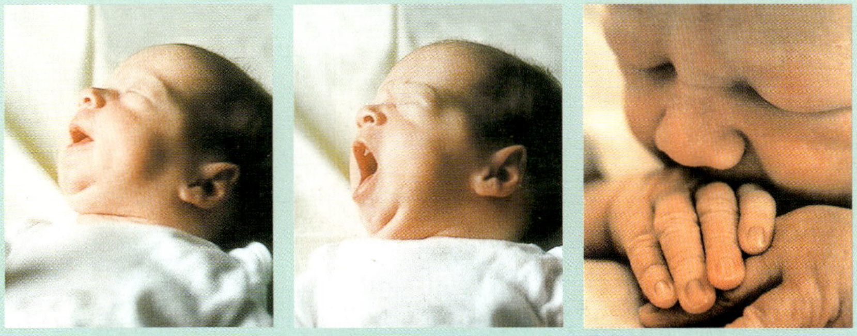

Le prime espressioni
Mentre la vocalizzazione e il pianto sono sistemi di comunicazione usati dai neonati già dai primi giorni, il sorriso è una manifestazione che diventa volontaria solo dopo qualche settimana.

VOI E IL NEONATO

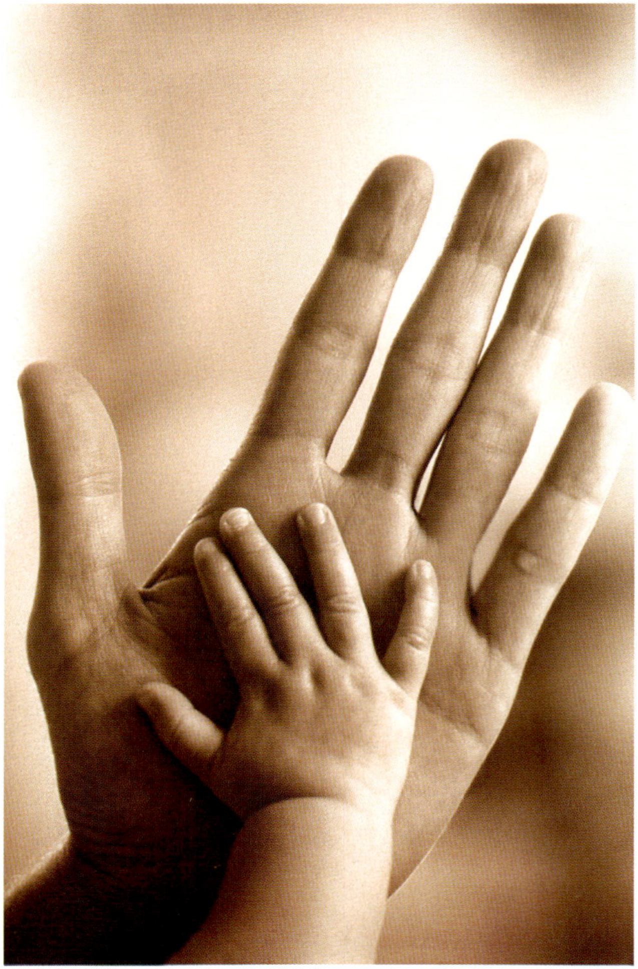

Per il bambino piccolo non è possibile relegare il gioco ad alcuni particolari momenti, escludendone altri: per lui è gioco il contatto con la persona che se ne prende cura, è gioco il tendere e ricondurre a sé le braccia e le gambe, seguire con lo sguardo i movimenti delle mani, toccare e impossessarsi degli oggetti, ripetere e ascoltare suoni, lavarsi, vestirsi, mangiare ecc. E tutto questo è per lui fonte di piacere e insieme esercizio funzionale e occasione di conoscenza. È tipica di questa età un'attività ludica nella quale le emozioni e le sensazioni sono strettamente collegate con il movimento e con la manipolazione. Con un lattante dunque l'adulto non deve tanto preoccuparsi di quali giochi proporgli, ma sarà il curarlo, l'accudirlo, che offrirà infinite occasioni di gioco. Sarà cioè gioco favorire al bambino l'esplorazione di sé e dell'ambiente circostante, semplicemente attraverso le normali pratiche e "manovre" quotidiane, senza doversi inventare specifiche manipolazioni o giochi precostituiti. Attraverso le azioni il bambino valuta le caratteristiche delle cose e costruisce la sua rappresentazione del mondo. Per il bambino sono più comprensibili i gesti e le parole inseriti nell'emozione dell'azione, che non i gesti o le parole astratte e distanziate dalle emozioni e dagli atti. Lo vediamo instancabile in attività che sono anche piacere: tocca, afferra oggetti, li agita, li batte, li lancia, ne ascolta i rumori, li sposta, vi scivola dentro, sopra, travasa, riempie e vuota, si sposta investigando lo spazio in ogni lato e intanto apprende forme, dimensioni, direzioni, relazioni di spazio e di tempo. A noi adulti può apparire attività inutile, o peggio, confusione: per il bambino è crescere e organizzare i dati della realtà, "giocando".

PADRI SI DIVENTA

La nascita del primo figlio fa entrare un uomo in una nuova fase della vita. L'entità del cambiamento è notevole. Il genitore si sente catapultato in qualcosa di importante che ha spesso l'effetto di dargli la sensazione di una nuova stabilità. Il bambino ridefinisce l'identità dei suoi genitori e quella della coppia, che diventa coppia genitoriale. Una piccola impresa si costruisce intorno al neonato. Essa dinamizza la coppia, la unisce intorno a un progetto comune, le dona un'energia colossale. Si è pronti a tutto pur di soddisfare le esigenze di quell'esserino inconsapevole del tutto dipendente. La nascita si accompagna così a un turbine di nuove attività e la vita si organizza intorno al bebè.

Scoprirsi Per il padre, essere pronto alla nascita del figlio vuol dire aver riconosciuto ed elaborato le proprie debolezze, ed essere pronto a prendersi cura di un altro individuo.

Corpi a contatto
Per il neonato, il contatto diretto con il corpo dei genitori è un modo per comunicare.

Il congedo di paternità è utile in questa fase per avviare il nuovo tipo di ménage e, immergendosi nella concretezza dei problemi, superare l'eventuale shock iniziale. È nel rapporto diretto con il neonato e le mansioni che lo riguardano che un padre si rende conto di quali siano le reali esigenze del piccolo, i suoi ritmi, la sua specificità, la sua diversità rispetto a un bambino più grande e naturalmente anche l'enorme differenza che esiste tra i bimbi delle pubblicità e il bambino in carne e ossa.

Così come per una madre non è sufficiente aver partorito per sentirsi madre, ma tale diventa solamente quando accetta di entrare nel ruolo assumendo consapevolezza e responsabilità; allo stesso modo sentirsi padre significa accettare la relazione con il figlio e tutto ciò che questo comporta.

Il padre, nella sua veste di "altro" adulto che fornisce cure e assistenza, ha un ruolo importante, ma il suo raggio d'azione dipende sia dalla sua volontà e possibilità di impegnarsi sia dallo spazio che la madre decide di concedergli, tollerando che impieghi più tempo di lei nello svolgere determinate mansioni o che compia all'inizio qualche goffaggine. Non c'è miglior modo per scoraggiare chi è alle prime armi che pretendere che faccia tutto alla perfezione. Di fronte a pretese eccessive alcuni uomini si scoraggiano e abbandonano il campo. Altri sfruttano la loro inettitudine per farsi esentare fin dall'inizio da una serie di incombenze "noiose". Una buona partenza richiede un clima di disponibilità da entrambe le parti, tanto più che in molte coppie contemporanee l'inesperto non è solo il padre ma anche la madre che, come il partner, spesso non ha un'esperienza precedente di bambini, né ha seguito dei corsi di puericultura tali da renderla più preparata del marito.

Per il neonato avere un padre che si è preparato alla nascita vuol dire trovare un'altra persona, oltre alla madre, attenta ai suoi bisogni, pronta a un rapporto con lui. L'approccio al corpo del neonato può essere per il padre fonte di emozioni positive: la scoperta del rapporto con un'altra persona. Nei corsi di preparazione alla nascita l'uomo spesso si chiede e chiede al tecnico come si tiene un bambino. Tenere un figlio: come se ci fosse una possibilità di imparare dall'esterno! L'unica possibilità è imparare facendo, attenti alle sensazioni del proprio corpo e a quelle del corpo del figlio.

Nuove emozioni La parità all'interno della coppia e la possibilità di scambiarsi i ruoli permettono al padre di sperimentare emozioni e sentimenti che un tempo gli erano negati.

ENTRARE IN CONTATTO CON IL BAMBINO

Appena nato il bambino è già ricco di "competenze": ha notevoli capacità percettivo-sensoriali, interattive e imitative; comunica attivamente con gli altri; seleziona gli stimoli che gli giungono da parte dell'ambiente e si orienta verso quelli che lo attraggono di più; invia a sua volta messaggi adeguati a far sì che chi si prende cura di lui provveda ai suoi bisogni; ha la capacità di interessarsi e di analizzare stimoli visivi complessi mostrando un comportamento visivo-motorio organizzato (può seguire cioè lo stimolo girando gli occhi e la testa) ed è attratto dagli

Sensi Il tatto è forse il senso più sviluppato dei neonati, ed è certamente quello attraverso cui si riesce a comunicare più rapidamente con loro.

stimoli visivi, dedicando molto del suo tempo a guardare l'ambiente. Ha però una ridotta capacità di mettere a fuoco: inizialmente lo sa fare bene solo con oggetti a una distanza analoga a quella tra i suoi occhi e il volto materno durante l'allattamento (15-20 cm); riuscirà ben presto però a mettere a fuoco anche ciò che si trova a distanze via via maggiori. Il volto umano è l'oggetto che più richiama la sua attenzione visiva e, in particolare, la zona del volto che guarda con maggiore interesse è quella degli occhi, che con le sclere bianche, le iridi più scure, le pupille nere formano un insieme di contrasti ben marcati. Il bambino fin dalla nascita è capace di interagire (anche se in maniera discontinua) con la brillantezza e vivezza del proprio sguardo, inducendo una comunicazione reciproca con l'adulto che si occupa di lui.

Il suono della voce umana è per il neonato lo stimolo sonoro più valido per ottenere adeguate risposte comportamentali. Egli è capace di localizzare la provenienza dello stimolo. In risposta a suoni compresi nello spettro della voce umana, fin dalla nascita inibisce l'attività motoria, mostra una decelerazione della frequenza cardiaca, entra in uno stato di attenzione e ruota la testa verso la sorgente del suono; sobbalza per suoni troppo alti e ruota la testa in direzione opposta al suono, come se volesse allontanarsene; tenta di annullare gli effetti dello stimolo fastidioso sfruttando la sua capacità di "abituarsi" a questo: se non gli è possibile abituarsi scoppia a piangere.

Nuove emozioni
L'approccio al corpo del neonato può essere per il padre fonte di emozioni positive.

Nei primi giorni di vita il bambino impara a riconoscere l'odore della persona che per più tempo si prende cura di lui: è stato dimostrato che è capace di riconoscere l'odore della madre da quello di altre donne. L'olfatto è sicuramente usato per cogliere e decodificare tanti altri messaggi che provengono dall'ambiente. Il neonato ha anche capacità di discriminazione gustativa: lo dimostra assai precocemente variando i modi di suzione.

Ma è la pelle che ha il primato nelle esperienze: è con la totalità della pelle che il neonato può capire la disponibilità degli adulti, che costruisce e consolida i rapporti col mondo circostante. In un certo senso attraverso il "modo" in cui viene tenuto il bambino capisce che cosa "sente" per lui chi lo tiene.

Stimoli tattili possono essere usati per calmarlo, svegliarlo, portarlo in uno stato di attenzione. Il viso è la zona del suo corpo più sensibile, e la zona intorno alla bocca e la bocca stessa lo sono particolarmente: se la pelle di queste zone riceve una stimolazione tattile, il capo si volta nella direzione in cui è avvenuta la stimolazione e se la stimolazione è mantenuta sullo stesso punto per un certo tempo e poi si sposta, la testa la segue. Ciò vuol dire che il movimento è determinato dallo stimolo tattile, ma anche che la sua direzione e la sua forma possono essere regolate dalla diversa collocazione dello stimolo.

All'inizio della vita extra-uterina è attraverso le labbra che il bambino "afferra" la realtà. Per un certo tempo sono l'unico strumento di "giudizio" che possiede, ma anche dopo che avrà acquistato e perfezionato altri mezzi di conoscenza (le mani o gli occhi) ancora per lungo tempo la bocca rimarrà lo strumento preferenziale di indagine e conoscenza del mondo circostante.

MATERNITY BLUES

È così che si chiama quella particolare forma di tristezza tipica del periodo successivo al parto. I sintomi con cui si manifesta sono: facilità al pianto, sensazione di debolezza, orientamento depressivo dell'umore, ansia, irritabilità, diminuzione della capacità di concentrazione. Colpisce il 10-15% circa delle donne che hanno partorito; particolarmente evidente al 3°-4° giorno dopo il parto, dura circa una settimana. Alla sua origine vi sono fattori biologici e psicologici: improvvisi sbalzi dei livelli ormonali, cui si accompagna spesso la difficoltà ad accettare la perdita dell'unione biologica col bambino.

Nel passaggio dalla gravidanza alla maternità si crea uno spazio vuoto in cui non esiste più il "bambino immaginario", e in cui il "bambino reale", dotato di vita autonoma e specifiche caratteristiche, è ancora estraneo e sconosciuto. È assumendosi le responsabilità dell'essere madre che la donna recupera il "bambino interno" perso e lo ritrova "esterno", entrando in relazione con lui. Fondamentale in questa situazione così destabilizzante è la qualità della relazione col partner, che può offrirsi sia come supporto emotivo, necessario per l'elaborazione del cambiamento, sia come supporto pratico per la donna nell'accudire il neonato, attenuando così le insicurezze sulle capacità di allevamento.

Depressione La depressione che può colpire la donna dopo il parto non va trascurata, ma va presa seriamente anche dal padre del bambino.

IL TEMPERAMENTO DI MIO FIGLIO

Secondo alcuni studi, i bambini nascono con almeno nove tratti comportamentali ed emotivi fondamentali che intrecciandosi variamente fra di loro vanno a costituire il temperamento di ognuno. Tendono a restare stabili nel tempo e, se sono accentuati, possono essere in parte riconosciuti già dal 1° anno di vita. Vediamoli.

1. Aperto

- Si separa facilmente dai genitori
- Gli piace interagire con persone diverse
- Accetta cibi e gusti nuovi
- Si trova bene in situazioni nuove

Retratto

- È timido di fronte alle novità
- Ha difficoltà a separarsi dai genitori
- Ha bisogno di tempo per assimilare esperienze nuove
- Rifiuta i cibi che non conosce e i gusti diversi

2. Adattamento veloce

- Si addormenta facilmente
- Il cambio di routine non lo disturba
- Accetta il cibo da persone diverse
- Se gli si parla sorride facilmente

Adattamento lento

- Può rifiutare di dormire in un luogo che non gli è familiare
- Stenta a riprendere sonno se viene svegliato
- Si adatta lentamente alle situazioni nuove e ha bisogno di tempo per tornare di buon umore

3. Bassa intensità (delle reazioni)

- Non sempre si capisce se sta provando delle emozioni di fronte a determinati stimoli
- Sembra indifferente

Alta intensità (delle reazioni)

- Reagisce con intensità (positivamente o negativamente)
- Reagisce con intensità alle persone estranee, i rumori forti
- È chiassoso, esprime apertamente le proprie emozioni

4. Umore positivo

- Sorride e ride facilmente
- È contento anche quando gli cambiate il pannolino
- È felice di vedervi

Umore negativo

- Piange facilmente, a volte senza un motivo apparente
- Si irrita quando gli cambiate il pannolino
- Si lamenta quando gli spazzolate i capelli

5. Molto attivo

- Si muove molto durante il sonno
- È sempre in movimento: non è facile vestirlo, lavarlo, cambiarlo, acchiapparlo
- Gli piacciono i giochi di movimento

Poco attivo

- Non si muove quando lo cambiate
- In macchina sta seduto tranquillo
- Preferisce giochi di scarso movimento

6. Prevedibile

- Si addormenta, si sveglia e usa il vaso sempre negli stessi orari
- È regolare nel mangiare e nel dormire
- Non gli piacciono i cambiamenti di orari

Imprevedibile

- Può fare o non fare il sonnellino
- Ha problemi di sonno e si sveglia spesso di notte
- Ha fame in momenti vari della giornata
- L'uso del vaso è irregolare

7. Soglia sensoriale alta

- Gradisce gli eventi rumorosi
- Tollera il pannolino bagnato o sporco
- Emotivamente stabile
- Spesso non distingue tra due voci
- Tollera il dolore

Soglia sensoriale bassa

- Leggeri rumori o contatti possono svegliarlo
- È infastidito dai rumori forti
- Nota piccole variazioni nel gusto dei cibi
- Mostra intenso disagio se il pannolino è bagnato o sporco

8. Bassa distraibilità

- Riesce a concentrarsi facilmente
- Quando si concentra è difficile ottenere la sua attenzione o orientarlo su altro

Alta distraibilità

- Ha tempi di attenzione brevi
- Si distrae facilmente, anche quando prende il latte

9. Perseveranza (e durata dell'attenzione)

- In culla può giocare per svariati minuti
- Può fare un nuovo gioco per un minuto e oltre
- Osserva gli altri bambini mentre giocano
- Osserva ciò che accade intorno a lui

Scarsa perseveranza

- Ha tempi di attenzione brevi e si stanca presto dei giocattoli e dei giochi che gli proponiamo
- Non ama impegnarsi in attività nuove
- Protesta quando smettete di giocare con lui

Alcuni di questi tratti variano con l'età, cioè con lo stadio di sviluppo: per poterli attribuire al temperamento individuale bisogna osservarli in un arco di tempo piuttosto lungo. Per esempio, dai 7-9 mesi fin verso i 14-16 mesi, tutti i bambini mostrano disagio di fronte agli estranei perché distinguono un volto dall'altro assai meglio di quanto non riuscissero a fare prima: le differenze individuali emergono con chiarezza più tardi (un bambino si ritrae mentre un altro scoppia in lacrime). Tutti i neonati, inoltre, non gradiscono rumori forti e luci improvvise e intense: le differenze individuali emergeranno solo nel 2° e 3° anno di vita.

LA FAMIGLIA

Ruoli semplici e complessi
Fratelli e sorelle
E se nascono gemelli?
Largo ai nonni!
La difesa della vita di coppia

RUOLI SEMPLICI E COMPLESSI

Primo nato
Il primo figlio rappresenta una rivoluzione nella vita di coppia, molto più di quanto non lo siano i figli successivi.

La famiglia non è un'entità stabile e immutabile ma un processo in continua evoluzione. Che significa? Significa che nel corso degli anni ogni nucleo familiare si modifica: con la nascita dei figli cambia il numero delle persone, col passare del tempo cambiano le età di genitori, figli e nonni, e cambiano anche i ruoli; un genitore, per esempio, non avrà nei confronti di un figlio adolescente gli stessi atteggiamenti che ha con un bimbo di età prescolare.

La maggior parte delle famiglie prende forma quando due giovani decidono di mettere su casa; una decisione con cui si accede a una nuova fase della vita, ma che comporta degli aggiustamenti, dei compromessi e qualche rinuncia. Siamo tutti un po' abitudinari, cosicché cambiare stile di vita, dover rinunciare ad alcune comodità o abitudini, costa sempre un po' di fatica. Chi viveva con i genitori può essersi assuefatto a una serie di comfort e considerarli irrinunciabili. Chi viveva da single e non si preoccupava dell'ordine e degli orari può avere difficoltà a condividere gli spazi domestici col partner e adattarsi a una diversa scansione della giornata.

NUOVI ORARI, NUOVI GESTI, NUOVI RITMI

Col sopraggiungere del primo figlio si registra il primo grosso cambiamento nella vita della coppia che, bene o male, aveva ormai superato il periodo di rodaggio. Bisogna accettare un nuovo ruolo, quello di genitori appunto, che rivoluziona lo stile di vita, gli orari, il tempo libero. Si può così scoprire che la giornata è scandita dalle poppate e che l'"intruso" deve essere alimentato anche di notte!

I pianti di un neonato sono acuti e penetranti, perciò, se si vogliono salvare timpani e nervi, è giocoforza darsi dei turni per cullarlo e tranquillizzarlo. Le uscite notturne con gli amici devono essere sospese o comunque ridotte. Il modo di tenere in braccio un neonato, facendo una nicchia con le braccia, accostandolo al proprio torace, guardandolo in faccia, non è qualcosa che appartiene esclusivamente al sesso femminile, né deriva dall'essere donna, ma appartiene al neonato. È un suo bisogno legato a precise caratteristiche anatomico-funzionali e all'esigenza di rivivere la rassicurante esperienza delle posizioni uterine, a lui note.

L'uomo che accudisce e cura "fisicamente" un neonato, sia esso il padre, il ginecologo o il pediatra, può sembrare far il verso alle donne, quasi effeminarsi nei gesti, ma in realtà si adatta al neonato.

Se alcuni uomini appaiono impacciati o infastiditi quando hanno tra le braccia un neonato e lo tengono a distanza è perché non sono abituati a questo tipo di contatto o pensano che non spetta a loro cullare o sorreggere un neonato. Se però si lasciano andare le cose cambiano, è il bambino stesso a inviare dei se-

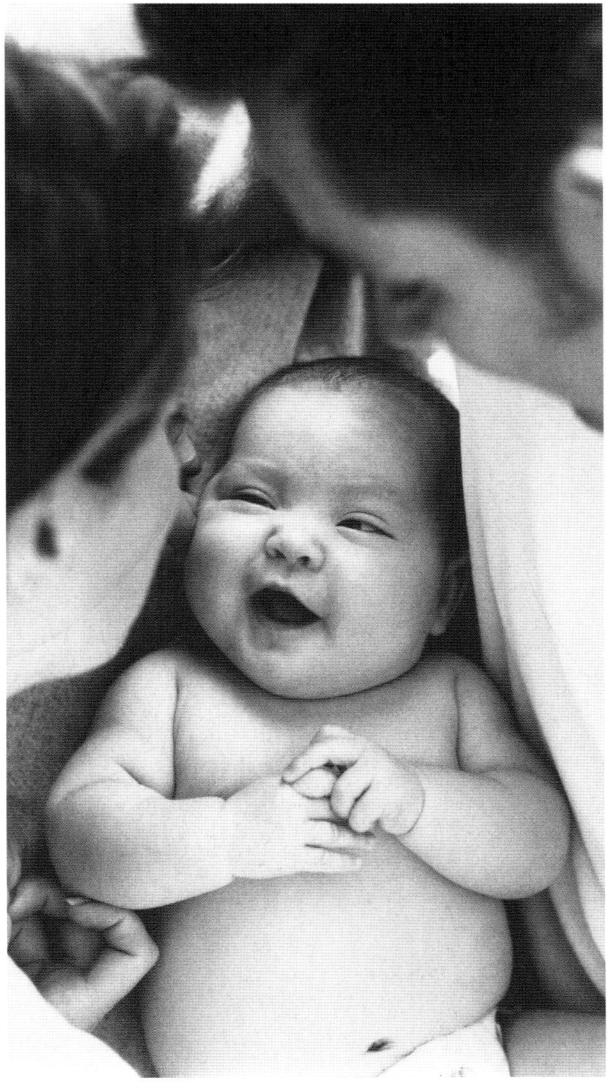

Evoluzione
I ruoli nella famiglia si evolvono continuamente, anche per il semplice passare del tempo che modifica le età di tutti i protagonisti.

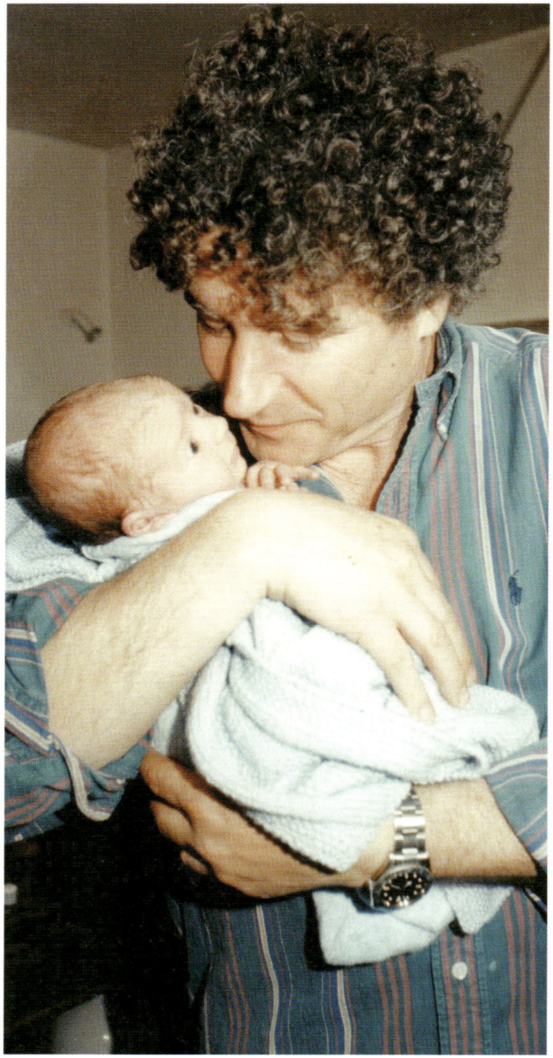

Gesti d'amore
Il modo di tenere in braccio un neonato, facendo una nicchia con le braccia, tenendolo vicino al proprio torace e guardandolo negli occhi, è profondamente legato ai suoi bisogni fondamentali.

gnali di conforto o di sconforto. In una relazione tra due persone non c'è mai una sola direzione comunicativa, entrambi i soggetti relazionanti guidano, modificano o determinano le modalità della relazione stessa.

La nascita di altri figli comporta ulteriori scoperte e adattamenti: ogni presenza in più o in meno richiede, infatti, una riorganizzazione della vita domestica. Alla seconda nascita bisogna occuparsi anche del primo figlio, prepararlo all'evento e dargli attenzione per evitare che si senta messo da parte. I bambini sono molto orgogliosi se possono trascorrere un po' di tempo da soli col padre, parlando di vari argomenti tra cui anche di come cambierà o non cambierà la loro vita quando la mamma e il neonato torneranno a casa.

QUANDO IN CASA C'È UN ANIMALE DOMESTICO

Se avete un animale in casa è bene pensare anche a lui. Generalmente cani e gatti amano i cuccioli, le novità però possono turbarli e alcuni di loro non gradiscono il cambiamento, il fatto cioè che all'improvviso qualcuno prenda il loro posto nella gerarchia familiare. Per minimizzare il disagio che l'animale domestico può subire a causa del cambiamento di status e per evitare che possa accogliere male il piccolo, si può ricorrere a una strategia olfattiva.

Di che si tratta? Si porta, per esempio, dall'ospedale un indumento del bambino, un lenzuolino della culla o altro, e si lascia che l'animale lo annusi, che si abitui al nuovo odore. Come tutti sappiamo, cani e gatti sono assai più sensibili di noi agli stimoli olfattivi, possono quindi abituarsi alla presenza dell'"intruso" gradualmente, prima ancora che sia arrivato a casa, familiarizzando con la sua traccia odorosa.

FRATELLI E SORELLE

La nascita del secondo figlio può creare dei problemi al primo, se nessuno lo prepara o gli presta attenzione durante il periodo perinatale, ossia prima, durante e dopo la nascita. L'arrivo di un fratello o di una sorella è una novità elettrizzante che può suscitare delle reazioni di gelosia specialmente quando il primo non viene preparato e all'improvviso perde centralità e vede che i riflettori non sono più puntati su di lui ma sul neonato: mamma, papà, nonni, zii, babysitter, tutti quanti hanno ora un nuovo polo di attrazione. È bene non considerare i primogeniti più maturi di quello che sono: bisogna occuparsene, se si vogliono prevenire conflitti, capricci e altri problemi nei rapporti interpersonali, alimentari, scolastici.

Si parlerà insieme col primogenito anche della scelta del nome da dare al piccolo e gli si dirà come abbiamo scelto il suo, com'era "lui" quando è nato, l'impressione che ci ha fatto la prima volta che lo abbiamo visto ecc. Insomma, gli si concede un po' di quella centralità che teme di perdere. La naturale gelosia che un bambino può sentire per il neonato, l'"intruso" che viene a modificare gli equilibri familiari, può essere molto ridotta dal piacere e dal senso di orgoglio che nascono dal constatare che papà

Terremoti emotivi
I sentimenti che si sviluppano tra fratelli o sorelle maggiori e nuovi nati sono spesso molto contrastanti.

gli presta attenzione, che sta insieme a lui più del solito. Tra il primogenito e papà, in questa occasione, può nascere anche una complicità nuova, fatta di attesa, preparativi, piccoli acquisti in vista del ritorno della mamma e dell'entrata in casa del neonato.

La mamma è in ospedale e quando torna a casa deve allattare il neonato. Il padre può stare un po' da solo col primo bambino, dialogare, consentirgli di manifestare le sue perplessità, i sentimenti ambivalenti.

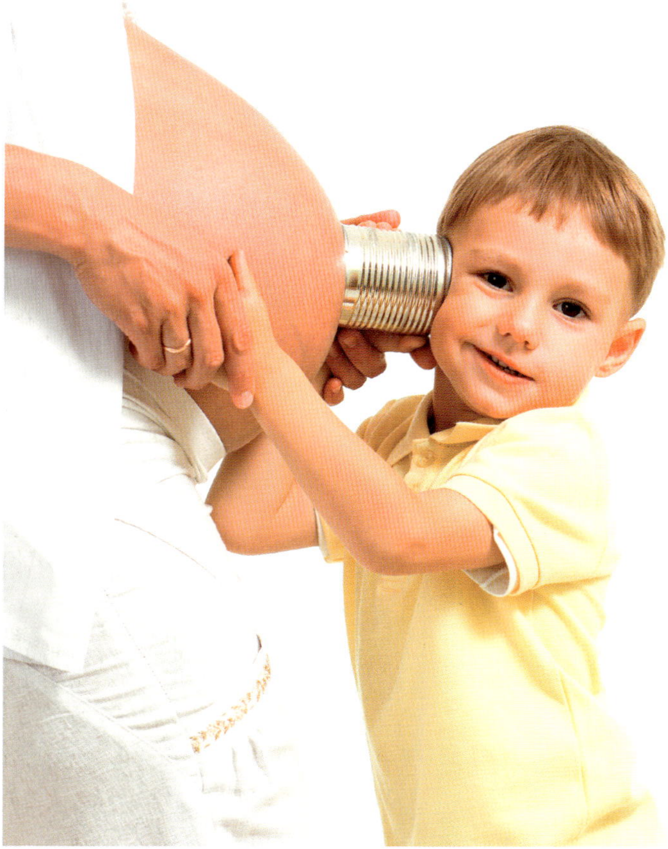

Momenti difficili
Coinvolgere i figli più grandi nell'attesa di un nuovo nato può ridurre le difficoltà che inevitabilmente si presentano alla nascita.

IL SECONDO FIGLIO

Molti genitori preferiscono pianificare la nascita di un secondo figlio non lontana, nel tempo, da quella del primo. Questa scelta è dettata sia da ragioni "pratiche" che dalla considerazione che il legame tra fratelli sarà favorito dalla vicinanza di età. Questo secondo aspetto sembra confermato da molte ricerche: anche se il primogenito può a volte (ma non sempre) soffrire di gelosia, molti processi di socializzazione vengono favoriti dalla presenza di un fratello o di una sorella per molti motivi, per esempio il fatto che in alcuni momenti può solidarizzare con lui (lei) "contro" i genitori o altri bambini, constatare che anche il fratello, non solo lui, fa degli errori e viene ripreso o punito da papà e mamma, godere della presenza di un compagno di giochi, ridimensionare le proprie paure, aveva la possibilità di insegnare, imparare a chiedere scusa e a fare la pace dopo avere litigato e così via. A volte i genitori attribuiscono alla gelosia comportamenti dei figli che li mettono in difficoltà. Non sempre però è così. Molte reazioni indesiderate sono legate alla crescita e appaiono anche in bambini che non hanno fratelli.

IL PADRE "MEDIATORE"

«Quando è nata la seconda», racconta un padre parlando del maggiore, «sapevo che cosa questo poteva significare per lui, perché anch'io sono primogenito e ricordo di avere sofferto alla nascita di mio fratello. Gli sono stato vicino. Vedevo che lui era molto orgoglioso di avermi tutto per sé. Parlammo di tante cose diverse, tra cui anche del fatto che è normale essere gelosi di una sorellina... Gli confessai che anch'io avevo provato quel sentimento per mio fratello. Gli spiegai che sono situazioni che si superano. D'altro canto lui ha sempre visto che io e mio fratello ci frequentiamo, andiamo d'accordo e quindi non ha avuto difficoltà a credere alle mie parole».

Ci sono delle espressioni che è meglio usare soltanto quando sono veramente necessarie: "non ti avvicinare!", "non lo toccare!", "attento che gli fai male!" possono farlo sentire escluso. I genitori abusano, a volte, di queste raccomandazioni che possono, se ripetute, trasformare i sentimenti fraterni in ostilità. Bisogna, invece, consentirgli di prendere qualche iniziativa, sia pure standogli accanto e sorvegliando che non faccia del male al piccolo. All'inizio, nei limiti del possibile, è bene non ridurre gli spazi del primo a vantaggio del secondo. Bisogna lasciare agire il tempo. A un certo punto, dopo qualche tempo e a valutazione dei genitori, se si propone al più grande di accogliere il fratellino nella sua stanza, si può ottenere un assenso entusiasta. Questa soluzione, tra l'altro, può essere l'inizio di una solidarietà tra fratelli che d'ora in poi saranno "i bambini", ossia un'unità distinta e diversa dalla coppia dei "genitori".

DIVENTARE GRANDI

Diventare un "bambino grande" presuppone aver detto addio a tre grandi convinzioni o "miti" che si succedono, naturalmente, nei primi 3 anni di vita.

Superare il legame simbiotico

Intorno ai 6-7 mesi, quando l'attaccamento ai genitori diventa evidente, il bambino protesta e vive stati di angoscia se si trova con estranei. Intorno ai 18 mesi il suo sviluppo intellettivo gli consente di correggere questa convinzione.

Accettare di non essere il preferito

Superato il primo mito, ecco comparire il secondo: "io non esisto se non sono il preferito". Il bambino cerca in ogni modo di attirare l'attenzione delle sue figure di attaccamento a scapito dei fratelli e degli amichetti. Questa fase dura fin verso i 4 anni, se tutto va bene. In caso contrario, continua ad avere l'esigenza di essere al centro dell'attenzione.

Accettare di non essere il vincitore

Il terzo mito è una trasformazione del primo e del secondo: "la vita è insignificante se non sono vincitore". Il bambino cioè vuole primeggiare sempre. I nemici da abbattere sono gli altri bambini, ma a contatto con fratelli e amici emerge anche la preoccupazione di non essere escluso dai giochi. Così scopre i pregi della cooperazione. Intorno ai 6 anni infatti accetta che ogni tanto a vincere siano gli altri.

UN PROCESSO IN EVOLUZIONE

Esistono delle differenze di età ideali tra i figli? Non c'è un'età o un intervallo ideale tra un figlio e l'altro: quando i figli sono molto ravvicinati la gelosia può essere più intensa ed evidente; il lato positivo della medaglia consiste nel fatto di avere un compagno di giochi in casa, qualcuno con cui allearsi "contro" gli adulti.

Quando arriva il terzo, la famiglia si allarga ulteriormente e modifica la propria struttura. Il primogenito è ormai rassegnato a non essere più l'unico bambino in casa e spesso assume atteggiamenti responsabili nei confronti del più piccolo, anche se può essere meno interessato a lui come compagno di giochi. È il secondo, ora, a dover abituarsi all'idea di non essere più "il piccolino", il beniamino di casa, quello a cui tutto viene perdonato. Aumentando il numero dei figli, il clima familiare si trasforma: i bambini sono in maggioranza e la loro presenza determina uno stile di vita più movimentato, imprevedibile e generalmente più allegro.

PREFERENZE E PARAGONI

I figli, come sanno i genitori che ne hanno più d'uno, sono diversi gli uni dagli altri. In alcune situazioni è quindi necessario avere approcci diversificati, tener conto del temperamento e delle esigenze di ognuno. Bisogna però anche cercare di evitare i paragoni e tutto ciò che, interpretato come privilegio o preferenza, possa alimentare i conflitti e le rivalità.

A volte, accade che i genitori, con i loro comportamenti, accentuino le conflittualità tra fratelli: per esempio quando lodano o premiano ostentatamente un figlio nella speranza che l'altro, in uno scatto di orgoglio, sia indotto a migliorarsi. È questa una strategia rischiosa che può scatenare reazioni opposte a quelle previste. Il figlio che è oggetto di paragoni sfavorevoli può infatti decidere di tenersi il più lontano possibile da quelle che per lui sono delle fonti di frustrazione – genitore, fratello, sorella – bloccando la comunicazione all'interno del nucleo familiare o rendendola difficile. Un altro possibile esito indesiderato di questa strategia è l'accentuazione del comportamento disapprovato: in questo modo anche "la pecora nera" può eccellere – in disordine, svogliatezza, dispetti ecc. – sia pure in chiave negativa.

Evitare i paragoni favorevoli

Evitare i paragoni sfavorevoli

La discrepanza di trattamento nell'infanzia può rendere conflittuale e competitivo il rapporto tra fratelli anche in età adulta: «Mio padre paragonava sempre i miei due fratelli a svantaggio del maggiore», racconta un uomo di circa quarant'anni. «Quando papà morì, loro erano soltanto adolescenti, ma continuarono a litigare. È incredibile, uno ora ha 45 anni e l'altro 47. Sanno di comportarsi in maniera ridicola, ma non riescono a smettere. Competono persino sui loro disturbi renali. Su chi è più malato. Su chi sta peggio. Chi sa curarsi meglio. Chi usa il metodo più efficace. Avrebbero potuto solidarizzare contro mio padre ma il maggiore, che si sentiva umiliato dai continui paragoni sfavorevoli, non avrebbe mai accettato la solidarietà del minore».

LA RELAZIONE FRATERNA

I bambini hanno spesso motivi di rabbia e di risentimento nei confronti dei fratelli. È normale. Accettare e riconoscere la realtà e la portata di questi sentimenti è più produttivo che cercare di negarli. Infatti, se non se ne consente l'espressione verbale, i sentimenti negativi possono manifestarsi sotto forma di comportamenti aggressivi, di dispetti o, a volte, di disturbi psicosomatici. Ai bambini spesso è sufficiente poter esprimere a qualcuno i propri stati d'animo e le preoccupazioni per liberarsene e affrontare la realtà con maggiore serenità.

In alcune famiglie i litigi tra fratelli sono all'ordine del giorno, è facile quindi perdere la pazienza e alzare la voce. Quando si trovano a dover dirimere i litigi spesso i genitori si limitano a disapprovare, punire, allontanare, sgridare oppure a proporre di cambiare gioco o attività senza però cercare di abituarle i figli a trovare loro stessi una soluzione (come invece fa il padre nella vignetta qui sotto). Questo tipo di intervento non soltanto interrompe il litigio ma obbliga i bambini a impegnarsi nel trovare un'alternativa accettabile, il che comporta anche un confronto tra diverse esigenze e punti di vista.

Risposte appropriate ai litigi dei bambini

I bambini trovano una soluzione

Conflitti e affetti I rapporti tra fratelli e sorelle sono spesso conflittuali, ma molto dipende anche da come vengono gestite le emozioni familiari.

E SE NASCONO GEMELLI?

La nascita di due (e qualche volta tre!) gemelli ci deve trovare preparati ad affrontare un evento carico di soddisfazioni ma anche di impegno. Ci sono due neonati che strillano all'unisono, doppie poppate, doppi cambi, due bebè da tenere tra le braccia, da cullare...

Se un padre può defilarsi, di tanto in tanto, quando in casa c'è un solo neonato, ciò diventa più difficile quando sono due. Uno studio australiano ha rivelato che se le madri di un mononato di 6 mesi dedicano in media al proprio figlio – in cure, giochi e attenzioni – 240 minuti al giorno, quelle dei gemelli della stessa età non dedicano più di 110 minuti a ognuno, impegnate come sono in attività domestiche collaterali. Non sempre, inoltre, la divisione del tempo tra l'uno e l'altro è equa, a volte uno viene intrattenuto più dell'altro per motivi diversi: è nato di peso inferiore, piange più spesso, impiega più tempo a mangiare ecc. Né va sottovalutato il fatto che una mamma può annoiarsi a ripetere gli stessi gesti, a incoraggiare prima l'uno e poi l'altro, a rivolgersi individualmente a tutti e due... Ecco allora che papà diventa indispensabile: mentre mamma si occupa di uno lui, può seguire l'altro.

Doppio impegno
La nascita di gemelli sottopone la coppia di genitori novelli a un forte stress, sia emotivo che fisico.

Per gli anni a venire è bene sapere alcune cose sui gemelli. Se sono monozigotici si sono sviluppati da una stessa cellula, sono perciò geneticamente identici e si assomigliano moltissimo. Un genitore però riesce sempre a trovare qualche elemento di differenza. Dal punto di vista genetico, i gemelli dizigotici sono come due fratelli normali, possono assomigliarsi o essere anche molto diversi, dello stesso sesso o uno maschio e l'altra femmina; avere in comune il 20% del patrimonio genetico oppure l'80%; nascono però insieme, e come i monozigotici tendono a formare una coppia molto unita.

Tra i gemelli si crea ben presto un legame di attaccamento che può essere forte come quello che hanno nei confronti dei genitori o anche di più. Questo non vuol dire che tra loro sia tutto rosa e fiori: litigheranno, avranno crisi di gelosia, vivranno rivalità come gli altri bambini, ma tra loro ci sarà anche molta solidarietà, bisogno di proteggersi l'un l'altro e una notevole conoscenza reciproca. Non soltanto infatti si assomigliano e crescono insieme, ma possiedono anche una identità di coppia che è costantemente presente nella loro mente, soprattutto se sono monozigotici o dizigotici dello stesso sesso.

Crescendo e andando all'asilo i gemelli si accorgono di avere una marcia in più rispetto agli altri bambini: poiché non sono mai soli, sono autosufficienti; possono coalizzarsi per riuscire in imprese altrimenti impossibili; unendo le

Gemelli
L'impegno che l'allattamento di una coppia di gemelli richiede alla madre è notevole sia dal punto di vista emotivo che da quello fisiologico. L'aiuto del padre, in queste circostanze, diventa indispensabile.

Un "*working team*"
L'unione di forze per riuscire in imprese eccezionali che si stabilisce fra due gemelli li aiuta ad affrontare il mondo e spesso dura per tutta la vita.

forze possono avere la meglio sugli altri bambini; possono allearsi "contro" i genitori e gli altri fratelli, difendersi a vicenda, scambiarsi gli abiti, parlare un linguaggio segreto di coppia che gli altri non capiscono; quando sono identici possono fare scherzi agli amici e agli insegnanti scambiandosi i nomi ecc. ecc. Questa sensazione di forza può però dissolversi, lasciandoli persi e tristi, nel momento in cui i due sono costretti a separarsi. È bene allora che i genitori, pur rispettando il legame di coppia, favoriscano delle brevi separazioni, dapprima prendendosi cura individualmente dell'uno o dell'altro e poi favorendo le amicizie con altri bambini. Per questo e altri motivi (per esempio la tendenza di uno a prevalere sull'altro) spesso i gemelli, a scuola, vengono inseriti in classi diverse.

Se crescere in coppia ha degli aspetti positivi e dà luogo a un'unità speciale che vale la pena di vivere, il fatto che da adolescenti e da adulti i gemelli devono separarsi per realizzare altri legami e inserirsi in un contesto più vasto induce a favorire, fin dall'infanzia, le occasioni di individuazione. Ciò non significa però che il legame gemellare debba essere negato: l'indipendenza dal gemello è un processo che può avvenire in forma graduale e progressiva senza togliere ai bambini il piacere della vita in due. Non esistono regole d'intervento rigide, perché le situazioni

Complicità Fra gemelli identici si crea fin dai primi giorni una complicità molto stretta: non è raro che sfruttino la loro estrema somiglianza per farsi passare l'uno per l'altro.

e i bambini sono diversi; come indicazione generale si può consigliare di evitare gli eccessi della gemellarità. Sul piano pratico questo può significare: non far dormire i gemelli nello stesso letto; non servirsi della loro somiglianza per sconcertare gli estranei; non rivolgersi loro chiamandoli "i gemelli"; favorire le occasioni di separazione anche se brevi; favorire le amicizie personali e aiutare i bambini a fronteggiare i loro problemi di coppia (gelosie, rivalità) evitando che si creino delle fratture che, soprattutto nell'adolescenza, possono originare dei sensi di colpa per i reciproci "abbandoni" e "tradimenti" e quindi anche ostacolare l'acquisizione di una reciproca indipendenza.

È bene che i genitori, ma anche gli altri parenti e frequentatori della casa, dedichino un po' di tempo a ognuno singolarmente, che evitino fin dall'inizio l'uguaglianza perfetta (abiti, giocattoli) anche se spesso sono proprio i bambini a richiederla e valorizzino le differenze, anche se minime. Meglio evitare di definire l'uno "maggiore" e l'altro "minore", oppure "grande" e "piccolo": nei bambini queste distinzioni sancite dagli adulti possono avere una notevole risonanza psicologica. Anche per i nomi è bene evitare quelli che "gemellizzano", come Pietro e Paolo, Roberto e Alberto, Sibilla e Priscilla.

Insomma, i genitori possono, con i loro interventi, moderare il legame gemellare. Per il resto, la gemellarità va vissuta con allegria, come un normale fatto della vita: c'è chi ha un fratello maggiore, chi ne ha uno minore, chi è figlio unico, chi ha fratelli e sorelle e chi ha un fratello della sua stessa età...

I GEMELLI

Si intende per gravidanza plurima (o multipla) quella in cui si sviluppano due o più bambini; in particolare prende il nome di “gemellare” quando sono due, “trigemina” se sono tre e così via. La gravidanza plurima è un’eccezione per quanto riguarda la specie umana e rientra fra quelle che si definiscono “anomalie del concepimento”; rientra quindi nell’ambito delle gravidanze a rischio e necessita pertanto di cure supplementari. La tendenza ad avere gravidanze plurime può essere ereditaria, ma anche altri fattori possono causare l’instaurarsi di questa condizione.

Gemelli identici

Dopo la fecondazione, lo zigote, all’inizio del suo sviluppo, per cause non note, si divide in due o più parti uguali; ognuna di queste parti inizia la segmentazione, iniziano cioè a formarsi contemporaneamente due o più individui che nasceranno

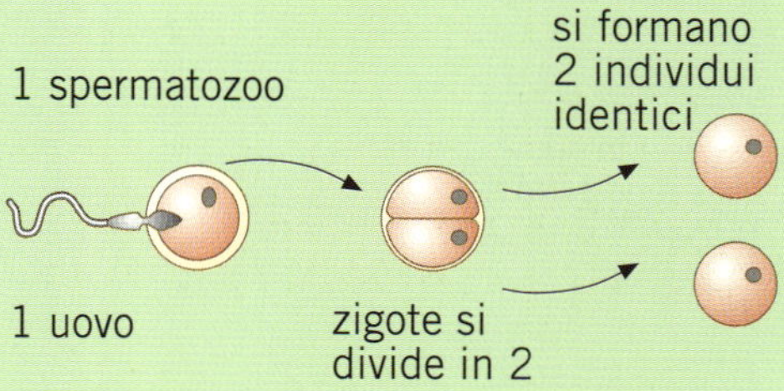

Sviluppo di gemelli identici a partire da un solo ovulo fecondato.

Disposizione di due gemelli identici nell’utero materno. Possono avere un’unica placenta, come nel disegno, ma anche placente separate.

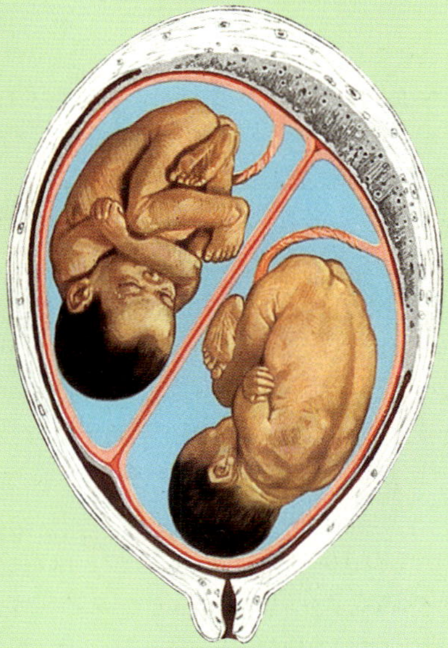

dello stesso sesso, estremamente somiglianti tra loro e con patrimonio genetico identico: i gemelli monovulari.

Gemelli fratelli

Avviene eccezionalmente un'ovulazione doppia (o tripla, quadrupla ecc.). Due o più spermatozoi fecondano questi ovuli giunti contemporaneamente – o quasi – nelle tube. Può anche avvenire che una seconda ovulazione si verifichi quando una gravidanza è già in atto (è certo un evento eccezionale): nel caso venga fecondato anche questo secondo ovulo, si instaurano due gravidanze, partite in tempi diversi. I figli nati da questi tipi di gravidanze plurime si assomigliano come fratelli nati in epoche differenti e possono essere di sesso diverso: gemelli biovulari.

In questi ultimi anni i casi di gravidanza multipla sono notevolmente aumentati (10% in più di gravidanze bigemine e 400-500% in più di trigemine) a seguito del progressivo diffondersi dei trattamenti per la cura della sterilità: su 100 cicli di trattamento, il 20% dà luogo a gravidanze gemellari, il 4,5% a gravidanze trigemine.

Nella relazione neonato-adulti (e nelle interazioni dei tempi successivi) è estremamente importante che ogni gemello sia riconosciuto come individuo con una sua specificità e gli si prestino

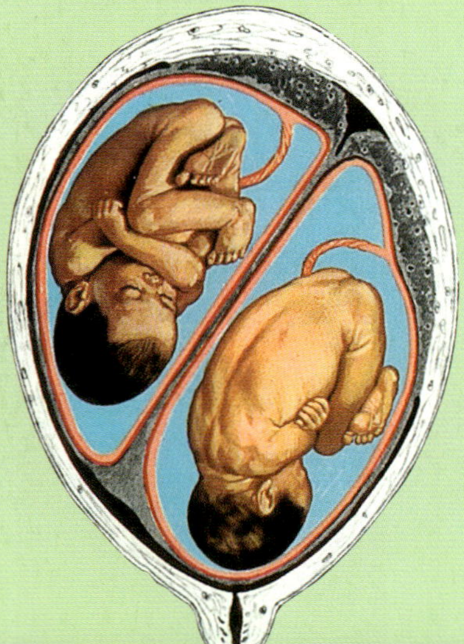

Disposizione di due gemelli diversi nell'utero materno: ognuno ha la sua placenta.

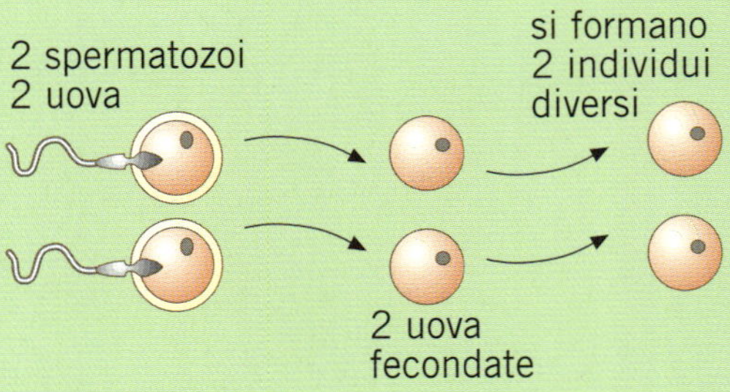

Sviluppo di gemelli diversi a partire da due ovuli fecondati.

attenzioni e cure relazionali personalizzate. Certo fare attenzione a relazionarsi individualmente con ogni gemello può essere "faticoso", ma crescita fisiologica e relazionale hanno bisogno di questo importante riconoscimento individuale.

SOMIGLIANZE E DIFFERENZE TRA FRATELLI

I fratelli possono assomigliarsi, essere affini come gusti e inclinazioni, avere un temperamento simile oppure essere molto diversi. Somiglianze e differenze dipendono da svariati fattori che si intrecciano e si influenzano, cosicché alla fine ogni figlio ha una sua individualità distinta da quella dei suoi fratelli. Se tutti i figli ereditano il 50% del patrimonio genetico dalla madre e il 50% dal padre, dal punto di vista genetico i fratelli possono assomigliarsi molto oppure molto poco (all'80%, al 65%, al 20% e così via). Alla nascita i fratelli sono diversi per caratteristiche fisiche, sesso, temperamento e per tutti quei tratti che ereditiamo dai genitori e che a ogni concepimento subiscono un rimescolamento. Ci sono però anche altri fattori che contribuiscono a rendere i figli diversi tra loro. Le condizioni di gravidanza e di nascita, l'età dei genitori, l'ordine di nascita, il divario di età tra fratelli sono tutti fattori che contribuiscono a creare diffenze e particolarità. Per esempio, mentre il primogenito entra in una famiglia in cui non ci sono altri bambini, il secondogenito trova già un bambino e il terzo ne trova due. Il primo può soffrire di gelosia nei con-

I gemelli diversi si assomigliano come qualsiasi gruppo di fratelli e sorelle nati dagli stessi genitori. Ciò che li accomuna maggiormente rispetto a fratelli e sorelle nati in periodi diversi è l'aver vissuto in un identico ambiente, con fratelli e sorelle della loro identica età, spesso avendo esperienze comuni.

Tre possibili coppie di gemelli:
A. maschi identici;
B. maschio e femmina dizigotici;
C. femmine dizigotiche.

fronti del secondo, mentre il secondo può invidiare il maggiore oppure ammirarlo per tutto ciò che sa fare meglio di lui. In più, il secondo di tre, per la sua particolare collocazione nella fratria, ha spesso la sensazione di godere di minori vantaggi rispetto ai fratelli: può avere la sensazione che i genitori lo tengano in minor considerazione del primo (a cui chiedono di essere responsabile, di proteggere i fratelli, di comportarsi "da grande") e che lo trattino con minore indulgenza del terzo, "il piccolino". Per questa ragione il figlio di mezzo è spesso il "ribelle", il più propenso a protestare, a lamentarsi e anche a ricercare i propri spazi all'esterno del nucleo familiare. Chi invece è vissuto nella posizione di ultimogenito può a volte restare confinato, negli anni, alla condizione di "piccolino" e sentirsi perciò esentato da una serie di responsabilità e compiti.

Le differenze riguardano anche i gemelli monozigotici, che pure hanno lo stesso patrimonio genetico e sono cresciuti nello stesso ambiente familiare. Se per alcuni tratti sono inequivocabilmente molto simili, il fatto di avere un cogemello può indurli ad assumere ruoli opposti o complementari. Per quanto strano possa sembrare, all'interno di una coppia gemellare ci può essere il "fratello maggiore" che guida e il "fratello minore" che si lascia guidare; quello che, per contrapporsi al gemello, decide di dedicarsi a uno sport o a un hobby completamente diverso; ci può essere il gemello che tiene i rapporti con l'esterno ("il ministro degli esteri") e quello che cura soprattutto il rapporto di coppia ("il ministro degli interni"), ma in alcune coppie entrambe le funzioni vengono svolte da uno solo dei due gemelli.

LARGO AI NONNI!

I nonni sono una grande risorsa: hanno fatto la loro parte come genitori e ora hanno (spesso) del tempo a disposizione per occuparsi dei nipotini. Anche se inizialmente alcuni sono riluttanti a entrare nel ruolo di nonni, la maggior parte è contenta di riprendere, a distanza di venticinque-trent'anni, il contatto con i piccolissimi.

Superato lo shock iniziale legato al nuovo ruolo di parentela che sancisce l'entrata in una nuova fase della vita, i nonni sono generalmente felici di potersi prendere cura del nipotino, di poterlo avere tutto per sé in alcuni momenti della giornata o della settimana e di dare una mano ai neo-genitori.

L'età rende spesso più tolleranti e meno impazienti, cosicché essi possono rappresentare un elemento equilibratore quando i genitori vanno troppo di fretta e il piccolo, i cui ritmi sono inizialmente quelli antichi della natura e non quelli del mondo tecnologico, resta frastornato.

Disponibilità
La grande disponibilità che di solito i nonni hanno verso i nipotini li rende soggetti preferenziali per lo sviluppo di legami d'attaccamento.

Dal canto loro, i neonati – aperti al mondo, desiderosi di conoscerlo e di stabilire legami – non hanno preferenze preconcette e sono pronti ad affezionarsi a chiunque si occupi di loro, li tratti con dolcezza, non li spaventi, sia tenero e disponibile.

PERCHÉ I BAMBINI SVILUPPANO PIÙ LEGAMI DI ATTACCAMENTO?

Come ha spiegato l'antropologa Margaret Mead, il poter sviluppare legami di attaccamento con più persone simultaneamente è un "vantaggio evolutivo". Se la mamma è impossibilitata a badare al piccolo, questi avrà pur sempre qualcuno accanto che si occupa di lui: vi sarà una maggiore continuità nella sua assistenza e risulterà meno traumatico il passaggio alle cure di altri familiari.

Non c'è nessuna necessità biologica per la quale le cure parentali debbano essere assunte e svolte da un'unica persona. La condivisione dell'impegno nel provvedere alle cure del piccolo c'è sempre stata, anche nel passato (e c'è anche in altri mammiferi); la differenza con oggi è che un tempo era per lo più un "affare di donne" – madri, nonne, zie, anche se le "eccezioni" ci sono sempre state, soprattutto in caso di necessità – mentre oggi anche un papà o un nonno possono prendersi cura di un neonato.

Poiché i bambini sono vulnerabili devono sentirsi protetti, al sicuro: quelli che hanno ricevuto protezione in genere sono più ottimisti ed esplorativi e negli anni successivi riescono a separarsi per periodi sempre più lunghi dai genitori

Grandi alleati
La presenza dei nonni consente ai bambini di allargare la schiera dei propri punti di riferimento familiari.

PERCENTUALE DI BAMBINI CHE SVILUPPANO LEGAMI DI ATTACCAMENTO VERSO SPECIFICHE PERSONE

RISULTATI DI UNO STUDIO CONDOTTO SU 60 BAMBINI TRA 0 E 18 MESI DI VITA

Persone	All'inizio del legame di attaccamento	All'età di 18 mesi
Madre	95%	81%
Padre	30%	75%
Nonni	11%	45%
Altri parenti	8%	44%
Fratello	2%	24%
Altro bambino	3%	14%

FASI DI SVILUPPO DEL LEGAME DI ATTACCAMENTO NEL NEONATO E NEL LATTANTE

RAPPORTO DI AFFETTO E DIPENDENZA CHE SI INSTAURA TRA IL PICCOLO E COLORO CHE SE NE PRENDONO CURA

Età in mesi	Fase	Caratteristiche principali
0-2	1. Preattaccamento	Risposta sociale indiscriminata
2-7	2. Sviluppo dell'attaccamento	Riconoscimento di persone familiari
7-24	3. Attaccamento ben sviluppato	Protesta da separazione: diffidenza verso persone non familiari
da 24 in su	4. Relazione gestita sempre più intenzionale	Relazioni più bilanciate: il bambino comprende sempre meglio esigenze e richieste dei genitori

senza protestare; se potranno farlo sarà perché, come ha spiegato il famoso psicologo infantile Donald Winnicott, sanno di essere "nella mente" delle loro figure di attaccamento.

La mamma è certamente la prima figura di attaccamento, ma anche familiari, parenti, amici di famiglia e frequentatori della casa diventano ben presto dei punti di riferimento importanti. Il piccolo accetta di stare con papà, la baby-sitter o i nonni quando la mamma deve uscire o allontanarsi perché si sente al sicuro anche con loro. Lui è piccolo, gli adulti sono dei giganti; lui è vulnerabile, gli adulti sono forti; tutti quanti però gli vogliono bene, lo proteggono, rispondono ai suoi richiami, ai suoi bisogni e questo, nel linguaggio non verbale di un lattante, significa che è salvo, che può fidarsi non solo della mamma ma anche degli altri.

Appena è in grado di formare dei legami di attaccamento mirati, il lattante li utilizza con persone diverse. In uno studio di H. Rudolf Schaffer e Peggy E. Emerson quasi 1/3 dei bambini orienta il primo legame di attaccamento verso più di una persona, e alcuni ne selezionano addirittura cinque. Raggiunti i 18 mesi d'età, la maggior parte dei bambini ha sviluppato legami di attaccamento verso più persone.

Anche se nella maggior parte dei casi il legame più intenso è con la mamma, questo fatto non costituisce una regola: il padre e i nonni possono diventare le persone verso cui il bambino dirige l'attaccamento, anche nel caso in cui siano disponibili solo parte della giornata.

TRE GENERAZIONI A CONFRONTO

Attenzione però, ai conflitti di ruolo. I nonni hanno una lunga esperienza e possono dare degli utili consigli ai figli su come allevare i nipoti, come relazionarsi con loro. Genitori e figli, però, vivono in un'epoca diversa da quella in cui i nonni sono stati genitori e su alcuni punti le loro opinioni possono essere legittimamente differenti.

Bisogna dunque evitare che le cure parentali si trasformino in una competizione o, peggio, in un campo di battaglia con morti e feriti, vincitori e vinti!

Scambi culturali L'incontro fra generazioni diverse porta alla crescita di tutti gli individui coinvolti.

Occorre comprensione e disponibilità da entrambe le parti. In particolare, i nonni, per evitare tensioni, dovrebbero cercare di non essere invadenti, di non interferire con le decisioni che la coppia dei genitori prende di comune accordo anche quando non ne condividono le scelte. Il tono degli scambi verbali è fondamentale, così come lo è la sincerità e la volontà di coordinarsi. L'obiettivo deve essere sempre il benessere del bambino. Su alcune questioni di fondo bisognerebbe trovare un accordo: per esempio, gli orari del sonno e dei cambi, il tipo di alimentazione, la passeggiata, il tempo che il piccolo deve trascorrere all'aria aperta, la pulizia ecc.

DI CHE COSA HANNO PAURA?

La paura è un'emozione che si evolve con l'età. Molte paure compaiono in una particolare fase evolutiva o "periodo critico", perdurano per qualche tempo e poi scompaiono naturalmente.

I piccolissimi hanno paura dei suoni forti e improvvisi, dei lampi e delle luci violente, degli oggetti che si avvicinano rapidamente e della perdita dell'appoggio.

Intorno ai 6-8 mesi, quando cominciano a muoversi carponi, mostrano di temere le altezze: guardano con attenzione i luoghi alti ed esitano.

A 7-8 mesi compare la paura degli estranei che raggiunge l'apice intorno ai 12-16 mesi e diminuisce intorno ai 3 anni. Il bambino incomincia ad avere paura degli estranei quando distingue bene i volti e quindi sa riconoscere quelli delle sue figure di attaccamento. Questa paura diventa molto visibile e suscita una reazione decisa nel piccolo – che si ritrae, piange o protesta – soprattutto se l'estraneo cerca di avvicinarsi, lo tocca, cerca di prenderlo

Finalmente nonni!
Essere nonni permette di riprendere contatto con i piccoli senza doverne sopportare il peso.

in braccio, non tiene conto dei suoi segnali di disagio. Il bambino non è abituato a vedere persone nuove. Tra gli 8 e i 24 mesi i bambini si lamentano e piangono se un genitore si allontana (sempre che il genitore sia una figura di attaccamento forte). L'apice di questa paura si colloca tra i 9 e i 13 mesi ed è maggiore quando il bambino viene a trovarsi in un ambiente che non conosce. Alla fine del 2° anno di vita generalmente scompare, in quanto il piccolo incomincia a fare delle previsioni sul ritorno delle sue figure di attaccamento.

Dai 20-30 mesi fino ai 6-7 anni molti bambini hanno paura dei bambini che non conoscono e di cui non sanno prevedere le reazioni. Questa paura aumenta se altri bambini li hanno spaventati, colpiti o morsicati.

Verso i 2-3 anni molti bambini mostrano di avere paura degli animali, soprattutto di quelli che non conoscono, e tra i 4 e i 6 compare la paura del buio. In realtà più che del buio in sé i bambini hanno paura di ciò che può accadere nel buio: brutti sogni, rumori inquietanti, creature immaginarie. L'attaccamento è un forte antidoto alla paura. Con il comportamento, le parole, dei raccontini, gli adulti possono tranquillizzare i figli e aiutarli a superare rapidamente le normali paure dell'età, ma possono anche, al contrario, accentuarle infondendo insicurezza e trasmettendo le proprie ansie. La paura è un'emozione contagiosa che si comunica facilmente attraverso la mimica, i gesti, le posture e la tensione muscolare.

Spaventi e paure
Molte paure compaiono in una particolare fase dell'evoluzione infantile per scomparire naturalmente. Altre resistono al tempo e sono spesso quelle dovute a insicurezze e traumi.

I DIRITTI DEI NONNI

Nella tradizione familiare italiana, i nonni rivestono un ruolo molto importante nella crescita e nella formazione educativa dei nipoti. Ciò nonostante, nel nostro ordinamento giuridico, non esiste una normativa specifica e sistematica che regoli le relazioni fra nipoti e nonni, in virtù della quale potere esercitare diritti in proprio da parte di quest'ultimi. Va infatti precisato che l'obiettivo precipuo, non è la tutela del diritto dei nonni, bensì la tutela del diritto del bambino, previsto solo ed esclusivamente a protezione della qualità della sua vita nel contesto familiare e relazionale.

In ossequio a tale principio, possiamo riscontrare un indiretto riconoscimento dei diritti dei nonni; un esempio è la tutela del diritto di frequentazione dei nipoti, che si ricava dall'art. 155 c.c., così come novellato dalla legge n. 54 del 2006 che sancisce che "anche nel caso di separazione personale dei coniugi, il figlio minore ha diritto di conservare rapporti significativi con gli ascendenti ed i parenti di ciascun ramo genitoriale". Tale previsione normativa permette ai nonni di rivolgersi al Tribunale per i minorenni per richiedere l'accertamento di eventuali condotte del genitore, pregiudizievoli per i figli.

Il giudice sarà tenuto a valutare esclusivamente l'interesse e il bene del minore, prescindendo dal diritto soggettivo dei nonni e qualora sia ravvisato un ingiustificato divieto dei genitori di far frequentare i figli ai nonni, dovrà sancire e regolare il diritto di visita di questi ultimi.

A CIASCUNO IL SUO (RUOLO)

La neo-nonna e il neo-nonno scoprono il nuovo ruolo cammin facendo, adattandosi ai tempi della crescita e alle esigenze del nipotino. Scopriranno così che possono inventare dei giochi divertenti, diventare degli ottimi narratori di storie, ricevere confidenze, dare sicurezza, tener vivo il passato e rispondere a tante e diverse domande sulla storia familiare: "dove abitavate quando papà era piccolo?", "c'era il computer quando lui era bambino?", "è vero che la mamma ha vinto delle medaglie?", "perché la bisnonna vestiva in quel modo buffo?" ecc.

Il passato affascina i bambini. Ci sono cose che essi non possono comprendere e di cui possono soltanto leggere o vedere qualche frammento in televisione.

Un nonno può parlare in modo esauriente di una gran quantità di argomenti interessanti: com'era la scuola ai suoi tempi; gli abiti che indossava; l'esperienza della guerra propria o dei suoi genitori; il modello della prima macchina che ha guidato; le case in cui ha abitato; i viaggi che ha fatto, e così via. I racconti dei nonni arricchiscono i nipoti, creano un clima di intimità, complicità e affetto collegando passato e presente.

Riscoprire l'infanzia
L'intimità, la complicità, l'affetto che legano i nonni ai nipotini li coinvolgono in momenti di spensierata serenità, tipicamente infantile.

LA DIFESA DELLA VITA DI COPPIA

Avere dei genitori e dei suoceri disposti a dare una mano, a occuparsi del bambino e a prenderselo qualche volta con sé, per esempio la sera, rappresenta un vantaggio per difendere la vita di coppia.

Non è soltanto una questione di sesso: i momenti in cui ci si ritrova da soli o con gli amici sono importanti per il mantenimento del legame di coppia che è alla base della coesione familiare. La genitorialità si affianca a questo legame, ma non lo sostituisce.

È bene saper "staccare", concedersi degli intervalli, delle brevi "lune di miele" per ridare vigore al rapporto di coppia.

E quando si è insieme, finalmente soli, bisogna anche saper liberare la mente dai sensi di colpa e dalle preoccupazioni. In questo, generalmente, i padri sono più bravi delle madri, anche se non è sempre così: alcuni "lui"

Intesa
Le coppie che restano capaci di pensare a un proprio futuro di amanti danno maggiori garanzie anche come genitori.

diventano più mammoni di lei e questo sicuramente non aiuta. Evitate di essere possessivi, puntigliosi controllori di ogni cosa che riguardi il figlio, incapaci di fidarsi degli altri. Alla fine vi trovereste totalmente spogliati di qualsiasi connotato erotico ed eccitante! Quei genitori che restano capaci di pensare a un proprio futuro di amanti, di prevedere la propria sorte di innamorati, danno maggiori garanzie anche come genitori.

È meno probabile che vadano incontro a dissapori insanabili, con prospettive di costanti baruffe domestiche se non di separazione, che per il bambino costituiscono sempre un problema.

Due persone decise a mettere al mondo un figlio è meglio che, per quanto riguarda la loro unione, di dubbi ne abbiano pochi. O il meno possibile. La loro stabilità affettiva sarà determinante per la felicità del piccolo. In sintesi potremmo dire che occorre da un lato vivere il figlio in coppia e dall'altro salvaguardare la coppia dal figlio.

VITA SESSUALE E CONTRACCEZIONE DOPO IL PARTO

Tanti i divieti e le limitazioni che impropriamente si danno all'attività sessuale della coppia dopo il parto, divieti inutili e privi di ogni supporto scientifico. Ad esempio ancora oggi si sente dire che per 40 giorni dopo il parto la donna debba astenersi dall'avere rapporti sessuali (divieto incomprensibile se non rifacendosi alla storiografia medioevale secondo la quale in questo periodo la donna non era "in santo", era cioè impura e doveva quindi limitare i rapporti con gli altri – ovviamente prima di tutto quelli sessuali – evitare di uscire di casa col bambino ecc.). Altri inutili divieti si basano sulla falsa idea che l'attività sessuale possa sciupare il latte della madre o che vi sia rischio di chi sa quali infezioni.

Vi sono però alcune obbiettive difficoltà, sia sul piano strettamente fisico che psicologico. L'area genitale può rimanere dolente per alcuni giorni, e il dolore si accentua nel caso si sia dovuto ricorrere all'episiotomia o si sia verificata una lacerazione, per via dei conseguenti punti di sutura. Lo stato ormonale che caratterizza questa fase rende le pareti vaginali più fragili e con tendenza a piccole lacerazioni spontanee. Le perdite di mucosa e sangue (lochiazioni) che perdurano anche alcune settimane dopo il parto possono avere un effetto inibente sulla coppia, ma di fatto non pongono alcuna controindicazione.

La "predisposizione" alla sessualità viene minata indubbiamente anche dallo stato di affaticamento in cui si ritrova molto spesso la coppia nei primi giorni di vita del bambino: i ritmi sonno/veglia del neonato difficilmente sono già regolarizzati e questo determina una perdita di sonno e quindi una buona dose di stanchezza nei genitori. Se a questa si aggiunge la fatica e l'impegno di questo primo approccio relazionale e di accudimento del bambino, allattamento compreso, è facile capire come ben poco spazio fisico e "mentale" possa rimanere alla coppia da dedicare al desiderio sessuale.

Alla ripresa dell'attività sessuale occorre fare attenzione nella scelta del metodo contraccettivo. Il contraccettivo scelto non deve influire sulla produzione di latte, non deve arrivare attraverso il latte al bambino e la sua azione deve tener conto che gli organi riproduttivi della donna sono stati fortemente modificati dalla gravidanza e sono ancora in via di normalizzazione.

L'allattamento al seno • Di per sé comporta l'inibizione dell'ovulazione e quindi rappresenta una forma di contraccezione, nel caso sia un allattamento esclusivamente al seno, senza inserimento di alcun tipo di giunta e, cosa importante, che sia continuativo e copra cioè anche le ore notturne (con pause inferiori alle 6 ore di notte e alle 4 ore di giorno). È un metodo sicuro nelle prime settimane dopo il parto, poi presenta un indice di fallimento compreso tra l'1 e il 2%.

Il naturale effetto anticoncezionale dell'allattamento al seno ha permesso da sempre un minimo, utile distanziamento fra le gravidanze, ma si può considerare un metodo anticoncezionale solo nei primi sei mesi dopo il parto.

IUD (spirale) • L'uso di dispositivi intrauterini è controindicato nelle prime 6-7 settimane dopo il parto perché c'è il rischio che la spirale possa causare una perforazione dell'utero e per la maggiore probabilità di espulsione spontanea durante questa prima fase.

Estroprogestinici • Nella composizione di pillola, cerotti, anello vaginale. Sono sconsigliati perché gli estrogeni provocano una diminuzione nella capacità di produrre latte da parte dalla madre.

Questi ormoni inoltre passano nel latte, e non sappiamo ancora con certezza se vi sono effetti collaterali che possono manifestarsi alla distanza nei bambini. Più prudente quindi evitarne l'assunzione per la durata dell'allattamento esclusivo al seno, rimandandola a dopo il sesto mese (quando la dieta del bambino è costituita da almeno due pasti diversi dal latte materno).

Progestinici • I progestinici sono considerati compatibili con l'allattamento, anche se si consiglia di introdurli dopo le sei settimane dal parto, ad allattamento stabilizzato. La **minipillola** è un metodo normalmente poco diffuso perché offre garanzie contraccettive inferiori rispetto alla pillola (l'inibizione dell'ovulazione che determina non è completa). Se si considera però che il periodo dell'allattamento naturale è caratterizzato di per sé da una bassa fertilità, e che il tipo di ormone (progesterone) presente in questo farmaco non va a incidere né sulla produzione né sulla qualità del latte materno, si capisce che questo metodo, meno consigliabile in altre fasi della vita della donna, può rappresentare una buona scelta per il periodo dell'allattamento. Il **Nexplanon** (impianto progestinico sottocutaneo) offre il vantaggio di una contraccezione lunga tre anni, senza necessità di azioni routinarie da parte della donna né di specifici controlli.

Preservativo • Non comporta alcuna controindicazione né interferenza, è quindi generalmente il metodo contraccettivo di prima scelta in questa fase della vita di coppia.

UN PADRE PER TUTTI

Fare il padre

Il modello generazionale

Quale amore?

In caso di separazione o divorzio

Padre di figli non tuoi

FARE IL PADRE

Abbiamo già accennato nel primo capitolo al ruolo che può avere un padre nella vita dei figli quando la sua presenza non è soltanto simbolica ma concreta, quando cioè non si limita a essere padre ma fa veramente il padre. Se non è il capo autoritario che esercita un dominio e si limita a porre dei divieti, ma è una guida autorevole che aiuta i figli a crescere, a capire il mondo, ad acquisire sicurezza, autonomia e identità, allora un padre è veramente un punto di riferimento importante per un bambino che cresce. La madre ha un ruolo primario nel dare sicurezza, riconoscimento, affetto, ma il padre ha uno speciale potere nel rassicurare figli e figlie sul loro valore e nell'autorizzarli ad affermarsi, a intraprendere o, al contrario, nel frenarli, nell'inibirli. È vero che i padri tendono, in genere, a incoraggiare l'intraprendenza soprattutto nei figli maschi, che sentono più simili a sé; quando però riescono a incoraggiare le figlie e a trasmettere loro competenze e sicurezza, hanno il potere di renderle assai meno ansiose e più decise.

Durante i primi 6 mesi di vita, la fusione madre-bambino, funzionale alla sopravvivenza del piccolo, è evidente: la voce e l'odore della mamma suscitano reazioni di orientamento che altre voci e altri odori non suscitano. I volti però sono intercambiabili e un qualsiasi sorriso è sufficiente a indurre la risposta del sorriso.

Tra i 7-9 mesi i bambini mostrano invece di saper distinguere un volto dall'altro (tant'è che di fronte a un viso estraneo hanno reazioni di disagio) ed è generalmente in questo periodo, a volte anche prima, che il padre incomincia a essere percepito come "altro" dalla madre; una percezione che viene rinforzata dallo stile diverso che donne e uomini hanno nel trattare i bambini: lo stile maschile tende a essere più fisico (toccare, pizzicare, lanciare...) quello femminile è generalmente più intellettuale (vocalizzazione, presentazione degli oggetti...).

La presenza, in casa, di una o più persone diverse dalla mamma è uno stimolo cognitivo per il bambino, che è indotto a fare confronti, cogliere e reagire alle differenze, notare approcci diversi.

Quando il piccolo sente che mamma (fonte di sicurezza primaria) accetta papà, man mano nella sua mente la figura sociale del padre si delinea in uno spazio intermedio tra la familiarità tranquillizzante del corpo materno e l'eccitazione e il timore dell'avventura sociale. Il padre (o chi per lui) svolge il ruolo di ponte rassicurante tra la mamma, la culla, il noto, da una parte, e il mondo esterno, l'ignoto, dall'altra: i bambini sono meno timorosi di sbagliare, meno spaventati dalle novità.

Guida
Il padre ha un ruolo rassicurante tra il mondo conosciuto e l'ignoto.

COSÌ AIUTATE LA VOSTRA BAMBINA A CRESCERE

Se volete che vostra figlia, da grande, sia capace di affrontare il mondo esterno e non soltanto di vivere dentro casa senza sacrificare al tempo stesso nulla della propria femminilità, ecco 10 suggerimenti.

1. Non abbiate paura di coinvolgere la bambina in giochi o attività simili a quelli che fareste con un maschio: se non le piacciono ve lo farà capire.

2. Cercate di comprendere i suoi gusti, le sue inclinazioni.

3. Se verso i 4-5 anni la bambina mostra di prediligere la vostra compagnia e di voler escludere la mamma, fatele capire che per voi lei è importante, ma la mamma lo è altrettanto e non avete intenzione di "declassarla".

4. Evitate di fare apprezzamenti negativi sul suo fisico, in particolare nell'adolescenza.

5. Senza esagerare nei commenti, cercate di accorgervi quando la vostra bambina indossa un abito nuovo o si presenta con un look diverso dal solito: l'autorizzerete in questo modo a coltivare la sua femminilità.

6. Datele la possibilità di chiedervi dei consigli su questioni diverse, evitando frasi del tipo "non sono cose che voi donne potete capire".

7. Insegnatele ad affrontare e risolvere tutta una serie di problemi pratici (relativi all'economia familiare, le tasse, i rapporti con uffici, burocrazia, banche) affinché da adulta non debba dipendere da un uomo.

8. Uscire insieme, senza altre persone, può rappresentare, di tanto in tanto, un modo per aumentare le occasioni di comunicazione.

9. Meglio scherzare apertamente sulla gelosia che provate nei confronti del ragazzo di vostra figlia che negare questo sentimento quando c'è.

10. Abituatela a vivere e a destreggiarsi anche nel mondo sociale, non soltanto in quello familiare.

E SE IL PAPÀ ASSUME LE FUNZIONI DELLA MAMMA?

Ma che cosa succede nei casi in cui il papà assume le funzioni della mamma, magari prendendo un congedo lavorativo al posto della compagna o comunque assumendosi il peso maggiore delle cure parentali? Questi uomini diventano dei “mammi”? Che ne è della loro identità maschile? La funzione paterna ne risente?

Un primo dato significativo, emerso dall’analisi dei casi fino a ora studiati, è che gli interessati traggono da questa esperienza, che considerano impegnativa, una maggiore considerazione per le donne e per il ruolo materno. Un secondo dato è la consapevolezza spiccata del carattere eccezionale di questo loro impegno a tempo pieno e il bisogno di una qualche forma di riconoscimento. Un terzo dato è che la madre non è dimissionaria: anche se trascorre poco tempo col piccolo, le cure che gli fornisce continuano a essere di tipo “femminile”. Pur avendo un rapporto privilegiato col bambino, i padri a tempo pieno non s’identificano con le madri, “fanno” come la mamma, ma a loro modo, quasi sempre in maniera più approssimativa... L’identità maschile non ne risente. All’origine della scelta di questi padri c’è quasi sempre un’esigenza economica, tuttavia spesso si tratta di uomini a cui piacciono i bambini e che hanno avuto essi stessi dei “veri” genitori. I padri che cercano di usurpare il ruolo alla madre esistono, ma sono uomini che si sentono esclusi dal rapporto madre-figlio e che vivono una forte rivalità nei confronti della compagna.

L’importanza di papà
Quando i padri riescono a incoraggiare le figlie e a trasmettere loro competenze e sicurezza le rendono assai meno ansiose e più decise.

Viva la differenza!
Con la sua presenza e il suo diverso modo di relazionarsi con i figli, il padre rende tangibili le differenze di genere, permettendo ai bambini di avvicinarsi con gradualità alla varietà del mondo.

APPREZZARE LA DIFFERENZA

Un padre, con la sua presenza, il suo modo maschile di muoversi, parlare e giocare, offre al bambino la possibilità di sentire la differenza. Che cosa significa? Non si tratta tanto di "tagliare il cordone ombelicale", quanto di introdurre e di intercalare delle sensazioni nuove, sorprendenti, che non permetteranno al bambino di restare troppo a lungo nell'illusione che quanto egli conosce di sua madre sia la vita intera.

In questo senso il padre è la persona privilegiata per far gustare al bambino sensazioni differenti, anche se questo ruolo può essere svolto anche da un nonno, una nonna, una baby-sitter e naturalmente dai fratelli maggiori, che per il più piccolo sono percepiti come una fonte di eccitazione e sono accolti con entusiasmo.

L'inserimento del "differente" nella diade madre-bambino aiuta il piccolo a diversificare le sensazioni, i sentimenti, le immagini, le voci. Lo induce a prestare attenzione ai cambiamenti, a desiderarli e a non considerarli minacciosi. La voce paterna e le voci dei fratelli sono diverse da quella di mamma. Anche nei movimenti e nelle mimiche delle persone ci sono delle differenze evidenti. Crescendo il piccolo si abitua ad attendersi cose diverse da persone differenti. Si abitua al cambiamento e all'imprevisto.

IL MODELLO GENERAZIONALE

Man mano che ci si addentra nel ruolo paterno, diventa quasi inevitabile pensare al rapporto col proprio padre, riflettere sulle modalità di quella relazione e valutarla.

È stato un padre che possiamo utilizzare come modello, o è stato esattamente il tipo di padre che non vogliamo essere? Ci sosteneva e aiutava a crescere oppure era assente o capace soltanto di negare, sgridare, disapprovare?

Il tipo di relazione che abbiamo avuto con i nostri genitori può influire, nel bene e nel male, sul modo in cui ci relazioniamo con i nostri figli, possiamo però evitarne gli effetti negativi se riusciamo a valutare con sufficiente lucidità il nostro rapporto con loro.

Se siete soddisfatti del rapporto che avete avuto con vostro padre e

Ruoli
Spesso i padri hanno verso i figli maschi aspettative simili a quelle che i loro padri hanno avuto verso di loro.

volete essere il padre che lui è stato per voi, se il clima familiare era coeso e tutti s'impegnavano per il bene di ognuno, ci sono buone probabilità che, diventati padri a vostra volta, sappiate dare ai figli le cure, la guida e la disciplina necessarie.

Se invece la relazione con vostro padre è stata esattamente il contrario di ciò che avreste voluto, il rischio di ripetere alcuni degli errori che lui ha fatto con voi esiste, così come esiste il rischio di assumere posizioni estreme come forma di reazione-ribellione oppure come reazione alla paura di poter ripetere gli stessi errori.

Per esempio, se vostro padre era violento potreste, per timore di comportarvi nello stesso modo con vostro figlio, disinteressarvene fin dall'inizio, non lasciarvi cioè coinvolgere dalle cure parentali per "non combinare guai". E quando il figlio di un padre assente diventa padre a sua volta spesso avverte, nel contatto con i figli, una profonda nostalgia per il padre che non ha avuto. L'ideale consiste nel prendere ciò che vi è stato di buono nel rapporto non perfetto con vostro padre e trarre vantaggio dagli errori che lui ha fatto con voi.

Si tratta di buttar via il peggio e, riflettendo sugli aspetti negativi, adottare modi diversi e "nuovi" di interazione con vostro figlio, facendo però attenzione a non compiere l'errore opposto, per esempio diventando iperprotettivi, assillanti o troppo intrusivi.

QUALE AMORE?

Abbandonata la rigida connotazione autoritaria tipica dei padri del passato, spesso i padri contemporanei trovano faticoso conciliare affetto e autorevolezza. Non vogliono apparire “cattivi” e così preferiscono concedere tutto, senza limiti e restrizioni. In questa scelta sono anche incoraggiati dalla convinzione piuttosto diffusa e condivisa da molti che l’amore è tutto e può tutto: che se c’è l’amore non c’è bisogno d’altro. Il sovrainvestimento affettivo rivolto verso un figlio, però, intrappola i genitori nell’incapacità di diventare guide sicure e autorevoli.

Indubbiamente non è facile passare da un registro all’altro, dalle affettuosità alla severità, di punto in bianco. C’è però modo di prepararsi se si tiene conto che l’amore nei confronti dei figli è qualcosa di più di un sentimento affettuoso, che è anche una disposizione positiva che presuppone un certo saper fare, che ci sono forme diverse di amore per momenti diversi.

All’amore-tenerezza, che istintivamente ispirano i più piccini, si deve affiancare ben presto l’amore-fermezza. Nelle famiglie in cui si riesce a creare un giusto equilibrio tra queste due forme d’affetto i bambini trovano gli ingredienti necessari per il loro sviluppo. Imparano a distinguere i diversi momenti e le diverse situazioni. Comprendono che lo stesso genitore può essere affettuoso e comprensivo in determinate situazioni ma fermo e intransigente in altre. Sullo sfondo c’è la coerenza che proviene da regole e valori.

AMORE-TENEREZZA

Che cosa sia l’amore-tenerezza è facile da comprendere: è la capacità di rilassarsi e di essere affettuosi; è ciò che impedisce al nostro cervello di andare in tilt quando un bambino fa i capricci o si comporta in modo indisponente, di fare affidamento sul nostro istinto, di liberarci dalle numerose pressioni esterne, di essere veramente presenti per nostro figlio. È un sentimento che emerge facilmente con i bambini. Bisogna però consentirgli di svilupparsi. Non tutti sono stati allevati con tenerezza e ciò spiega perché alcuni genitori abbiano difficoltà ad essere affettuosi e rilassati con i figli.

Se i nostri genitori erano distanti o freddi è possibile che ci sentiamo a disagio e tesi in presenza dei bambini, soprattutto con i più piccoli. Abbiamo difficoltà a trovare la giusta vicinanza. Recuperare la tenerezza è però essenziale se vogliamo instaurare un buon rapporto con loro. Come fare? Un buon metodo, per iniziare, consiste nel coltivare l’arte di vivere il presente, ossia in quella dimensione spazio-temporale in cui i bambini sono immersi. Un adulto che sa vivere l'istante (abbandonando le preoccupazioni per ciò che deve ancora fare o che ha appena fatto o che è accaduto o che potrebbe accadere...) ottiene un contatto immediato con loro, per i quali l'avvenire è fuori portata e il passato è irrilevante. Un concetto che la romanziera Bernie McGill ha spiegato con queste parole: "Noi uomini e donne cresciuti siamo troppo concentrati su ciò che ci diciamo l'un l'altro; sulla nostra prossima mossa; non siamo abbastanza nel presente. I bambini hanno in sé una conoscenza superiore; sono più vicini alla radice delle cose; a ciò che è implicito e non detto". (da *La donna che collezionava farfalle*, Bollati Boringhieri 2011).

AMORE-FERMEZZA

Che cosa sia l'amore-fermezza è altrettanto semplice da capire anche se un po' più difficile da praticare: è la capacità di essere gentili ma fermi, affettuosi ma coerenti; è la capacità di individuare delle regole chiare, adatte all'età e alle caratteristiche di nostro figlio e poi di attenervisi senza arrabbiarsi e senza "offendersi", ma anche senza mostrarsi troppo arrendevoli, deboli o eccessivamente indulgenti. La presenza di regole dà ai bambini la percezione di solidità, una condizione che li fa sentir bene, sicuri e protetti. Ai bambini piace sentire che i loro genitori hanno il controllo delle diverse situazioni, che sanno che cosa è bene per loro e come bisogna comportarsi: sono abbastanza saggi da riconoscere di essere "piccoli", di avere cioè una conoscenza limitata della realtà.

Attenzione però! L'amore-fermezza è l'opposto dell'indifferenza e del maltrattamento e ha come obiettivo il bene dei bambini, la loro sicurezza, l'apprendimento graduale dell'arte di vivere, l'acquisizione di una progressiva autonomia e fiducia in sé stessi. È perché voglio bene a mio figlio che non lo lascio correre in mezzo al traffico, ma è anche perché gli voglio bene che gli insegno a rispettare gli altri.

Un buon genitore non ha difficoltà a mostrarsi fermo in diverse situazioni perché sa che la sua fermezza aiuterà il figlio a esercitare un maggiore controllo sui propri impulsi, a trovare soluzioni efficaci e, in ultima analisi, ad avere una vita più piena e serena. Non pretende di essere amato a ogni costo e momento per momento. È abbastanza forte da reggere gli inevitabili conflitti. Sa che i risultati di una buona educazione si vedono sui tempi lunghi, non nell'immediato.

IN CASO DI SEPARAZIONE O DIVORZIO

Giorgia, una bimba di 3 anni e mezzo, non vede il papà da circa 2 mesi, né ha avuto sue notizie. Sa che ora abita lontano e spesso invia un bacetto alla sua foto accanto al letto. Da qualche tempo ha però incominciato a parlare a un padre immaginario che conosce tutti i suoi segreti e spesso afferma che il suo vero papà è il nonno. All'età di Giorgia non ci sono problemi nel far coesistere elementi contrastanti. Trovarsi un altro papà – anche più d'uno – aiuta a compensare quello che si è perso. Quando alla fine il vero papà la chiama al telefono, Giorgia rifiuta di parlargli. Più tardi, però, chiede di potergli inviare una cartolina. Prendere l'iniziativa di rifiutare o accettare il contatto con il genitore lontano, le dà l'impressione di esercitare un qualche controllo sulle sue apparizioni e sparizioni.

La maggior parte dei bambini delle coppie divorziate vive con la mamma e ha dei contatti col papà. Attendere le visite o aspettare che lui telefoni sono esperienze comuni tra i figli dei divorziati. A eccezione di alcuni casi particolari, ai bambini fa bene incontrare regolarmente il padre. Sono soprattutto i più piccoli ad avere bisogno di visite regolari e non troppo distanziate nel tempo. Le relazioni che i più piccoli hanno con i genitori sono ancora in piena evoluzione e possono essere influenzate da un cambiamento improvviso. Una relazione stabile e rassicurante può tingersi di inquietudine se il genitore all'improvviso diventa più distante. La mancanza di contatti per giorni o settimane può disturbare un bambino piccolo più di quanto

Paura
Nei bambini c'è sempre la paura latente di poter essere abbandonati.
Il divorzio rende tangibile questa paura, caricandola spesso anche di sensi di colpa.

Piccoli
Sono soprattutto i più piccoli ad avere bisogno di visite regolari e non troppo distanziate nel tempo: una relazione stabile e rassicurante può tingersi di inquietudine se il genitore diventa più distante.

non disturbi uno più grande che ha ormai interiorizzato un'immagine stabile del genitore, che possiede maggiori meccanismi di adattamento (il linguaggio, la capacità di differire le gratificazioni) e tutta una gamma di relazioni e attività che gli consentono di sopportare meglio la separazione, anche se si tratta pur sempre di un'esperienza sgradita o dolorosa.

QUALE FAMIGLIA?

Se in passato il matrimonio era considerato una sistemazione per la vita e anche quando l'amore era finito si continuava a stare insieme, oggi l'intesa della coppia tende a prevalere sul vincolo matrimoniale: se lui e lei non vanno più accordo, la famiglia finisce per sciogliersi.

Il fenomeno delle separazioni e dei divorzi è in progressivo aumento ed è spesso caratterizzato dal coinvolgimento di bambini e adolescenti che, a seguito di questo evento, possono attraversare momenti di difficoltà e necessitare di attenzioni e cure particolari.

Secondo i dati dell'ISTAT, nel 2012 le separazioni nel nostro Paese sono state 88.288 e i divorzi 51.319. Sebbene in leggero calo rispetto al 2011 (rispettivamente - 0,6% e - 4,6%), entrambi i fenomeni sono notevolmente aumentati nell'arco degli ultimi decenni: se nel 1995 per ogni 1.000 matrimoni erano 158 le separazioni e 80 i divorzi, nel 2012 si arriva a 311 separazioni e 174 divorzi. Nel 2015, a seguito del "divorzio breve" si è verificato un ulteriore consistente aumento del numero dei divorzi, che ammontano a 82.469 (+57% sul 2014). Più contenuto è l'aumento delle separazioni, pari a 91.706 (+ 2,7% rispetto al 2014). Nel 2015, le separazioni per ogni 1.000 matrimoni sono state 339,8 e i divorzi 297,3.

Se a questo scenario si aggiungono le famiglie di fatto, le coabitazioni tra diverse generazioni, le famiglie adottive, quelle ricostituite e le cosiddette famiglie arcobaleno, bisogna prendere atto che ci troviamo di fronte a una gamma di tipologie familiari ampia, ognuna delle quali con caratteristiche e problematiche differenti.

LA PAURA DI ESSERE ABBANDONATI

Nei bambini c'è la paura latente di poter essere abbandonati e il divorzio rende tangibile questa paura.

L'intensità dell'emozione varia però in rapporto alle azioni e reazioni dei grandi. È massima quando vi è una forte conflittualità e i genitori non comunicano ai figli la loro decisione, non li rassicurano sul fatto che continueranno a vederli, mostrano di non avere il controllo della situazione. Uno dei compiti delle coppie che si separano è perciò quello di spiegare ciò che sta avvenendo. Un altro aspetto importante è non coinvolgere i figli nelle dinamiche sentimentali dei genitori, di non strumentalizzarli per "vincere" sull'ex-partner attraverso di loro. I figli devono poter assorbire questo cambiamento senza grosse scosse e perciò servono parole chiare e rassicuranti. Hanno bisogno di ritrovare al più presto la tranquillità e per questo serve anche saper tacere su particolari che possono turbarli o mettere in cattiva luce un padre o una madre a cui sono affezionati, in cui si identificano o di cui hanno bisogno per essere rassicurati sulla loro identità di maschio o di femmina. I figli che diventano i confidenti dei genitori devono reggere un carico troppo pesante per le loro spalle.

Traumi
Il genitore che se ne va sbattendo la porta può creare un vero e proprio trauma nel figlio, che si sente abbandonato e impotente, spesso responsabile di ciò che sta accadendo.

Rispetto e pazienza
Soprattutto nei momenti di tensione legati a una separazione, i figli vanno rassicurati e compresi: ci vogliono buone dosi di pazienza e di rispetto.

COME LO DICIAMO AL BAMBINO?

Un primo passo consiste nel comunicare che i genitori si separano. Il genitore che se ne va urlando e sbattendo la porta può creare un vero e proprio trauma; il figlio si sente abbandonato, impotente e qualche volta colpevole. Anche il padre o la madre che scompare per lungo periodo adducendo un viaggio, un impegno di lavoro, può generare angosce e tormenti.

Un bambino può pensare che non lo rivedrà mai più, che sia morto. Nel comunicare la notizia bisogna essere chiari ma non dilungarsi: generalmente i bambini sono troppo scossi per poter sentire altre spiegazioni. Si tornerà sull'argomento in seguito, rispondendo alle loro domande e chiarendo che loro non hanno alcuna colpa per quanto è accaduto. Le spiegazioni che i bambini si danno dei fatti che succedono rispecchiano ciò che diciamo loro oltre che la loro conoscenza del mondo e i loro bisogni emotivi. Un bambino di 4, 5, 8 anni, a cui non sia stata data la notizia della separazione o sia stata detta una bugia o una mezza verità, può pensare che papà se n'è andato perché lui non vale nulla, e questa considerazione può essere all'origine di autosvalutazione e aggressività.

SICUREZZA E COERENZA: DUE REGOLE D'ORO

Quando i genitori divorziano viene meno l'unità della famiglia e i figli devono ritrovare una nuova sicurezza e coerenza. Sono i genitori, che si separano, non i figli; quando però un genitore se ne va di casa, molti bambini pensano che sia per colpa loro. Se non si prendono alcune precauzioni, il divorzio può essere un'esperienza molto dissestante per i figli. Il modo in cui si dà loro la notizia della separazione è importante. Meglio farlo insieme, ma se non ci si riesce lo si farà individualmente spiegando al piccolo che si continuerà a vederlo, a volergli bene come prima e che la questione riguarda soltanto i genitori, che non vanno più d'accordo come un tempo. Anche i rapporti con gli altri parenti cui il bambino è affezionato (i nonni, gli zii) devono restare il più possibile inalterati. Bisogna evitare uno stato di conflittualità permanente con l'ex-coniuge e lotte in cui si strumentalizzano o manipolano i figli. I bambini non devono essere usati come messaggeri di notizie negative tra un genitore e l'altro, come arma di ricatto o come confidenti di problemi o angosce che, a causa della loro giovane età, non sono in grado di gestire. Gli adulti non devono coinvolgere i figli nei loro problemi: ci sono dei confini psicologici tra i membri di una famiglia che vanno rispettati. Anche se all'inizio ne soffrono, col tempo i figli accettano la separazione dei genitori come altri eventi poco gradevoli della vita, purché l'atmosfera sia serena e i rapporti spontanei. Si rendono anche conto che la loro non è l'unica famiglia divorziata e che altri bambini si trovano nella loro stessa situazione...

NON PIÙ COPPIA, MA SEMPRE GENITORI

Due genitori che si separano dovrebbero ricordarsi sempre che fra loro può finire l'affetto, il desiderio sessuale, il desiderio di costruire insieme la vita... ma c'è qualcosa che non potranno mai dichiarare finito: il proprio ruolo di genitore. Insomma, come coppia si può essere a tempo, genitori si rimane a vita.

Non possiamo mai dimenticarci che il figlio vede in entrambi i soggetti della coppia la propria matrice, la propria origine e, almeno per il tempo che sono stati uniti, la propria storia. Ogni atteggiamento volto a rimuovere, a calpestare questi valori non può

Rinsaldare i legami
Il legame con il genitore separato può deteriorarsi col tempo: è importante organizzarsi in modo da prevenire questa "deriva emotiva" nei figli.

Pensare ai figli
La separazione in accordo, in rispetto, in civiltà è un dovere dei genitori verso i figli, e l'unico vero modo per aiutarli a ricostruire un rapporto gratificante all'interno dei nuovi equilibri di coppia.

che essere vissuto negativamente dal figlio di separati. Questo vuol dire per esempio che ogni genitore ha sempre il dovere di offrire al figlio un'immagine di grande rispetto dell'ex-coniuge: in fondo lui è nato per un atto di amore che, sebbene concluso, c'è comunque stato.

Questo ricordo storico del "valore" della propria nascita non può mai essere intaccato da atteggiamenti denigratori, irrisori o di violenta condanna dell'ex-partner. Indurre sfiducia in uno dei due genitori, denigrandone l'immagine, genera sfiducia comunque anche contro il genitore "bravo" e questo destabilizza ulteriormente il bambino che incontrerà serie difficoltà a costruirsi un'integrità della propria immagine, le cui origini risultano così instabili e discutibili.

LE QUALITÀ DELL'AFFIDO CONDIVISO

La separazione in accordo, in rispetto, in civiltà, dunque è un dovere dei genitori per il figlio e l'unico vero modo per aiutarlo a ricostruire un rapporto gratificante all'interno dei nuovi equilibri di coppia creatisi. Come è possibile, in nome della salute del figlio, rivendicare la possibilità di distruggere ai suoi occhi l'immagine del padre o della madre lasciati?

Quanti figli contesi, usati come "prove legali" (quante richieste di certificati che documentino trascuratezza, scarsa attenzione alle cure mediche ecc.), quanta leggerezza e colpevole incoscienza da parte di un certo mondo forense nell'utilizzo della "prova figlio" per dimostrare la propria bravura di avvocato nello strappare più o meno sostanziosi riconoscimenti economici! Partendo dal presupposto, in genere universalizzabile, che quando una relazione finisce si ritrovano elementi di responsabilità da ambo le parti, cultura e intelligenza vogliono che ci si separi per presa coscienza dell'impossibilità (o comunque della non volontà) di proseguire il rapporto di coppia, ritenendolo non più gratificante e produttivo.

Il figlio crescendo avrà modo di analizzare e valutare questa scelta, rileggendola positivamente o negativamente, ma mai dovrà sentirsi frutto di un errore, nato da uno sbaglio, dall'unione di un soggetto "sano, valido, corretto" con un individuo "negativo, inaffidabile, scorretto" come qualche sconsiderato genitore – sostenuto dall'avvocato – ha cercato di fargli credere. E comunque, se anche il partner separato potesse connotarsi come "il peggiore dei delinquenti", non va mai dimenticato che l'essere genitore è di per sé un valore per il figlio, che rimane e deve essere rispettato indipendentemente da ogni valutazione etica o sociale.

Infine, poiché il legame col genitore che se ne va di casa – che nella maggior parte dei casi è il padre – tende a deteriorarsi nel tempo, la soluzione migliore, se praticabile, è l'affidamento condiviso: che non significa che i genitori debbano vivere insieme, né che i figli debbano passare metà tempo con l'uno e metà con l'altra (anche se questa tendenza continua ad affermarsi in molti paesi europei); significa che le decisioni relative ai figli vengono prese insieme, che i figli hanno accesso a entrambi i genitori, possono muoversi tra la casa di mamma e quella di papà, e che l'uno e l'altra sono responsabili dei figli in uguale misura. Se all'inizio, a causa del risentimento nei confronti dell'ex, non si riesce a essere obiettivi e a porsi dal punto di vista dei figli ci si può appoggiare a uno psicologo per un'opera di mediazione.

Genitori insieme
L'affidamento congiunto impone ai genitori di continuare a condividere le scelte e le responsabilità per i figli: una situazione spesso difficile da affrontare.

LA PAROLA ALLA LEGGE

SEPARAZIONE, DIVORZIO, AFFIDAMENTO

L'articolo 30 della nostra *Costituzione* sancisce che "è dovere e diritto dei genitori mantenere, istruire ed educare i figli". Ovviamente tale fondamentale principio sussiste anche in caso di separazione e divorzio dei genitori.

Sarà compito del giudice, in mancanza di accordo dei coniugi e prescindendo da valutazioni circa la responsabilità del fallimento familiare, regolamentare i rapporti fra genitori e figli, con esclusivo riferimento all'interesse morale e materiale di questi ultimi, sia per quanto concerne il loro mantenimento che l'affidamento.

La legge n. 54/2006, in ossequio del dettato costituzionale, ha previsto il diritto del figlio minorenne di mantenere un rapporto equilibrato e continuativo con ciascuno dei genitori, di ricevere cura, educazione e istruzione da entrambi.

L'obbligo di mantenimento dei genitori non cessa con la maggiore età del figlio, ma sussiste fino al raggiungimento dell'autonomia economica, e sempre in misura proporzionale alla propria capacità economica.

La novità più rilevante di questa legge rispetto alla precedente normativa concerne l'affidamento. La regola generale era quella dell'affidamento del figlio a un solo genitore che aveva su di esso la potestà esclusiva. Adesso la regola è quella dell'affidamento condiviso, cioè di entrambi i genitori, non escludendo però la possibilità di prevedere quale sia il genitore presso il quale il bambino coabiterà stabilmente.

La potestà genitoriale è esercitata da entrambi i genitori: le decisioni di notevole importanza quali, per esempio, quelle riguardanti la scelta del percorso scolastico, l'appartenenza a una confessione religiosa, i problemi di salute, i soggiorni all'estero e così via, sono assunte di comune accordo, tenendo conto delle capacità, dell'inclinazione materiale e delle aspirazioni del figlio.

Il Tribunale può comunque disporre l'affidamento del figlio a uno solo dei genitori qualora ritenga che l'affidamento all'altro sia contrario all'interesse del minore.

PADRE DI FIGLI NON TUOI

Col divorzio e la possibilità di risposarsi, un uomo può ritrovarsi a vivere con i figli della propria compagna, in maniera sia saltuaria che stabile.

Come comportarsi? È giusto far loro da padre? E, nel caso, come reagiscono i figli?

Non esistono risposte semplici e uguali per tutti, perché le situazioni variano in base all'età dei figli, al modo in cui hanno vissuto la separazione dei genitori, ai rapporti che esistono tra gli ex-coniugi, al maggiore o minore coinvolgimento del padre biologico nella vita dei propri figli e al carattere di ognuno. Un bambino di 8-9 anni può avere l'impressione di tradire il proprio padre se chiama "papà" un altro uomo o se gli consente di svolgere la funzione paterna. Un adolescente, che è alla ricerca dell'autonomia, mal tollera che un secondo padre gli dica come deve comportarsi a tavola o a che ora deve rientrare a casa. Una ragazzina che non ha perdonato alla madre di aver "cacciato" il padre può, per vendetta, assumere atteggiamenti seduttivi nei confronti del patrigno o creare tensioni affinché questi se ne vada. Ma ci sono anche casi opposti, di bambini che incoraggiano la madre a trovarsi un nuovo marito per poter avere una famiglia "regolare"; oppure figli adolescenti che, insofferenti dello stretto legame che dopo la separazione è venuto a crearsi con la madre, incoraggiano una nuova unione per sentirsi più liberi.

Un nuovo uomo non deve dimenticare che la compagna e i suoi figli hanno una storia familiare precedente che non può essere cancellata.

È importante anche rispettare i tempi di ognuno affinché i cambiamenti e la reciproca conoscenza avvengano naturalmente. Troppa fretta può compromettere il rapporto in modo irreversibile, in quanto un bambino può chiudersi a riccio e mettere in atto delle strategie difensive che generano una spirale di incomprensioni.

ERRORI CHE NON SARANNO PERDONATI

Certi errori che si possono fare con i propri figli, con i figli acquisiti assumono una risonanza diversa: un figlio che è sicuro dell'affetto del padre tollera più facilmente certe intemperanze in quanto le inserisce in un quadro complessivo che comprende non solo il presente ma anche il passato. Il figliastro, invece, non avendo un passato in comune col nuovo venuto e non conoscendolo a sufficienza, è meno propenso all'indulgenza e reagisce senza il filtro dell'esperienza e dell'affetto.

In un ampio studio sugli effetti del divorzio, le psicologhe Judith S. Wallerstein e Joan B. Kelly hanno trovato che nelle famiglie felicemente ricostituite non ci sono seri problemi e conflitti e il padre biologico mantiene il suo ruolo. Molti padri separati continuano a vedere i figli come prima.

I bambini, dal canto loro, si adattano e riescono a trovare uno spazio per il nuovo compagno della madre (o del padre). Alla domanda «Quanto spesso vedi papà?», Mirko (9 anni) risponde tranquillamente «quale dei due papà?», mostrando con questa semplice domanda di rimando di avere integrato entrambe le figure maschili nella sua vita.

Spesso poi i problemi nascono perché l'immagine ideale che uno ha del ruolo proprio e dei figli si discosta troppo dalla realtà.

Si può aspirare a essere un padre a tutti gli effetti e trovare difficile capire come il figliastro possa continuare a voler bene a un genitore che, ai suoi occhi, è insoddisfacente.

«Io voglio bene a Eleonora come a una figlia», dichiara Ubaldo, che da 8 anni vive con la madre della ragazza e che ha una figlia adolescente della stessa età di Eleonora, «e mi piacerebbe che vivessimo tutti insieme in una grande famiglia. Lei però si alterna tra la nostra casa e quella del padre, anche se lui non ha un grande interesse per lei».

In realtà, il nuovo partner deve accettare il legame dei figli per il genitore biologico, indipendentemente dalle proprie valutazioni.

Famiglie "allargate" Se vissuta in modo spontaneo e comprensivo, anche la paternità di figli non propri può diventare una fonte di gioia per tutti i componenti della famiglia "allargata".

CONFLITTI E RIVALITÀ

Il rapporto a volte è complicato da sentimenti di rivalità se il bambino (o ragazzo) assomiglia a suo padre ed è un continuo *memento* della precedente relazione della moglie.

Un padre acquisito dichiara così la sua difficoltà ad andare d'accordo con uno dei figli della moglie per la fortissima somiglianza che questi ha con il padre: «Occhi, naso, capelli (rossicci), lentiggini, occhiali e anche la voce sono esattamente quelli di suo padre, per cui ho la spiacevole sensazione di avere una fotocopia di quell'uomo per casa...». Se le iniziali difficoltà, gelosie e tristezze vengono superate, la nuova famiglia può trovare un suo assestamento e un suo equilibrio. Può anche rivelarsi positiva, per i figli, la maggiore indipendenza portata dal cambiamento, così come il senso di libertà e di benessere dovuto al fatto che in casa non ci sono più liti e tensioni continue. Ci può anche essere, a lungo termine, un ulteriore effetto benefico: una relazione tra due adulti che si vogliono bene e che si preoccupano del reciproco benessere e felicità può rappresentare, per un bambino o un ragazzo che emerge dai marosi di una unione non riuscita, un modello positivo.

Conflittualità
Spesso la presenza di un nuovo compagno accanto alla mamma permette di "ammorbidire" le tensioni esistenti con il padre biologico, diminuendo la pressione a cui sono sottoposti i figli.

QUALE RUOLO PER IL "TERZO GENITORE"?

Alcuni cercano di essere un supergenitore senza rispettare i tempi dei figli, altri, al contrario, evitano di costruire una qualsiasi relazione con i figli dell'altro; con queste posizioni estreme – l'una di eccessivo investimento e l'altra di nessun investimento – difficilmente si riesce a creare un'unità familiare.

Per riuscire a essere un patrigno efficace non è sufficiente la fortuna, bisogna anche riflettere. Un primo punto da considerare è che se il patrigno ha delle aspettative nei confronti dei figliastri, anche questi hanno un loro punto di vista su quello che deve essere il suo ruolo in famiglia.

Il nuovo rapporto nasce anche da un chiarimento delle reciproche aspettative.

L'amico • I bambini/ragazzi hanno già un padre: questo è vero anche se è morto. Quando hanno contatti regolari con il genitore separato, essi non hanno bisogno di un altro genitore; invece, nel ruolo di amico, si può fornire protezione e interessamento aggiuntivi. Diventare amico non significa che si debba andare d'accordo su tutto. È un'amicizia tra persone di età diversa, dove il più grande è un punto di riferimento. Offrire amicizia è assai meno minaccioso che subentrare nel ruolo di guida o di autorità. Costruendo il proprio ruolo sull'amicizia si dà ai figli il tempo per conoscerci.

Nuove unioni
Trovarsi di nuovo coinvolti in una relazione tra due adulti che si vogliono bene, può rappresentare un nuovo inizio per un bambino che emerge dal periodo nero legato a una separazione.

Una voce in più
Un nuovo adulto in famiglia può rappresentare una grande opportunità: può suggerire stili di vita diversi e stimolare abilità differenti nei bambini.

Il confidente • È un adulto disposto ad ascoltare. Questo ruolo è importante soprattutto con gli adolescenti, che spesso si sentono alienati dai propri genitori e non amano chiedere loro dei consigli. La normale irruenza di un ragazzo è causa di tensioni tra genitori e figli; offrendo altre opinioni e opzioni, un patrigno può smussare certe asprezze che ci possono essere nei rapporti tra genitori e figli, in particolare con il genitore dello stesso sesso. Bisogna però stare attenti a non sviluppare un'alleanza eccessiva e a non consentire di essere usato (dal figlio) per ferire il genitore biologico.

L'altro genitore • Se i figli sono molto piccoli o hanno scarsissimi contatti con il genitore separato, il patrigno può essere considerato un altro genitore vero e proprio. Il punto è capire che "altro" significa "in più", non "al posto di".

È importante trattare i propri figli e quelli del partner nello stesso modo: avere cioè aspettative analoghe nei loro confronti e rispettarli, anche se questo non significa che i sentimenti che si provano per loro debbano essere gli stessi. Comportarsi come un vero genitore con i figli dell'altro può anche comportare delle ferite psicologiche se si diventa emotivamente troppo attaccati a dei giovani che hanno i genitori biologici.

Il mèntore • Il suo ruolo è quello di insegnare, scambiare opinioni, pareri e informazioni che possano preparare un giovane alla vita. Al di là dei genitori serve a bambini e ragazzi avere altre figure di riferimento.

Il modello • Il mèntore insegna delle abilità specifiche, il modello insegna con l'esempio.

Un adulto in più in famiglia può suggerire stili diversi di comportamento e un'ottica nuova di guardare alla vita. Così, ciò che inizialmente può sembrare un problema nelle famiglie ricomposte – troppe differenze – col tempo, invece, può trasformarsi in un'opportunità. Il rovescio della medaglia è che il genitore separato può sentirsi sminuito o defraudato dal fatto che i suoi figli si ispirino a un'altra persona e l'apprezzino. La gelosia del genitore separato può influire sulla serenità familiare. Come patrigno si può ricadere in una di queste categorie e, a seconda delle necessità dei figli e degli adulti, si può adottare un ruolo o l'altro. Le richieste e le esigenze dei figli sono importanti, ma anche la coppia deve riflettere su quale ruolo sia più opportuno puntare in rapporto alla configurazione della famiglia (a tempo pieno o a tempo parziale), alle sue dimensioni e all'età dei figli.

Amici
Diventare amico di figli non propri significa assumersi un ruolo in cui si fa da punto di riferimento.

A
B
C
6
4

SAPER CRESCERE UN FIGLIO

Il tempo si trova
Una crescita tumultuosa
Alla conquista del mondo
La scoperta delle categorie
Lo sviluppo del cervello
Il linguaggio
L'età del no
Punizioni e disciplina
Troppo permissivismo non giova

IL TEMPO SI TROVA

Circa i 2/3 degli uomini che diventano padri affermano che il cambiamento più rilevante legato alla paternità consiste in una maggiore assunzione di responsabilità. Che cosa significa? Significa che si pensa di più alle conseguenze che le nostre azioni possono avere non soltanto su di noi ma anche sugli altri. Si pensa alla necessità di proteggere e guidare i propri figli nella crescita. Il che non vuol dire rinunciare alle amicizie, agli interessi e agli hobby, ma trovare il modo di ridistribuire il proprio tempo. Si entra in una nuova fase della vita e si scoprono aspetti dell'esistenza a cui non si era pensato fino a ora, ma non per questo meno rilevanti e gratificanti.

Ci si può anche trovare al centro di esigenze diverse e contraddittorie come quella di lavorare di più per poter mantenere i figli e passare più tempo con loro.

In vacanza
Il periodo più sfruttato dai padri per stare coi figli è quello delle vacanze. Tuttavia, una buona organizzazione degli impegni e un diverso ordine delle priorità può permettere ai padri di affiancare le madri nella vita quotidiana dei figli.

È evidente che non possono esistere regole uguali per tutti su questo punto: c'è chi riesce a trovare un lavoro che gli lascia anche del tempo libero e chi invece deve accettare lavori che assorbono molto tempo; c'è chi può prendersi un periodo di congedo e chi no; chi ha una compagna che lavora e chi ha una moglie casalinga; chi abita lontano dal posto di lavoro e chi invece non deve perdere tempo in spostamenti; chi può svolgere parte del lavoro a casa e chi invece deve svolgerlo completamente in ufficio. Qualunque sia la condizione in cui ci si trova, è sempre possibile, tranne casi eccezionali, trascorrere del tempo con i figli se ci si organizza e si stabiliscono delle priorità. Per esempio, se si torna tardi la sera, invece di guardare uno spettacolo qualsiasi in tv, decidiamo di dedicare una mezz'ora al piccolo, parlandogli, giocando, guardando insieme le figure di un libro o leggendogli una storia.

E ORA A NOI DUE!

Quando il bimbo sta seduto nella sua seggiolina, possiamo tenerlo accanto a noi mentre svolgiamo attività diverse. Può, per esempio, stare di fianco al computer, dormicchiando o guardandoci mentre lavoriamo.

Nel 1° anno di vita i bambini sono molto interessati ai volti, di cui scoprono sempre nuovi aspetti e dettagli.

Non è difficile comprendere la difficoltà che incontrano i bambini piccoli nel distinguere un volto dall'altro se pensiamo alla stessa difficoltà che abbiamo noi adulti quando dobbiamo distinguere e ricordare i volti di persone di altri gruppi etnici, come giapponesi, vietnamiti o cinesi; non essendo abituati a osservare, paragonare, differenziare i tratti somatici di individui diversi da noi, ci sembrano tutti uguali e li confondiamo facilmente.

Se durante la settimana siamo impegnati, gli dedicheremo del tempo nel week-end. Ciò che veramente conta, è che il tempo che passiamo con nostro figlio (o figlia) sia di buona qualità. Cosa significa? Significa stare insieme, condividere, partecipare, giocare, ascoltarsi a vicenda. Anche i figli possono insegnarci qualcosa. Osservandoli, assistendo alle loro scoperte, ascoltando le loro riflessioni libere da inibizioni e sovrastrutture, scopriamo lati dell'esistenza su cui non avevamo riflettuto o che avevamo dimenticato.

Giochi e socializzazione
Ogni periodo dell'infanzia è caratterizzato da diverse modalità di socializzazione, che si manifestano in modi diversi di giocare.

Apprendimento
Un adulto è una persona da osservare e da cui imparare, anche quando si è coinvolti in un'attività ludica.

DUE DIVERSI TIPI DI SOCIALIZZAZIONE

Ai bambini piace giocare con papà, questo però non deve farci dimenticare che devono giocare anche tra di loro. L'amicizia con gli adulti difficilmente può sostituire il coinvolgimento con coetanei e/o fratelli. Anche quando sono aperti e disponibili, gli adulti sono più abili, più esperti, più grandi e sanno più cose, e non sono mai, dal punto di vista psicologico, sullo stesso piano dei bambini. E i primi a saperlo sono i bambini stessi. Un adulto è una persona da osservare e da cui imparare, qualcuno che rappresenta una realtà sociale regolata in un mondo gestito da adulti. Fra bambini o ragazzi, invece, ci si relaziona alla pari: si pensa in modi simili, si condividono problemi ed esperienze, ci si sente più liberi di essere in disaccordo, di discutere e negoziare. Per dirla con le parole dello psicologo James Youniss, i rapporti dei bambini con gli adulti sono caratterizzati da reciprocità complimentosa: durante le interazioni, rispondono alle direttive degli adulti ed è più probabile che le seguano piuttosto che prendano iniziative proprie. I rapporti fra bambini, invece, sono caratterizzati da reciprocità simmetrica: tutti sono ugualmente liberi di contribuire con le proprie iniziative. Quando affrontano le controversie fra loro, i bambini devono fare concessioni, impegnarsi nella soluzione dei problemi: non c'è un adulto che stabilisca chi ha torto e chi ragione e imparano a difendersi. Quando sono fra pari, possono "imparare perdendo" (non si sentono giudicati) ed è più probabile che sperimentino comportamenti sociali diversi rispetto a quando sono coi grandi. Trovano i loro compagni più disposti ad accettare un insuccesso e cercano di farsi nuovi amici se vengono respinti. Si mettono alla prova e scoprono nuove abilità. Entrambe le forme di socializzazione sono importanti. Gli adulti li guidano a comprendere limiti, aspettative e diritti che esistono nella società; i coetanei alimentano il pensiero creativo, la sensibilità sociale e l'autonomia di giudizio.

I GIOCHI DEI BAMBINI

Il gioco non è un'attività vuota o priva di senso, ma è la base su cui sembra che si vada costruendo gran parte dello sviluppo cognitivo. Qualsiasi genitore che abbia osservato lo sviluppo del proprio figlio nel corso della prima e seconda infanzia sa che il gioco cambia in maniera molto visibile nel periodo che va da 1 a 7 anni.

Questi cambiamenti procedono insieme, in quanto i bambini evidenziano parecchie tipologie di gioco in qualunque momento, ma è possibile individuarne almeno sette, che si manifestano nell'ordine seguente.

Il gioco sensomotorio • il bambino di circa 12 mesi passa la maggior parte del suo tempo esplorando e manipolando oggetti, facendo uso di tutti gli schemi sensomotori che rientrano nel suo repertorio. Mette tutto in bocca, scuote gli oggetti, li ammucchia e li sposta sul pavimento. In questo modo arriva a comprendere ciò che gli oggetti riescono a fare.

I bambini un po' più grandi evidenziano ancora questo tipo di giochi con giocattoli oppure oggetti nuovi, ma è un'attività che si fa sempre meno frequente nel corso del 2° anno di vita.

Scoperte
I primi giochi servono a scoprire il mondo sensoriale e a imparare a distinguere gli oggetti.

Travestimenti
Il gioco di finzione, che compare nel bambino intorno ai 2 anni, è molto importante per promuovere la sua crescita cognitiva.

I giochi di movimento • attraversano tutta l'infanzia arrivano fino all'adolescenza e oltre. Sono giochi che rispondono a esigenze profonde dei bambini che per conoscere il mondo e acquisire sicurezza hanno bisogno di spostarsi, correre, saltare, prendere coscienza delle proprie forze e dei propri limiti, acquisire abilità e controllo del proprio corpo e dei propri movimenti. Facendo questi giochi spontanei in spazi aperti i bambini affrontano la paura, gli imprevisti, regolano le emozioni, risolvono i problemi, esercitano l'autocontrollo e acquisiscono sicurezza. Quando ci sono altri bambini i giochi di movimento, liberi e spontanei, sono il terreno ideale per socializzare.

I primi giochi di finzione • il primo segno del "far finta" si ha quando un bambino adopera un cucchiaio-giocattolo per "darsi da mangiare" o un pettinino-giocattolo per sistemarsi i capelli. I giocattoli vengono usati per il loro scopo reale (il cucchiaio per mangiare) e le azioni sono ancora orientate verso di sé, ma è presente la simulazione.

L'elaborazione con gli oggetti • tra i 15 e i 21 mesi avviene un cambiamento: ora il destinatario del "far finta di" è un'altra persona o un giocattolo. Il bambino adopera ancora gli oggetti secondo il loro vero uso (per esempio, beve da una tazza), ma la "bevanda" viene data a una bambola. Le bambole si prestano molto per questo tipo di simulazione, in quanto non c'è una grande differenza tra fare qualcosa per sé o per la propria bambola.

Non soltanto le bambole, ma anche altri personaggi o giocattoli come una macchinina o un trenino possono assolvere ad analoghe funzioni.

Altri giochi di finzione • tra i 2 e i 3 anni c'è un altro grande cambiamento nei giochi dei bambini, i quali cominciano a usare oggetti che rappresentano cose completamente diverse: pettinano i capelli della bambola con una bottiglietta, dicendo che si tratta di un pettine, usano una scopa come cavallo o fanno un treno con dei cubi. Le forme precedenti di questo gioco, in cui i giocattoli sono usati per il loro "effettivo" scopo (i cubi per costruire una torre) non scompare, ma tra i bambini di 4-5 anni il 20% del gioco libero implica questo nuovo e particolare tipo di finzione.

I bambini che giocano in questo modo per parecchio tempo hanno, anche a detta dei loro educatori, una maggior competenza sociale, sono più ricercati dai compagni e meno egocentrici. Ne ignoriamo i motivi, ma è noto che i giochi di finzione promuovono la crescita cognitiva.

Il gioco sociodrammatico • verso i 4-5 anni i bambini cominciano a interpretare delle parti o ad assumere dei ruoli. Giocano a papà e mamma, ai cowboy e agli indiani, al dottore e all'ammalato, al guidatore del treno e ai passeggeri. A volte, le storie che vengono rappresentate sono elaborate e i bambini ricavano un immenso piacere da queste loro fantasie. Inoltre, interpretando dei ruoli e facendo finta di essere qualcun altro, si rendono sempre più conto di come gli altri vedono e percepiscono le cose e il loro approccio nei confronti del mondo diventa meno egocentrico.

La consapevolezza dei ruoli • a 6 anni i bambini non solo creano delle "drammatizzazioni" elaborate, ma sanno anche descrivere e definire i ruoli che stanno interpretando.

Progettano il gioco per tempo o assegnano alle persone i vari ruoli mentre il gioco è in svolgimento. Questo cambiamento sembra riflettere un progresso cognitivo e non compare prima dei 6 anni.

I giochi con regole • fra i 6 e gli 11 anni i giochi di finzione cominciano a scomparire per lasciare posto a giochi complessi che hanno regole ben precise: il gioco con le biglie, il calcio, la "luna" e altri giochi analoghi.

Le prime forme di gioco possono far uso di regole create appositamente e in modo spontaneo, mentre all'epoca della scuola elementare i giochi hanno sempre più delle regole fisse e stabilite dal gruppo.

Gli adulti molto spesso associano la parola gioco ad attività "perditempo" e non produttive. Ma in realtà il gioco è il "lavoro" del bambino. Il punto chiave è che i bambini devono avere il tempo per giocare: un tempo in cui non guardano la televisione, non sono organizzati in attività strutturate dagli adulti e possono dare libero sfogo alla loro immaginazione.

Giochi di gruppo I bambini iniziano ad apprezzare e a sviluppare giochi complessi, con regole ben precise in un'età compresa fra i 6 e gli 11 anni.

RELAZIONI A PAGAMENTO

Massaggi, carezze, movimenti hanno grande valore e significato formativo quando però sono finalizzati e ricercati, quando sono cioè legati a precise esigenze e scelte del bambino e a suoi momenti esistenziali e relazionali veri; perdono invece gran parte del loro valore se vengono incasellati e codificati, se accadono perché si è programmato che si debbano fare e c'è quindi "l'ora delle carezze", "l'ora della ginnastica", "l'ora del massaggio".

Tutto questo lo sanno bene coloro che si occupano di riabilitazione e hanno da tempo ormai verificato quanto ben più produttivo per il recupero funzionale sia un determinato esercizio o movimento se si fa in modo che risulti legato a un bisogno e a una volontà precisa del paziente e non venga semplicemente fatto compiere iterativamente senza uno scopo reale e preciso. Questa dissociazione fra le attività e gli accudimenti quotidiani e l'uso del corpo "programmato" bene si evidenzia in alcune pratiche proposte oggi ai neo-genitori. La "ginnastica per neonati", "l'acquaticità", il "massaggio del neonato": in definitiva una serie di "sgambate", carezze e toccamenti a orario (e di solito anche a pagamento), come se tutto questo lavoro, questi contatti, questa comunicazione corporea, di cui certamente hanno bisogno il neonato e il genitore, non fossero già contenuti e previsti atavicamente nei normali accudimenti della giornata.

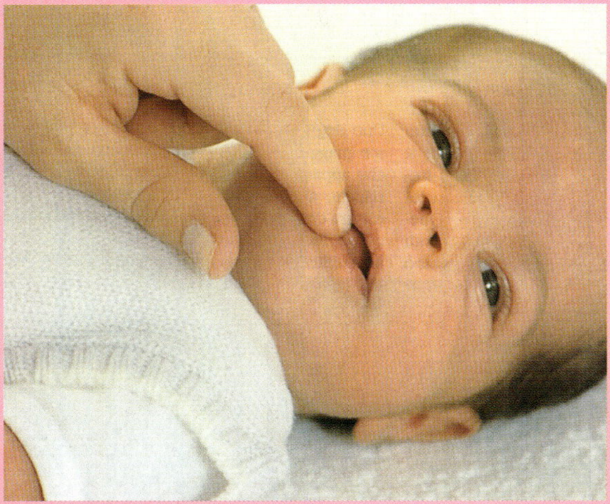

In altri termini: cambiare il pannolino al bambino, lavandolo e asciugandolo (e quindi inevitabilmente carezzandolo), "parlandogli" con lo sguardo e con la voce, come normalmente da sempre si fa (e quante volte durante la giornata quando il bambino è piccolo!!) non è forse il più bel massaggio con tanto di ginnastica che si possa immaginare per un neonato, senza "prenderlo in giro" con la recita degli oli appositi e dei gesti puntigliosamente ripetuti uguali a quelli del "docente" o del manuale (magari acquistato anche in dvd)?

Ma c'è anche un altro aspetto negativo in queste pratiche proposte oggi, quella che chiamerei la "tecnicizzazione" della normalità. È di gran moda conferire nomi e apparenze tecnologico-scientifiche a tutto ciò che riguarda il settore della salute, un po' perché si vende meglio e un po' perché la gente, sempre meno capace di cultura analitica e, oserei dire con un po' di pessimismo, sempre più lontana dalla cultura in generale, tende per pigrizia e ingenuità ad affidarsi

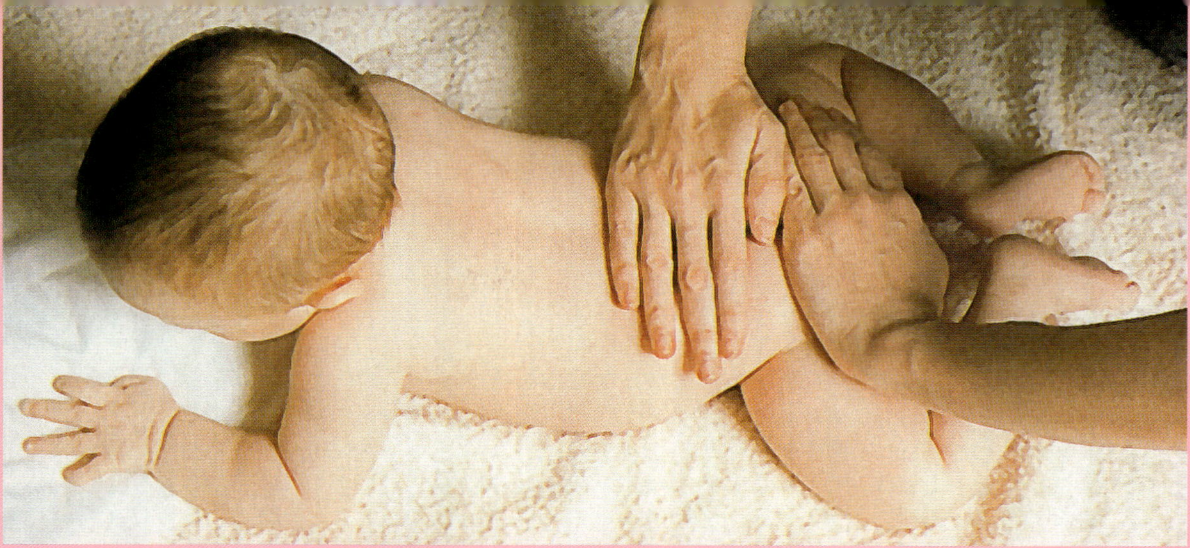

acriticamente alle cose che vengono spettacolarizzate, anche nei termini.

Ecco allora che le piccole, umili, non viste ma efficacissime esperienze della vita di tutti i giorni, che tutti avrebbero avuto gratis nel loro patrimonio culturale, vengono via via espropriate, travestendole da scoperte scientifiche, da pratiche filosofico-pedagogiche, con nomi altisonanti come jogging, fitness, manipolazione, acquaticità, psicomotricità, facendone appetibili oggetti di vendita. E, per rafforzarne il peso scientifico, per queste pratiche ci vuole anche il certificato medico! Questo travestimento fa male al portafoglio e ancor più alla possibilità di essere autonomi nella gestione della propria salute. Costringe alla ricerca e alla dipendenza dalle prescrizioni degli specialisti… anche quando vogliamo carezzare un neonato, col timore di non saperlo altrimenti fare!

Ai genitori si dovrebbe ricordare che ciò che conta non è la "tecnica" della carezza ma il contenuto del messaggio che vi si accompagna, e che quando si vanno ad applicare, da neofiti, fascinose tecniche di toccamento apprese in speciali corsi, c'è il rischio di non comunicare assolutamente nulla o peggio solo ulteriori timori, imbarazzi, insicurezze.

L'unico aspetto positivo in queste tecniche così di moda è che richiamano l'attenzione sul bisogno di relazionare col corpo in termini di contatto, tono muscolare, esperienze posturali ecc. e questo particolarmente all'inizio della nostra vita.

Ma tutto questo si potrebbe spiegare e ricordare ai genitori senza far loro credere che debbano "specializzarsi" e senza doverlo chiamare *skin-to-skin* (cioè pelle a pelle), che fa tanto tecnico, esperto!

Saprebbero allora essere certamente più intensi nella comunicazione, lasciandosi guidare dalla personale capacità di relazionarsi fisicamente col bambino, senza tecniche speciali, ma semplicemente accudendolo con affetto e disponibilità nei suoi tanti bisogni quotidiani; sapendo di fare così non una cosa banale e vuota ma anzi estremamente ricca di valori e produttiva. E finalmente la vera cosa banale diventerebbe il portarlo al corso di massaggio!

UNA CRESCITA TUMULTUOSA

Nel suo 1° anno di vita il bambino compie cambiamenti profondi e sconvolgenti. È un periodo molto intenso, fondamentale per le conquiste motorie e comportamentali, ed è in questa fase che si pongono le basi dei tanti comportamenti successivi. Inizia per esempio l'apprendimento del linguaggio verbale e inizia anche la capacità di esplorazione dell'ambiente, col raggiungimento graduale di abilità sempre più articolate. Si struttura poi il dialogo con gli altri esseri umani, dialogo che durerà tutta la vita.

In questo anno il corpo del bambino viene vissuto dal bambino stesso con assoluta centralità: egli valuta il mondo e gli altri esseri umani esclusivamente in rapporto con il proprio corpo, attraverso le modalità di soddisfazione o repressione della sua ricerca del piacere. Il bambino sperimenta attraverso l'uso del corpo la possibilità di "fidarsi" degli altri, in quanto riescono a soddisfare o meno i suoi bisogni. Questa "fiducia" che si stabilisce durante il 1° anno di vita, costituisce la base di ogni solido rapporto con gli altri esseri umani.

All'età di 12 mesi però il bambino sarà in grado di esprimere al meglio tutte le sue potenzialità solo se il suo corpo sarà stato rispettato e non costretto ad assumere posizioni non sincrone col suo grado di maturazione, potendo così sperimentare ed esplorare con facilità e "libertà" l'ambiente che lo circondava. L'intervento diretto dell'adulto nelle prime fasi dello sviluppo motorio (rivoltare il bambino, metterlo seduto o in piedi, farlo camminare) non è in definitiva una condizione predisponente per l'acquisizione di queste fasi. In condizioni ambientali favorevoli il bambino riesce comunque da solo, di sua iniziativa, a rivoltarsi sulla pancia, rotolare, strisciare, spostarsi a quattro zampe, sedersi, mettersi in piedi. Per "condizioni ambientali favorevoli" si intendono quelle situazioni in cui il bambino ha la possibilità di sperimentare le proprie capacità e lo spazio circostante e ha trovato sicurezza nel rapporto con gli adulti, soddisfazione dei bisogni primari e accudimento "amorevole". Ogni bambino "sa" quando iniziare una nuova serie di movimenti, per cui è inutile costringerlo in posizioni che non è ancora in grado di assumere spontaneamente. Imporre al bambino delle posizioni per le quali non è o non si sente pronto vuol dire costringerlo a mantenere queste posizioni con un equilibrio tonico e muscolare disorganizzato, immobilizzandolo in parte o totalmente. Si impedisce cioè la sua autonomia, lo sviluppo di esercizi motori intermedi, la sua possibilità di "scelta strategica" del movimento, del coordinamento e dell'equilibrio. Intervenendo, di fatto si nega al bambino la possibilità di provare quei movimenti attraverso i quali arriva a sentirsi sicuro. Non lasciare il bambino "libero" di provare le sue possibilità, a lungo andare non solo non favorisce il suo sviluppo, ma può disturbarlo. È pur vero, però, che i bambini sanno difendersi, con pianti e proteste, se li forziamo ad assumere posture sbagliate.

Al momento della nascita il bambino è un individuo dotato di potenziali capacità di contatto con l'ambiente, può recepire vari stimoli sensoriali (suoni, luci, colori, voci, volti umani) ed esprimere il suo disagio o la sua soddisfazione con il pianto e l'attività motoria.

Ogni neonato è tuttavia completamente diverso dagli altri: nell'aspetto, nelle sensazioni, nelle caratteristiche del movimento e del sistema neuromuscolare, nelle reazioni ai vari stimoli e nel rapporto con la madre e gli altri adulti.

Nell'acquisizione di una certa abilità motoria intervengono tre fattori fondamentali: il sistema nervoso, che assicura la programmazione del movimento, le ossa, i muscoli e le articolazioni che ne assicurano l'esecuzione, le condizioni ambientali che ne creano la motivazione. Ciascuno di questi ha una sua struttura e un suo ritmo di evoluzione. Il percorso individuale seguito da ciascun bambino deriva dalle differenze nello sviluppo di ognuno di questi fattori.

Si comprende allora che qualunque descrizione di un bambino "normale" si riferisce alla media dei bambini e non a ogni specifico bambino. Non ci dobbiamo dunque aspettare che nostro figlio si adegui perfettamente alle tappe descritte nelle tabelle di sviluppo.

Libertà di sviluppo
Un bambino di un anno potrà esprimere al meglio tutte le sue potenzialità motorie solo se lo sviluppo del suo corpo sarà stato rispettato, e non forzato in posizioni e movimenti non adeguati al suo grado di maturazione.

VARIABILITÀ DELLO SVILUPPO

Nello sviluppo non ci sono tappe ben definite, uguali per tutti e c'è una notevole variabilità da un bambino a un altro. Vi sono però dei limiti in questa variabilità, per cui certe funzioni non possono essere apprese se non ne sono prima comparse altre: per esempio, certe reazioni di equilibrio sono preliminari indispensabili alla capacità di camminare. Anche i tempi di acquisizione delle varie funzioni variano notevolmente da bambino a bambino (mediamente si sta seduti verso i 6-7 mesi, ma alcuni bambini già lo fanno a 5 e altri ancora vi riescono solo verso i 9-10 mesi). Non deve quindi preoccupare un lieve "ritardo" (o supposto tale) nell'acquisizione di certe capacità. In generale conta più la qualità delle diverse funzioni che non i tempi delle loro acquisizioni (salvo ovviamente ritardi particolarmente sospetti come il non saper star seduti ancora a 1 anno). E questo vale anche per lo sviluppo del linguaggio: la maggior parte dei bambini pronuncia la prima parola intorno ai 12 mesi e a 2 anni possiede un piccolo repertorio di vocaboli. Sono però del tutto normali quei bambini che a 2 anni pronunciano 3 o 4 parole e solo dopo i 2 anni e mezzo incominciano a incrementare il loro vocabolario che aumenterà rapidamente nei mesi successivi. È più importante valutare se il bambino capisce e si fa capire, piuttosto che la quantità di parole dette e la loro epoca di comparsa.

Scoperte Le prime scoperte del bambino che riguardano se stesso sono di carattere fisico: le mani, i piedi, sono oggetti che gli appartengono, che guarda con interesse e inizia a usare in modo cosciente.

Progressi
Man mano che il cervello si sviluppa, il mondo diventa un insieme di sensazioni sempre meno confuse e il neonato comincia a riconoscere forme e suoni.

PROGRESSI

Cercate di non essere assenti nei primi tempi della vita di vostro figlio, vi perdereste lo spettacolo di una crescita tumultuosa. Un neonato, alla nascita, non sa quasi nulla del mondo, è poco capace di comportamenti volontari e deve imparare tantissimo. La crescita fisica, la grande capacità di assimilare, osservare e cogliere rapporti tra gli oggetti, le persone, gli eventi lo trasformeranno via via.

I progressi di un lattante vanno di pari passo con la maturazione del suo cervello. Qualcosa sta cambiando: il mondo è sempre meno un insieme di sensazioni confuse, il piccolo dà segni di riconoscere forme, modelli e strutture esterne e di cogliere alcuni rapporti tra le sue diverse sensazioni. Scopre, per esempio, che quelle manine che si agitano davanti ai suoi occhi gli appartengono e allora le guarda con interesse, le muove e sorride, le usa per toccare un giocattolo, un piccolo pupazzo posto all'interno della culla.

Incomincia anche a collegare i suoni, gli odori, i gusti con i rispettivi oggetti e alcune sensazioni con parti del suo corpo. Si rende conto, per esempio, che tenere un braccio per aria dà una sensazione diversa dal tenerlo abbassato.

Col passare dei giorni e lo sviluppo del sistema nervoso, riesce a mantenere certe posizioni non solo con la testa, il busto, le braccia e le gambe, ma anche con parti più piccole del corpo: inizia a fare smorfie con i muscoli del viso; produce suoni esplosivi con la bocca perché riesce a tenere le corde vocali in una certa posizione; può mettere a fuoco oggetti e persone collocate a diverse distanze.

Esperienze eccitanti
Una volta scoperto il proprio corpo, e imparate le relazioni col mondo esterno, "volare" tenuti saldamente da una mano fidata diventa un gioco eccitante.

UNA CONQUISTA ALLA VOLTA

Se alla nascita afferrava un nostro dito con un gesto riflesso quando gli sfioravamo il palmo della mano, crescendo lo afferrerà intenzionalmente, per toccarci, per tenerci accanto a sé, per giocare. Le prime forme di movimento volontario sono però rigide e impacciate, molto diverse da quelle messe in atto da un bimbo più grande o di un adulto: hanno un andamento a scatto, da burattino. Via via che passa il tempo incomincia a cogliere sequenze, trasformazioni, transizioni graduali di cui prima non aveva percezione: mentre nelle settimane precedenti una voce che cambiava tono era per lui un'altra voce, un giocattolo che si spostava sul pavimento da un lato all'altro della stanza era un altro giocattolo, ora si rende conto che in realtà si tratta sempre della stessa voce, che nella stanza non ci sono vari giocattoli (a seconda delle posizioni occupate dall'oggetto) ma uno soltanto. Questa nuova capacità di comprendere che alcune trasformazioni, movimenti e posizioni appartengono alla stessa persona o oggetto, introduce un cambiamento nel suo mondo dandogli una maggiore stabilità (la voce è sempre quella del padre sia quando è alta che quando è bassa, il giocattolo è sempre lo stesso anche quando cambia posizione). Il salto evolutivo che vostro figlio sta facendo può creargli qualche insicurezza e può avere perciò bisogno di rassicurazioni supplementari. In futuro ci saranno altri momenti di incertezza. Se condividete con lui le scoperte che sta facendo lo tranquillizzate e accelerate il suo processo di apprendimento.

Ora che vostro figlio è entrato nel mondo delle transizioni graduali (intorno alla 12ª-13ª settimana), ora che riconosce le continue trasformazioni di ciò che vede, ora che sa che un oggetto resta uguale anche quando si muove, cambia posizione, perde o acquista luminosità ecc. noterete che i suoi movimenti sono più morbidi, meno legati o a scatti; il che va di pari passo con un migliore controllo del corpo. Nel protendersi verso un giocattolo è più coordinato di prima. Anche i movimenti della testa diventano più fluidi e variano in velocità. Gli occhi focalizzano meglio ciò che guardano e la capacità visiva è ora simile a quella dell'adulto. Non aspettatevi però che segua cambiamenti complessi o in rapido movimento dall'alto in basso o da destra a sinistra, questa abilità si manifesterà tra qualche settimana: per il momento, quando muove una mano, farà una piccola pausa prima di cambiare direzione.

Realtà
Con l'esperienza il bambino riconosce l'identità di ciò che manipola.
La continuità che osserva dà maggiore stabilità a un mondo che credeva in continua mutazione.

ALLA CONQUISTA DEL MONDO

Verso i 4-5 mesi il bambino incomincia a percepire e a registrare brevi sequenze familiari, a comprendere il succedersi di alcuni eventi, a produrre lui stesso delle sequenze di comportamenti: una capacità che rappresenta un passo ulteriore e che influenzerà il suo comportamento.

Ora può ripetere lo stesso movimento più volte di seguito, può scuotere un giocattolo da destra a sinistra, dal basso in alto, spingerlo, sbatterlo, colpirlo. Oltre a ripetere lo stesso movimento, può compiere con una certa scioltezza dei movimenti in sequenza: per esempio, afferrare un giocattolo e poi trasferirlo nell'altra mano, oppure portarselo alle labbra per saggiarne la consistenza. Può anche girare e rigirare tra le mani un giocattolo esplorandone ogni lato – con vero spirito scientifico – o giocare con un telefono finto, inserendo un dito in un buco. D'ora in avanti lo vedrete sempre più impegnato ad analizzare gli oggetti che gli capitano a tiro: lo vedrete intento a scoprirne ogni caratteristica e possibilità, ad avvicinarli e allontanarli da sé con movimenti via via più calibrati e controllati.

Un po' di libertà
Diventare autonomi nei movimenti è la più grande conquista del bambino piccolo, finalmente non dipenderà più dagli altri se vorrà avvicinarsi agli oggetti, aprire cassetti o studiare un giornale: il mondo è finalmente a portata di mano e di curiosità.

Non soltanto gli oggetti, ma anche le vostre azioni e il suo corpo sono al centro della sua attenzione, così come quella gamma di fonemi che fanno parte del patrimonio genetico e che sono comuni ai bambini di tutto il mondo.

Se prima non distingueva i suoni prodotti da lui da quelli prodotti da voi o da altre fonti sonore, ora sa con certezza di poter produrre suoni diversi.

Soddisfatto e divertito ripete la stessa sillaba più e più volte (ma-ma-ma, da-da-da, pa-pa-pa ecc.).

LA CRESCITA CONTINUA A RITMO SERRATO

A 7-8 mesi lo vedrete impegnato in altre nuove attività. Forse incomincia a muoversi carponi, ma anche se non è così è però molto più mobile di prima grazie al migliore coordinamento di braccia e gambe. Può anche cogliere un numero crescente di rapporti che legano gli eventi tra di loro. Uno dei rapporti che percepisce sempre più chiaramente è la distanza tra le cose. Noi adulti la diamo per scontata, ma per lui è una grande scoperta che determina un radicale cambiamento di prospettiva e che può dare origini a uno stato di inquietudine. Noi notiamo che è "nervoso" ma non sempre ci rendiamo conto del motivo del suo nervosismo, ossia del fatto che per lui il mondo sta cambiando un'altra volta...

Attenzione
Con le mani libere, il mondo può essere afferrato e manipolato con attenzione.

Il bambino piange più di frequente quando si accorge che il suo mondo è diverso da come è stato sino a quel momento. Vorrebbe raggiungere un giocattolo su un armadio, ma non può; voi siete nella stanza accanto, vi sente ma non può vedervi, vuole raggiungervi ma non ci riesce e anche se comincia a muoversi carponi o a trascinarsi sul pavimento si rende conto che voi potete percorrere le distanze velocemente. Sono scoperte che creano frustrazione e disappunto. In seguito imparerà a valutare le distanze tra sé e le cose che desidera, a organizzarsi e a muoversi negli spazi familiari.

ESPLORARE DIVENTA UN GIOCO

Per il bambino piccolo è gioco il contatto con la persona che se ne prende cura, è gioco il tendere e ricondurre a sé le braccia e le gambe, seguire con lo sguardo i movimenti delle mani, toccare e impossessarsi degli oggetti, ripetere e ascoltare suoni, lavarsi, vestirsi, mangiare ecc. Il lattante gioca con il seno della madre e con il proprio corpo. Lo esplora, porta i piedi alla bocca, gioca con i genitali. È tipica di quest'età un'attività ludica nella quale le emozioni e le sensazioni sono strettamente collegate con il movimento e con la manipolazione. Con un lattante dunque l'adulto non deve tanto preoccuparsi di quali giocattoli proporgli, ma sarà gioco favorire l'esplorazione di sé e dell'ambiente circostante, semplicemente attraverso le normali pratiche e attività quotidiane. È attraverso le esperienze sensoriali che il bambino valuta le caratteristiche delle cose e costruisce la sua rappresentazione del mondo. Sono più comprensibili per lui i gesti e le parole inseriti nell'emozione dell'azione, che non i gesti o le parole astratte e distanziate dalle emozioni e dagli atti.

Lo vediamo in attività che sono anche piacere: tocca, afferra oggetti, li agita, ne ascolta i rumori, li sposta, vi scivola dentro investigando lo spazio in ogni lato e intanto apprende forme, dimensioni, relazioni di spazio e di tempo, rapporti di causa ed effetto, coordina i movimenti.

Caccia grossa
Diventato libero nei movimenti, il bambino piccolo vorrà esplorare tutto ciò che può raggiungere: tenterà la fuga dal lettino o dalle stanze in cui sarà confinato, scoprirà il piacere del perlustrare nuovi spazi.

LA SCOPERTA DELLE CATEGORIE

Un altro sensibile cambiamento dal punto di vista della comprensione del mondo si verifica verso i 9-10 mesi. Cambia nuovamente il modo di percepire le cose, i rapporti. Poiché ora il bambino nota differenze e somiglianze che prima non notava, lo vedrete analizzare con cura un oggetto o ascoltare con attenzione un suono o una frase. Anche nei confronti del cibo può avere un atteggiamento estremamente curioso, cerca di capire in che cosa si rassomigliano e in che cosa si diversificano i diversi alimenti.

Nota le affinità e le differenze e incomincia a raggruppare le cose che si assomigliano e a pensare per categorie. Per esempio, capisce che un cane è sempre un cane indipendentemente dalla taglia, dal colore, dal fatto che abbia il pelo lungo o corto e capisce anche che un gatto non è un cane. Si rende conto di appartenere allo stesso genere della mamma e del papà e di poter muoversi nello stesso modo, che può imitarvi e che voi potete imitare lui. Comprende che altre cose o animali si muovono in modi differenti e che molte cose non possono muoversi da sole.

Non appena acquisisce la capacità di raggruppare realtà simili e di suddividere il mondo in categorie, si applica attivamente a questo compito: non solo analizza cosa fa di qualcosa un cane, una mamma, un'automobilina, ma anche che cosa le rende grandi, piccole, leggere, pesanti, buone, cattive e così via.

Nuovi sviluppi cerebrali
Il cervello diventa sempre più complesso e permette al bambino di notare affinità e differenze e raggruppare oggetti, parole, persone e animali.

LO SVILUPPO DEL CERVELLO

La sua mente è sempre più impegnata ad analizzare, codificare e a cogliere raffronti. Quando inizierà a parlare potrete accorgervi che ha già scoperto molte delle categorie che noi usiamo e per cui abbiamo dei termini linguistici. Potrete anche rendervi conto che ha inventato dei nomi "suoi" per una serie di categorie. Per esempio, ciò che per noi è il pollaio per lui è "la casa delle galline", quella che per noi è una felce per lui è "un albero con le piume". Queste definizioni rivelano un lavoro mentale di confronto e analisi tra le caratteristiche degli oggetti che più colpiscono la sua attenzione. Se consideriamo queste scoperte infantili delle banalità non riusciamo a capirne la portata; si tratta, in realtà, di scoperte rivoluzionarie che incidono su tutti i sensi – vista, udito, olfatto, gusto e tatto – e che insegnano cose nuove sul mondo, sulle altre persone e anche sulle proprie emozioni.

Grazie a questo cambiamento d'ora in avanti nostro figlio potrà cogliere un numero crescente di relazioni e di differenze e orientarsi sempre meglio nel suo ambiente e nella lingua materna.

Può parlare o non parlare, ma incomincia a capire le cose che gli diciamo e alcune delle cose che gli adulti dicono tra loro.

Se osservate con attenzione noterete abilità nuove in diverse manifestazioni quotidiane, che vi sorprenderanno per l'intelligenza che rivelano. Ecco un esempio.

I libri illustrati
Non appena acquisisce la capacità di raggruppare realtà simili e di suddividere il mondo in categorie, il bambino si applica attivamente a questo compito: analizza e osserva con attenzione animali, persone e oggetti. I libri illustrati, che mostrano il mondo a portata di mano, sono una fonte inesauribile di stimoli.

Ilaria, 9 mesi e mezzo, è in braccio alla nonna quando sente un passante in strada chiamare ad alta voce “Marcello”. Marcello è anche il nome del suo papà. In quel momento Ilaria non può vedere né il passante né Marcello e tanto meno il suo papà che è al lavoro, guarda la nonna e dice “no papà!”. Questa semplice esclamazione, convinta ma anche alla ricerca di conferma, nasconde un ragionamento che, implicando un’esclusione e alcuni rapporti, ha una sua complessità: Marcello è il mio papà, la persona in strada che chiama Marcello sta rivolgendosi a qualcuno che non è il mio papà, il nome “Marcello” può essere usato per più persone.

Come già accaduto per altri cambiamenti di rilievo verificatisi nei mesi precedenti, anche l’ingresso nel mondo delle categorie può essere all’origine di turbamenti e insicurezze, perciò, se notate che il bimbo ora è più dipendente del solito, non pensate che il suo carattere stia peggiorando o che stia diventando pauroso, pensate invece che la sua intelligenza si sta sviluppando, che sta vedendo il mondo da una prospettiva nuova e cerca di padroneggiare nuove capacità.

Aree cerebrali
La tomografia computerizzata con emissione di positroni (PET) è una tecnica radiologica che permette di visualizzare (con colori sempre più vivi) le parti del cervello che vengono attivate da vari tipi di stimolazione o di attività. Qui vediamo (dall’alto in basso) le zone della corteccia cerebrale stimolate dai suoni, dalle immagini visive, dall’attività vocale e da quella riflessiva.

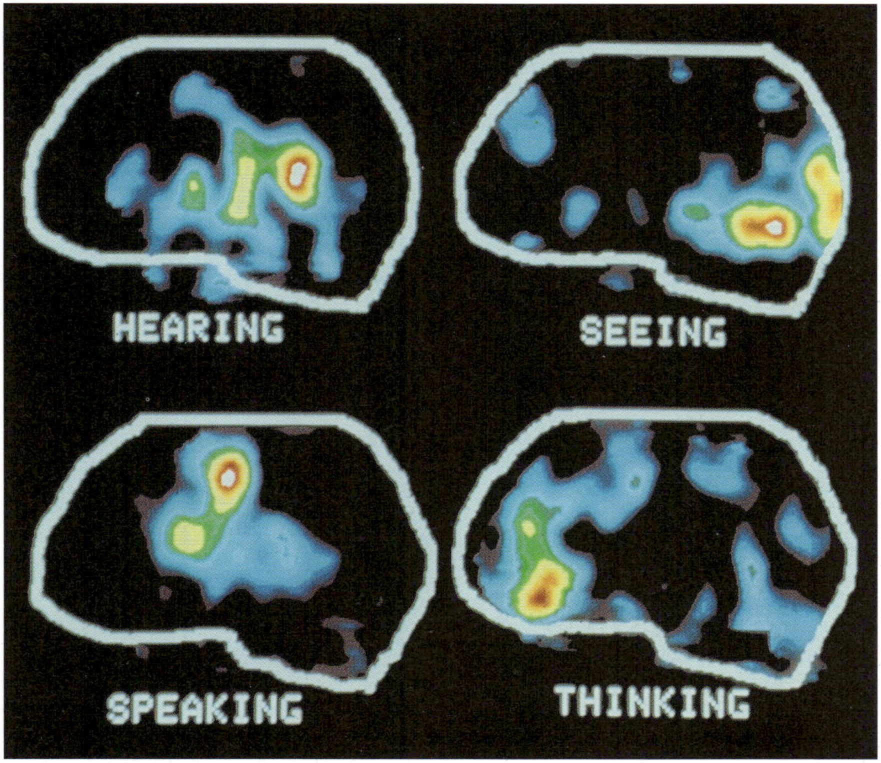

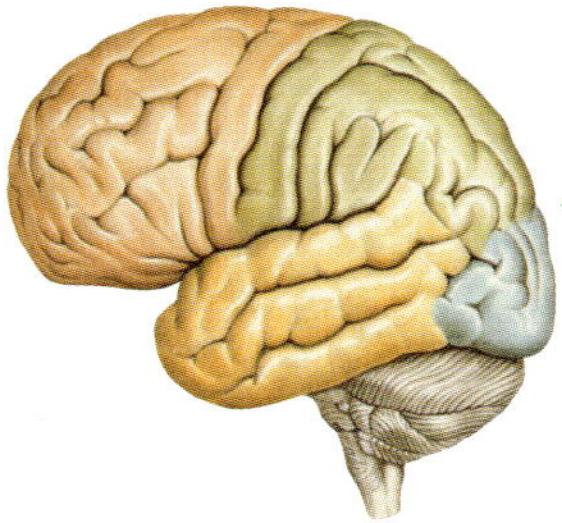

Suddivisione cerebrale
Nel disegno qui sopra, il cervello è colorato in modo diverso per mettere in evidenza le zone caratterizzate da differenti funzioni:

- lobo frontale
- lobo parietale
- lobo occipitale
- lobo temporale

In grigio, il cervelletto, fondamentale nello sviluppo motorio.

IL SUO CERVELLO LAVORA

Nei primi anni di vita il cervello di un bambino rassomiglia molto a quello di altri primati: i suoi neuroni e i suoi circuiti nervosi sono simili a quelli di uno scimpanzé o di un gorilla ma la corteccia cerebrale presenta caratteristiche uniche. Le aree associative, che connettono tra di loro le diverse aree che decodificano i messaggi sensoriali (tattili, visivi, uditivi ecc.), hanno uno spazio maggiore negli esseri umani, la corteccia frontale è più espansa e anche diverse aree del cervelletto hanno un maggior sviluppo. Nelle prime settimane di vita la sopravvivenza e i comportamenti di un lattante dipendono in gran parte dall'attività delle strutture situate al di sotto della corteccia, strutture che assicurano sonno, attività alimentari, sensazioni non molto distinte.

La corteccia cerebrale, infatti, non è ancora matura alla nascita: la sua maturazione è avvenuta molto lentamente nel corso della vita fetale e alla nascita ha ancora un lungo percorso da compiere.

3-6 MESI

È soltanto intorno ai 3-6 mesi di vita che iniziano a svilupparsi le aree occipitali, temporali e parietali da cui dipendono una serie di attività sensoriali e motorie. Grazie allo sviluppo di queste aree un bambino comincia a controllare i muscoli del corpo

Muoversi col cervello
Grazie allo sviluppo delle aree occipitali, temporali e parietali del cervello, da cui dipendono una serie di attività sensoriali e motorie, il bambino comincia a controllare i muscoli del collo, poi quelli delle braccia e del tronco, infine quelli delle gambe.

LE DIREZIONI DELLO SVILUPPO MOTORIO

La motricità si sviluppa per stadi successivi che possono avere durate un po' diverse da un bambino all'altro, ma che, comunque, non possono essere invertiti.

Non accade mai, per esempio, che un bambino cammini prima di essere in grado di stare seduto o che salti su un piede solo prima di riuscire ad afferrare con le mani gli oggetti che gli vengono proposti. Lo sviluppo motorio segue infatti uno schema prestabilito secondo due direzioni principali: cefalo-caudale (testa-coda) e prossimo-distale (vicino-lontano).

Inizialmente si hanno più movimenti nella zona della testa che nel resto del corpo. Col maturare del meccanismo neuromuscolare, tronco e braccia incominciano a muoversi con maggior controllo. Il controllo degli arti inferiori viene raggiunto più tardi.

In base alla direzione prossimo-distale le strutture che si trovano più vicine all'asse centrale del corpo maturano prima delle altre. Nel raggiungere un oggetto, per esempio, il bambino muove dapprima le spalle e il gomito e solo più tardi muove il polso e le dita. Analogamente, nella locomozione il bambino controlla prima il ginocchio e in un secondo momento la parte inferiore della gamba e il piede.

(prima quelli del collo, poi quelli delle braccia e del tronco, infine quelli delle gambe), a distinguere i messaggi visivi, a riconoscere sempre meglio quelli uditivi. Finché queste aree non sono mature, un bambino piccolo padroneggia soltanto i muscoli del volto (con cui può succhiare il latte, muovere gli occhi, emettere suoni poco distinti), si trova immerso in un mondo visivo un po' sfuocato, non è in grado di distinguere bene i suoni del linguaggio, di ricordarli, di ripeterli.

Innovazioni
In questo periodo di scoperte, il bambino può avere un atteggiamento curioso anche nei confronti del cibo: cerca di capire in che cosa si assomigliano e in che cosa si diversificano i diversi alimenti, sviluppando un proprio gusto per i sapori.
Questo è il periodo adatto a sperimentare nuovi piatti.

8-10 MESI

Intorno agli 8-10 mesi la corteccia frontale inizia a maturare rapidamente e si sviluppano le lunghe fibre nervose che connettono tra di loro le varie aree della corteccia facendo sì che le aree responsabili della decifrazione dei suoni, dei messaggi visivi e tattili, della produzione di movimenti si possano scambiare informazioni: linguaggio, comunicazione, memoria, apprendimenti, dipendono dal "cablaggio" (unione attraverso fibre nervose) di queste aree che si scambiano informazioni essenziali al fine di capire, per esempio, che se si muovono in un certo modo i muscoli della laringe, della lingua e della bocca vengono prodotti dei suoni che hanno particolari conseguenze e che, quindi, devono avere un particolare significato...

È una fase in cui il bambino imita l'adulto, comincia a comunicare in modo intenzionale, fa uso di oggetti, scopre che un oggetto nascosto può essere ritrovato e non cessa di esistere: ritrovare un oggetto che scompare è fonte di grande soddisfazione e il bambino piccolo si diverte a trovare e riscoprire decine e decine di volte l'oggetto che non c'è più, una pallina, un animaletto di pezza che cade dal seggiolone, un adulto che gioca con lui a nascondino dietro la porta. Gradualmente emergono le prime parole mentre vengono man mano abbandonati quei suoni non linguistici/gutturali con cui il neonato comunica inizialmente con gli adulti.

LA PAROLA AL MEDICO

UN CONTROLLO CRESCENTE

Riuscire a controllare il proprio corpo è importante per il bambino per molti motivi.

Da un essere completamente dipendente nei movimenti qual è il neonato, incapace di spostarsi dal luogo in cui viene collocato, il lattante diventa, nel giro di pochi mesi, relativamente indipendente, capace di raggiungere da solo gli oggetti, di prendere coscienza delle distanze e del tempo necessario a percorrerle, di avvicinarsi alle persone che ama, di sottrarsi alle situazioni spiacevoli. Ogni nuovo stato lo rende meno dipendente dall'adulto, consentendogli di muoversi sempre meglio e di raggiungere luoghi e oggetti diversi; questo genera in lui soddisfazione e piacere.

Se riesce a camminare senza appoggio o a correre senza cadere, egli può muoversi senza sentirsi continuamente in pericolo; e poiché il senso di fiducia è generalizzabile, lo trasferisce anche ad altri settori della sua vita.

Lo sviluppo motorio agevola anche la socializzazione. Poter porgere o ricevere degli oggetti, rilanciare una palla, acchiappare qualcuno sono tutte attività che stanno alla base dell'interazione sociale.

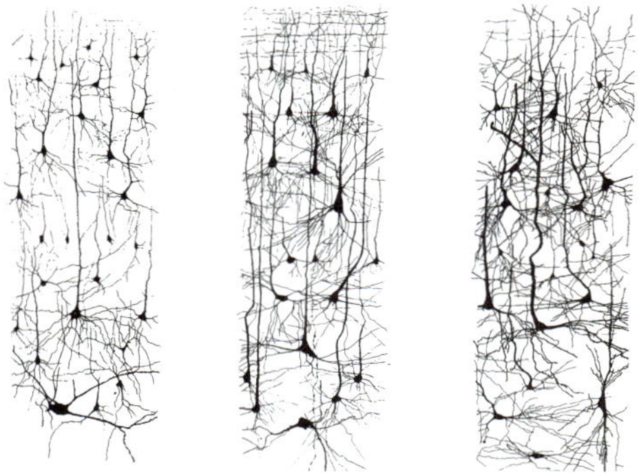

Connessioni neuronali
I tre disegni mostrano lo stato di sviluppo della rete neuronale nella corteccia cerebrale umana in età differenti: da sinistra a destra, a 3 mesi, a 15 mesi e a 2 anni.

10 MESI-2 ANNI

A partire dal 10° mese e sino a oltre la fine del 2° anno di vita, il cervello del bambino va incontro a una profonda trasformazione: le cellule nervose fabbricano un'enorme quantità di sinapsi, i minuscoli bottoni attraverso cui i prolungamenti dei neuroni - assoni e dendriti - entrano in contatto con i prolungamenti o i corpi cellulari di altre cellule nervose: la produzione di sinapsi è enorme, diventa circa il 150% di quella che si verifica nel cervello di un adulto.

Le sinapsi vengono prodotte a ogni età della vita per sostituire quelle esistenti o per creare nuovi circuiti, unioni tra neuroni e neuroni essenziali a registrare memorie, ristrutturare apprendimenti ecc.: ma tra il 1° e il 2° anno di vita la produzione di nuove sinapsi è enorme in quanto il cervello di un bambino dovrà far fronte a nuove e importanti attività come acquisire nuovi vocaboli, imparare regole grammaticali, dar vita a giochi di tipo simbolico (dove il bambino "finge di", "fa come se" ecc.), assortire eventi, esperienze, memorie in categorie, classificandole secondo disparati criteri.

2-3 ANNI

All'età di 2 anni, quando buona parte delle strutture grammaticali sono state acquisite e lo "sforzo linguistico" è meno intenso, la produzione di sinapsi declina e altrettanto avviene per il metabolismo cerebrale: produrre sinapsi, infatti, significa anche sintetizzare nuove proteine (di cui le sinapsi sono fatte) e fornire alimento ai neuroni, zucchero soprattutto, per sostenere la loro intensa attività.

A partire dalla fine del 2° anno inizia un lungo processo di

Verso la maggiore età cerebrale
Le aree della corteccia frontale da cui dipendono pianificazione, organizzazione, regolazione dell'emotività e inibizione delle risposte inappropriate, maturano molto più lentamente di altre aree del cervello: la maggiore età cerebrale, di fatto, non si realizza prima dei 18-20 anni.

"potatura sinaptica" attraverso cui, gradualmente, i ridondanti circuiti cerebrali di un bambino piccolo assumono la forma che essi avranno nell'adulto: tra il 1° e il 2° anno, infatti, la massiccia produzione di sinapsi porta alla costruzione di un cervello che è ridondante di circuiti, dotato di un potenziale enorme pur senza avere una "forma" appropriata: i circuiti nervosi, i dendriti e le innumerevoli sinapsi del cervello di un bambino piccolo possono essere paragonati alla chioma di un albero enorme, ricca e folta, che non è stata ancora plasmata dal lavoro del giardiniere: dopo la potatura essa assumerà quella forma che l'albero avrà in seguito, anche grazie alle "potature" successive che si verificano nel corso di tutta la vita del cervello.

Sviluppo parallelo
Lo sviluppo emotivo avverrebbe per gradi, contemporaneamente allo sviluppo cognitivo.

IL CERVELLO CONTINUA A CRESCERE

Il processo di maturazione e trasformazione del cervello non cessa però con la primissima infanzia: strutture nervose come la corteccia frontale, responsabile di molte funzioni superiori, continuano infatti a svilupparsi per molti anni. Sino a non molto tempo fa si riteneva invece che il cervello raggiungesse la "maggiore età" prima di quella comportamentale e che il processo di crescita di un ragazzo, a partire dai 13-14 anni, fosse essenzialmente culturale e non biologico. In realtà il cervello va incontro a trasformazioni anche negli anni dell'adolescenza avanzata e la maturazione cerebrale continua fino a circa i vent'anni. Questi nuovi dati sottolineano il peso della biologia e dimostrano come la maturazione di alcune aree della corteccia frontale sia essenziale per assicurare una pienezza cognitiva, emotiva e anche morale.

Lo sviluppo del sistema nervoso riguarda sia la crescita della corteccia cerebrale, sia il completamento del "cablaggio" tra i due emisferi e le diverse aree della corteccia.

Disporre di un gran numero di neuroni, circa 100 miliardi, non è infatti sufficiente ad assicurare una buona funzione cerebrale se i neuroni non sono connessi tra di loro da fibre nervose rivestite da un materiale isolante, la mielina, che assicura che gli impulsi nervosi raggiungano selettivamente il loro obiettivo. Il rivestimento di mielina delle fibre nervose (cioè il loro isolamento) è un processo che si compie con estrema lentezza e non termina prima dei 15-20 anni, età in cui il cablaggio cerebrale può considerarsi concluso.

Le ricerche effettuate in ragazzi dai 12 ai 20 anni dimostrano che la corteccia frontale, da cui dipendono la pianificazione e l'organizzazione di molti comportamenti, la regolazione dell'emotività e l'inibizione delle risposte "non appropriate", matura molto più lentamente di altre aree della corteccia cerebrale. In sostanza, la maggior età cerebrale è abbastanza tardiva, e alcune modifiche si verificano ancora intorno ai 18-20 anni.

COME SI EVOLVONO LE EMOZIONI

Anche le emozioni, come altre dimensioni dello sviluppo e della personalità, evolvono con la crescita. Secondo lo studioso J.J. Campos questi sono i punti che caratterizzano tale sviluppo:

1. c'è un insieme di emozioni fondamentali che persistono durante tutto l'arco vitale;
2. man mano che lo sviluppo cognitivo procede e che nuovi traguardi si presentano nella vita del bambino, diventano evidenti delle emozioni complesse e coordinate tra loro;
3. l'efficacia di circostanze specifiche che provocano le emozioni cambia man mano che si sviluppa l'organismo;
4. i rapporti tra l'espressione emotiva e l'esperienza emotiva cambiano durante lo sviluppo dell'organismo;
5. le risposte con cui vengono fronteggiate le emozioni cambiano durante lo sviluppo;
6. le emozioni vengono socializzate nel corso dello sviluppo.

Alcune emozioni di base come la rabbia, la gioia, il disgusto e la tristezza sono innate e restano invariate nel corso dell'arco vitale (1).

Tuttavia, neonati e lattanti possono esprimere le emozioni soltanto in modo approssimativo perché, a causa della loro immaturità neurologica, di quando in quando possono produrre espressioni errate (4).

In seguito, via via che gli obiettivi del bambino cambiano, si sviluppano altre complesse emozioni (2).

Inizialmente le emozioni di base emergono in risposta a obiettivi biologici, cioè le emozioni positive sono provocate dal raggiungimento di obiettivi quali la nutrizione o il contatto con la figura protettiva, mentre quelle negative sono provocate dall'impossibilità di raggiungerli. In seguito il bambino è capace di identificare nuovi obiettivi che corrispondono al suo maggior livello di interazione con la realtà; per esempio, un obiettivo importante diviene l'approvazione dei genitori. L'emergere di nuovi obiettivi comporta lo sviluppo di emozioni più complesse come vergogna, imbarazzo, invidia. Lo sviluppo di emozioni complesse ha inizio intorno al 3° anno di vita per continuare poi per tutta l'età adulta.

Le situazioni che provocano particolari emozioni cambiano con l'età in rapporto allo sviluppo mentale del bambino (3). Il modo con cui i bambini fronteggiano le emozioni cambia con l'età (5). Gli sviluppi motori sono particolarmente importanti in quanto il lattante può regolare la sua vicinanza aggrappandosi alle sue figure di attaccamento o inviando loro segni di disagio quando esse sono lontane. Infine, le influenze sociali modificano l'espressione delle emozioni (6).

I genitori rispondono alle emozioni dei piccoli con mimiche diverse che comunicano approvazione o disapprovazione, fastidio o divertimento.

SONO MASCHIO O FEMMINA?

Quando è che un bambino si rende conto di essere un maschio o una femmina? Ma cosa vuol dire "rendersi conto"? Sembra che a tale proposito siano stati individuati tre passaggi. Il primo è l'identità sessuale, vale a dire la capacità del bambino di definire correttamente il proprio genere, di discriminare gli altri in uomini e donne, bambini e bambine. Già verso i 18-20 mesi un bambino è in grado di riconoscere le caratteristiche esterne maschili e femminili. A 2 anni, due anni e qualche mese molti bambini, messi davanti a fotografie di coetanei e coetanee e alla propria, sono in grado di rispondere alla domanda: "Quale di questi sei tu?" scegliendo la foto giusta.

Intorno ai 3 anni la maggioranza sa identificare e nominare correttamente anche il genere degli altri ("Qual è la bambina?" o "Qual è il bambino?"). La lunghezza dei capelli e l'abbigliamento sono la chiave per operare queste iniziali discriminazioni.

La capacità di denominare esattamente non significa, comunque, avere una conoscenza completa. Come accade a proposito dei vari concetti (di identità, di numero o di conservazione) che diventano sempre più accurati e complessi nel corso della seconda e terza infanzia, anche il concetto di genere abbisogna di ulteriori perfezionamenti.

(da H. Bee, *Il bambino e il suo sviluppo*, Zanichelli, 1992).

Maschio o femmina? L'acquisizione dell'identità sessuale avverrebbe in tre momenti successivi durante la prima infanzia.

LE FASI DELLA CRESCITA

Nelle prime settimane

Il movimento

- Sdraiato sul dorso muove simmetricamente braccia e gambe.
- A pancia in giù alza la testa per qualche istante e, posto seduto, può tenere per un momento il capo sollevato.

Il linguaggio

- Il bambino emette vagiti.
- Si volta ai suoni.

La relazione

- Percezione del volto dell'altro; se lo ha vicino lo segue nel movimento (incontra lo sguardo materno durante la poppata).
- Riconosce il momento della poppata.
- Si lascia consolare dalla voce umana, dal contatto corporeo, dal succhiamento.
- Reagisce attentamente quando gli si parla con dolcezza.

A 3-4 mesi

Il movimento

- Supino, sgambetta energicamente allungando le gambe.
- Bocconi sostiene la testa e appoggiandosi sugli avambracci alza mani e spalle.
- Quando lo si solleva per farlo stare seduto, il dorso è meno incurvato.
- Fa tentativi di manipolazione degli oggetti.
- Segue con gli occhi gli oggetti (collaborazione visivo-motoria).

Il linguaggio

- Comincia a produrre spontaneamente dei suoni per gioco (vocalizza anche in risposta al vezzeggiamento verbale).

La relazione

- Dà via via risposte sempre più costanti al sorriso (ricambia il sorriso dell'adulto).
- Ha periodi più lunghi di veglia tranquilla interessandosi anche agli oggetti.

A 4-5 mesi

Il movimento

- Disteso sulla pancia comincia a poggiarsi sulle mani aperte, con le gambe ben distese (sta maturando la capacità di rotolare).
- Sul dorso può muoversi e sgambettare vivacemente.
- Collabora quando lo si mette a sedere. Da seduto tiene il capo eretto e riesce a girarlo da ambedue le parti.

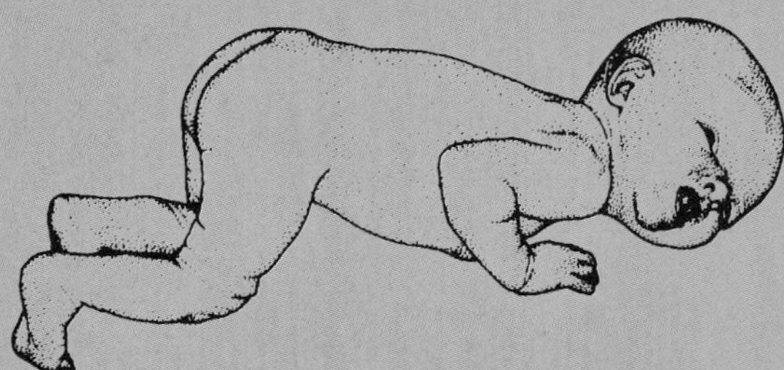

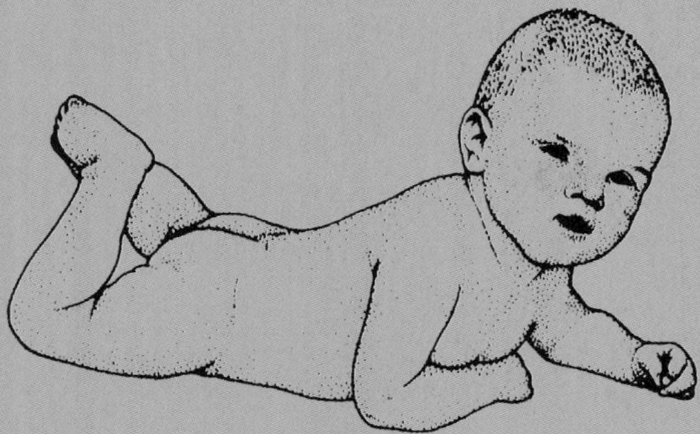

- Cerca di afferrare gli oggetti con le ultime tre dita (mignolo, anulare, medio) e la parte del palmo della mano corrispondente.

Il linguaggio

- Ride ad alta voce e articola i primi suoni con le labbra.
- Grida e si agita per richiamare l'attenzione.

La relazione

- Si rivolge verso le persone che parlano, partecipando sempre più attivamente all'ambiente che lo circonda.
- Ha interesse per gli oggetti offerti e li porta alla bocca.
- Manifesta di riconoscere situazioni sperimentate abitualmente (cibo, uscite, pulizie ecc.).

A 6-8 mesi

Il movimento

- Sta seduto (inizialmente solo se aiutato, appoggiandosi in avanti con le mani aperte, poi con maggior equilibrio, fino a poter fare a meno dell'appoggio).
- Rotola spontaneamente.
- Comincia a sperimentare la posizione carponi e gradualmente la conquista sollevandosi sulle ginocchia.
- Se messo in piedi sorretto, le gambe reggono efficacemente il peso.
- Afferra gli oggetti con prensione a pinza, cioè con pollice e indice.

Il linguaggio

- Spontaneamente e a lungo si diverte a emettere suoni articolati
- Comincia ad emettere le prime sillabe (ma, ba, da, pa) fino a poterle emettere in serie (lallazione: pa-pa, ma-ma)

La relazione

- Gioca con le proprie mani e piedi.
- Mostra chiaro attaccamento al partner adulto.
- Ha un comportamento ben differenziato con persone familiari e con gli estranei.
- Può essere consolato con la sostituzione di oggetti e persone.
- Gioca con gli oggetti, li lascia cadere guardandoli.

A 10-13 mesi

Il movimento

- Si sposta carponi.
- Si alza in piedi con un appoggio e grazie a esso si mantiene in piedi.
- Tenta con scarso equilibrio i primi passi (in principio con appoggio tenta passi laterali; quindi sperimenta passi da solo).

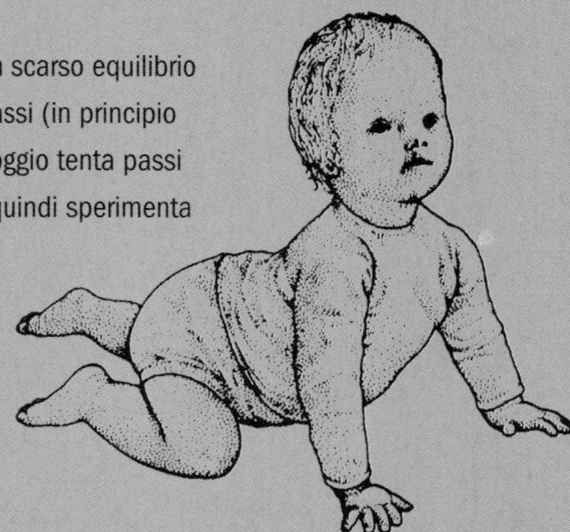

- La prensione si perfeziona: può afferrare fra pollice e indice piccoli oggetti.

Il linguaggio

- Dice alcune parole (baba, mama, tata, pappa ecc.).
- In un contesto familiare comprende frasi semplici.
- Risponde al suo nome.

La relazione

- Comprende il no.
- Si oppone a limitazioni delle esperienze.
- Prova a mangiare e a bere da solo.
- Imita e ripete gesti su richiesta (per esempio fa ciao con la mano).

A 15-18 mesi

Il movimento

- Cammina da solo (con notevoli differenze individuali di tempo, il bambino comincia a compiere i primi passi senza aiuto esterno).

Il linguaggio

- Dice un numero sempre crescente di parole e spesso comincia a usare il verbo, in contesti diversificati e facendo riferimento anche a cose che il bambino non vede (simboli).
- Comprende frasi complesse e pronomi.

La relazione

- Comunica intensamente con gli altri anche con strumenti verbali (fino a poter rispondere verbalmente e gestualmente a una domanda che lo riguarda).
- Gioca da solo per qualche tempo.
- È capace di imitazione differita, in assenza di modello.
- Fa tentativi autonomi prima di ricorrere all'adulto (spogliarsi, mangiare ecc.).
- Si oppone con il no.

Intorno ai 2 anni

Il movimento

- Compie i primi tentativi di corsa.

Il linguaggio

- Usa i pronomi (io e te) e i verbi.
- Può comprendere un discorso che non gli è rivolto e il valore degli aggettivi.

La relazione

- Comincia a raccontare i fatti ed esporre previsioni in situazioni familiari.
- Può esprimere i suoi desideri.
- Gioca bene da solo.

Da 2 a 3 anni

Il movimento

- È capace di salire le scale.
- Si orienta con sicurezza nello spazio (abitazione).

Il linguaggio

- Pronuncia frasi (parlando inizialmente di sé in terza persona poi in prima).
- Inizia a porre domande (età dei perché).

La relazione

- Talvolta il gioco si allarga ai coetanei (inizio del gioco come relazione sociale dell'io).
- Può servirsi delle cose quotidiane ed elaborare in fantasia.

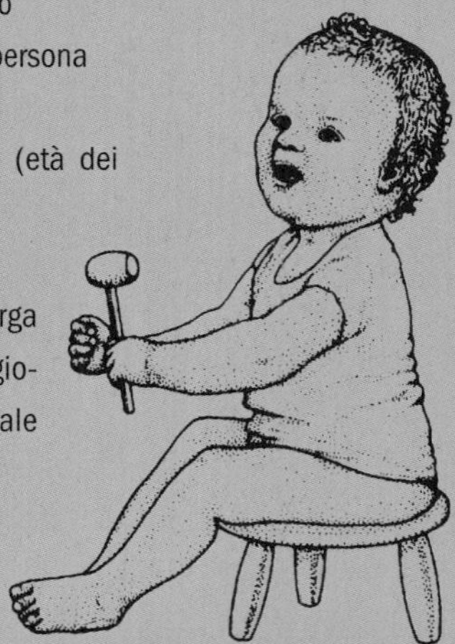

- È incantato dalla novità di cui è portatore l'adulto che ha la sua fiducia.
- Comincia la donazione di significato all'espressione grafica, gestuale ecc.

Da 3 a 4 anni

Il movimento

- È capace di saltare con una gamba sola (salta la corda).
- Alterna i piedi scendendo le scale.
- Sa afferrare una palla lanciata.
- Sa vestirsi da solo, abbottona gli abiti.

Il linguaggio

- Usa un vocabolario comprensibile e sa costruire frasi lunghe e complesse.
- Sa esporre eventi recenti.

- Comprende affermazioni su azioni passate e future.
- Comprende frasi contenenti numerose idee.

La relazione

- Gioca con gli altri e sempre più sa assumere ruoli immaginari.
- Fa molte domande.
- Sviluppa il concetto di numero e di colore.

Da 4 a 6 anni

Il movimento

- È capace di saltare alternando i piedi.
- Sa camminare mettendo il tallone davanti alla punta del piede.
- Sa scavalcare un ostacolo.
- È capace di afferrare una palla che abbia rimbalzato.
- È capace di allacciarsi le scarpe.

Il linguaggio

- Usa frasi complesse.
- Ha un linguaggio fluente con rari piccoli errori di pronuncia e di grammatica.
- Inizia a saper contare oltre il 5.

La relazione

- Affronta giochi competitivi e accetta le regole.
- Gli piace aiutare nei compiti familiari.
- Si diverte a raccontare e ad ascoltare storie (anche immaginarie).
- Esprime idee complesse.

Da: P. Sarti e G. Sparnacci, *Gravidanza e puericultura*, Giunti 1999.

L'età dei perché
Intorno ai 2-3 anni, la curiosità verso il mondo si trasforma da indagine personale e sensoriale a esperienza intellettiva: agli adulti, più grandi ed esperti, si chiede il "perché" delle cose e si pretende una risposta convincente.

IL LINGUAGGIO

Se questo è il primo figlio, una delle esperienze più coinvolgenti sarà quella di seguire i suoi progressi linguistici. A distanza di qualche mese dalla comparsa delle prime parole, i bambini mostrano di possedere le strutture necessarie non soltanto per percepire la lingua degli adulti, ma anche per comprenderla e soprattutto per produrre a loro volta delle frasi comprensibili. Il cervello umano è programmato per imparare a parlare.

Contrariamente a quanto si possa pensare, il linguaggio non inizia quando compaiono le prime parole dotate di senso: c'è una fase prelinguistica, nei primi mesi di vita, che è alla base del linguaggio successivo.

Abilità
Con l'aumentare delle diverse abilità motorie, aumentano anche le possibilità di indagine del mondo e di nuove esperienze sensoriali.

FASE PRELINGUISTICA

Gli psicologi che hanno studiato il linguaggio tra 0 e 6 mesi, hanno notato come già alla 6a settimana di vita esista una sorta di pre-linguaggio. È un primissimo tentativo di parlare muovendo le labbra e la lingua, qualche volta vocalizzando e altre volte senza alcun suono. A 2 mesi i bambini producono dei leggeri suoni vocali in risposta agli altri. Questo comportamento può essere l'inizio del tentativo di inserirsi nella conversazione seguendo i turni, un comportamento che sarà più evidente in seguito. Il bambino ha quindi una recezione del linguaggio che precede la capacità di produrlo. Egli incomincia ad abituarsi ai suoni e al ritmo della lingua, alla sua specifica musicalità, ai toni e alla velocità con cui i vari fonemi, morfemi, parole e frasi vengono pronunciate. Nel 2° e 3° mese di vita il bambino aggiunge al suo repertorio vocale – che inizialmente è costituito dal pianto – suoni simili al tubare dei colombi, come "uuuuu" e anche risatine, suoni che sono generalmente segnali di piacere e di benessere. Tra i 5-8 e gli 8-9 mesi si verifica anche la cosiddetta "lallazione", ossia la ripetizione dello stesso suono (la-la-la-la, go-go-go-go) che sembra una sorta di gioco che il bambino fa con se stesso quasi a differenziare i suoni prodotti da lui da quelli prodotti dagli altri.

BALBETTII E PAROLE POLIVALENTI

Tra i 6 e i 10-12 mesi c'è la fase del balbettio. Il bambino produce delle sillabe (ma-ma, pa-pa, do-do) a cui assocerà, grazie alle risposte che ottiene da chi gli sta accanto, i primi significati. Si arriva così alla prima parola, che alcuni collocano verso i 12 mesi ma che in alcuni bambini è più precoce.

Spesso le prime parole sono usate solo in una o due situazioni specifiche: dapprima il bambino dice "cane" o "bau" quando gli si chiede "cos'è questo?" oppure "come fa il cane?". Via via che passa il tempo incomincerà ad adoperare spontaneamente una

Attività cerebro-motoria complessa
Il linguaggio evoluto è un punto di arrivo che tutti i bambini raggiungono grazie alla loro notevole e innata capacità di discriminare i suoni, alla loro eccellente capacità mnemonica e alla loro abilità ripetitiva.

parola in una varietà di contesti e situazioni. Alcuni considerano questo passaggio come un momento importante nella comprensione dell'uso del linguaggio, in quanto il bambino mostrerebbe di capire che le parole non sono gli oggetti, ma dei simboli che stanno al posto di oggetti e di eventi. Benché esistano forti differenze tra un bambino e l'altro, dalle ricerche risulta che in pratica tutti i bambini cominciano a usare le singole parole in modo simbolico verso i 13-15 mesi. Queste prime parole hanno una forte valenza emotiva e in contesti diversi possono assumere significati differenti: a seconda dei casi e anche dei gesti e delle posture che accompagnano la parola, "papà" può per esempio voler dire "è arrivato papà" oppure "voglio essere preso in braccio da papà".

La caratteristica più evidente di queste prime produzioni verbali è che ogni singola parola ha una funzione olofrastica (dal greco antico *òlos*, cioè "tutto", e *phrasticòs*, cioè "che serve a spiegare"): in altri termini, la parola sta per un'intera frase. Bisogna quindi intuire il significato di questa parola-frase dal momento e dalla situazione in cui viene pronunciata.

Una volta raggiunta la prima parola sono necessari 3-4 mesi per imparare le successive 10 parole. Superato questo momento, l'incremento del vocabolario diventa più veloce e i bambini imparano quasi una parola al giorno. Dopo le 50 parole, il vocabolario ha una notevole crescita e può quintuplicarsi o decuplicarsi in poche settimane.

La tv zittisce i bambini, non li incoraggia a parlare
È nei primi 3 anni di vita che si pongono le basi del linguaggio, di conseguenza è bene che in questa fase i bambini siano esposti al linguaggio umano piuttosto che a quello televisivo.
Nel rapporto quotidiano con gli altri esseri umani le parole acquistano significatività perché riferite a situazioni presenti e coinvolgenti per il bambino, il quale cerca di inserirsi nel "dialogo" che si instaura tra lui e le sue figure di attaccamento, prima attraverso i movimenti e i vocalizzi e poi via via anche attraverso le parole.

L'AIUTO DELLA LETTURA

Le routine regolari e quotidiane tra i bambini e i loro genitori nei primi anni di vita consentono ai piccoli di fare apprendimenti di vario tipo: cognitivi, sociali, linguistici. Il linguaggio ha la particolare caratteristica di contemplare tutti questi aspetti. Quando un bimbo di 14-16 mesi siede sulle ginocchia di un adulto che sfoglia un libro di figure si verifica più o meno questo tipo di comunicazione:

Adulto: "Guarda!" (orienta l'attenzione del bimbo)
Bimbo: (tocca la figura)
A: "Che cosa sono questi?" (domanda)
B: (vocalizza e sorride)
A: "Sì, sono dei coniglietti" (*feedback* e definizione)
B: (vocalizza, sorride, guarda l'adulto)
A: "Sì, coniglietti" (*feedback* e definizione)
B: (vocalizza, sorride, guarda la figura)
A: "Sì" (ride, *feedback*).

Nello sfogliare insieme un libro di figure, il genitore induce il piccolo a concentrare la sua attenzione su particolari rappresentazioni di oggetti o situazioni, contemporaneamente egli pronuncia parole, nomi appropriati e fornisce dei rinforzi (*feedback*). Questa è una parte importante del processo attraverso cui i bambini imparano parole specifiche riferite a oggetti. È anche un modo piacevole per introdurre il libro nel mondo di nostro figlio.

Lettura precoce
Leggere insieme libri semplici e molto illustrati favorisce lo sviluppo dell'abilità a concentrarsi e l'apprendimento di suoni e parole.

Ambiente
Se le capacità di apprendimento del linguaggio sono mediamente le stesse, ciascun bambino avrà una propria storia linguistica secondo gli stimoli che riceverà dall'ambiente in cui vive.

FRASI DI DUE PAROLE

Dopo la conquista delle prime parole, l'altro passo importante è quello di unire le parole tra loro in modo da formare delle frasi. In molti bambini le prime frasi formate da due parole compaiono tra i 18 e i 24 mesi. E come le prime parole anche queste prime frasi, dette "olofrasi", sono accompagnate da gesti e mimiche significative. A seconda dei gesti, la olofrase "palla bimbo" può significare "voglio la palla del bimbo" o "il bimbo ha una palla" o ancora "io [bimbo] voglio la palla".

La combinazione di due parole è un grande passo avanti. Dopo questa fase il bambino continua per un po' a esprimersi o con frasi di due parole o con un'unica parola. Col tempo la parola singola come espressione omnicomprensiva scompare e il bambino usa sempre più frasi di 2-3 parole in combinazioni più variate e complesse.

Le parole non sono abbinate a caso, ma fin dall'inizio si ha l'impressione che il bambino segua delle regole di grammatica, sia pure elementari, che possieda cioè una competenza linguistica che implica una conoscenza implicita delle regole del funzionamento del linguaggio.

SEQUENZE SIGNIFICATIVE IN LINGUA "MADRESE"

La comunicazione non è fatta solo di parole ma da un insieme di segnali significativi che le arricchiscono e danno loro senso. Tra il bimbo, la mamma e gli altri familiari si strutturano delle sequenze comunicative significative fatte di mimiche, gesti, gridolini, sorrisi, balbettii, scambi di oggetti, pause ecc. secondo ritmi e turni adatti ai tempi del bambino. Quando parlano con i figli piccoli i genitori adottano un linguaggio diverso da quello che usano normalmente. Con i più piccoli il loro modo di parlare è caratterizzato da toni e da un vocabolario tutto particolare (comprendente parole come bua, pappa ecc.) e da altri espedienti che vanno a formare quello che gli studiosi del linguaggio hanno definito con "madrese". L'altezza della voce tende a essere maggiore e l'intonazione enfatizzata. Le frasi sono brevi, composte da un numero limitato di verbi, aggettivi e proposizioni subordinate, ma ricche di domande, esclamazioni,

L'EVOLUZIONE DELLA GRAMMATICA

Ecco uno schema riassuntivo sull'evoluzione della grammatica nei bambini:

a. le primissime frasi, qualsiasi lingua parlino i bambini, hanno in comune alcune caratteristiche: brevità, semplicità, uso predominante di nomi, verbi, aggettivi;

b. le prime frasi sembrano ispirate ad alcuni insiemi di regole. Il sistema di regole non corrisponde a quello della lingua degli adulti;

c. le successive trasformazioni della grammatica, pur non essendo le stesse in tutte le lingue, sono prevedibili. La velocità del cambiamento varia, ma l'andamento delle sequenze è comune;

d. dalle prime frasi di 2 parole, il linguaggio del bambino è creativo: egli non cerca soltanto di ripetere le frasi che ha udito, ma ne crea di nuove secondo le regole della "sua" grammatica.

imperativi e ripetizioni. Il madrese favorisce lo sviluppo delle prime espressioni linguistiche proprio perché è "a misura di bambino", s'innesta cioè in quelle che sono le competenze linguistiche naturali dei più piccoli, in quei balbettii spontanei, simili in tutti i bambini. Ecco perché è importante che nei primi anni i bambini possano ascoltare gli adulti che parlano e inserirsi nei loro dialoghi. Interloquendo con i genitori o con i fratelli, il bambino ha modo di fare tutta una serie di apprendimenti che non riguardano soltanto le singole parole, ma anche la struttura della frase, la grammatica e la sintassi nonché il significato che la stessa parola può acquisire in un contesto diverso.

La mancanza di stimoli e di esercizio, così come una stimolazione inadatta all'età del bambino (quali possono essere quella di un adulto che non adegua il suo linguaggio al livello del piccolo o il flusso incalzante di parole che proviene da un televisore) non facilitano l'apprendimento della lingua nelle sue fasi iniziali, quando cioè il bambino ha bisogno di ascoltare ma anche di essere ascoltato, di imitare ma anche di essere incoraggiato e approvato, di prestare attenzione e provare; il tutto all'interno di turni e su contenuti o argomenti che fanno parte del suo mondo e di un particolare clima emotivo.

LINGUAGGIO TELEGRAFICO

La grammatica si sviluppa per stadi. In una prima fase le frasi sono brevi, di 2 o 3 parole, e semplici. Il bambino usa sostantivi, verbi e aggettivi, ma non le altre parti del discorso. Se si chiede a un bambino di ripetere la frase "Io sto camminando con Gino" probabilmente dirà "Io cammino Gino" omettendo le altre parti del discorso. Poiché nelle frasi sono presenti soltanto le parole più significative, questo linguaggio è anche chiamato "linguaggio telegrafico". È interessante notare come, nel ripetere la frase pronunciata dall'adulto, il bambino ometta delle parole, preposizioni, congiunzioni, articoli, verbi ausiliari, inflessioni (ossia le desinenze che indicano i tempi passati o progressivi dei verbi

DAL RACCONTO AL TABLET: SOLI CON LE FIABE?

Le fiabe una volta erano soprattutto raccontate... e molto poco lette. C'è una bella differenza tra raccontare e leggere le fiabe. Chi racconta si fa voce per chi ascolta, si fa occhi per guardare insieme scenari favolosi o magici, muove le mani e tutto il corpo in consonanza col racconto, inventa spesso nuove situazioni che gli vengono in mente nel momento della narrazione. Leggere è altro, è seguire un testo preordinato, e assoggettarsi a una storia immodificabile, sempre uguale. Leggere è costringersi nella stretta via della punteggiatura, dove le pause, le esclamazioni, le sospensioni sono predisposte, c'è solo da eseguirle.

Bisogna risalire diverse generazioni per ritrovare l'uso esteso e consolidato della fiaba raccontata, prima che il diffondersi dei libri per ragazzi, delle raccolte di fiabe, delle collane dedicate consegnasse ai genitori uno strumento di approccio alla fiaba che disimpegnava dalla fatica e dall'impegno della recitazione. Le illustrazioni dei libri consentivano inoltre di offrire al bambino scene precostituite, sollevando il lettore dall'obbligo di costruire intorno ai fatti raccontati un paesaggio congruo, altrettanto fascinoso e attraente del racconto che si veniva via via dipanando.

Ma la vera perdita di fascino e soprattutto di interazione emotiva che la storia creava fra l'adulto e il bambino avviene quando si comincia ad affidare a un disco il compito di gestire il racconto. Nel 1966 i Fratelli Fabbri escono in edicola per la prima volta con "Le Fiabe Sonore": una serie di fiabe pre-registrate su dischi a 45 giri, corredate da albi di grande formato illustrati da noti pittori, sceneggiate e narrate da attori professionisti con importanti sottofondi musicali. Un successo incredibile: le edicole esauriscono ben presto le prime copie e non c'è famiglia che non prenoti la nuova fiaba a ogni uscita.

Non c'è più bisogno del genitore che legga, perché il supporto vinilico confina il rapporto con l'adulto al "Ti metto il disco, che fiaba vuoi stasera?". E ben presto il mercato trova il modo di esentare l'adulto anche da questa operazione minimale quando nasce e si diffonde il mangiadischi: una sorta di tostapane dove il bambino poteva inserire da solo il disco. Col magico mangiadischi basta un "colpetto" dato col dito al bordo del 45 giri e tutto comincia in automatico: belle voci, belle musiche, bei rumori di scena, belle atmosfere. Tutto certamente più professionale... salvo il non poter interrompere, il non poter far domande per capire meglio, il non poter protestare perché chi racconta ha le cascaggini, o per qualche dimenticanza! E non potersi rifugiare in braccio o stringere le mani nei momenti di paura, non poter ridere insieme di qualcosa di buffo...

Una volta operata la delega del raccontare a stereotipati professionisti del bel recitare c'è solo da osservare l'evoluzione del supporto: primo passaggio dal vinile alla cassetta audio. Esce infatti negli anni Ottanta una nuova edizione, stavolta su audiocassetta, denominata "Giocafiabe". Arriviamo al 2003 e le "Fiabe Sonore", al passo coi tempi della tecnologia, vengono riprodotte per la prima volta su cd.

Poteva mancare il digitale? Nel 2012 la Fabbri pubblica la prima versione digitale dell'opera, lanciando un'applicazione per tablet e smartphone che contiene una trentina di fiabe. Mi è capitato di vedere una bambina di poco più di un anno e mezzo, seduta a terra con un libro illustrato di fiabe in mano: la bambina, incuriosita dall'immagine di copertina, ha appoggiato delicatamente pollice e indice sul disegno e allontanandoli strusciando i polpastrelli cercava di... ingrandire l'immagine, come (ovviamente?) si fa sul tablet. Nuovi gesti, nuovi supporti, nuove deleghe, nuove relazioni. Ma siamo convinti che tutto ciò che è nuovo sia positivo? Io no.

Le fiabe ascoltate su supporto pongono il problema di lasciare da solo il bambino. Ma c'è un modo ancora peggiore di "lasciare soli", ed è lo scansare le fiabe che "fanno paura". Sempre più spesso il genitore di oggi non propone più le fiabe "classiche" perché pensa che il bambino si spaventi della presenza di streghe, orchi, matrigne, giganti cattivi… e scansa anche le storie di sofferenza con abbandoni, separazioni, morti e così via. Pensiamo che i nostri bambini non siano pronti ad affrontare la cattiveria e preferiamo far loro credere che tutti gli uomini siano buoni: ma i bambini sanno di non essere "buoni" e che la vita non è tutta rose e fiori. E proprio nelle fiabe trovano esempi di soluzioni alle difficoltà. Soli al mondo, con la speranza di farcela… e ce la fanno: Hansel e Gretel, abbandonati nel bosco dai genitori per mancanza di cibo; Cenerentola, orfana e maltrattata; Biancaneve, che rischia di essere uccisa dalla matrigna gelosa; Raperonzolo, chiusa nella torre dalla strega.

La fiaba è un modo antico e sperimentatissimo per non lasciare da solo il bambino a sbrigarsela con i suoi mostri interiori. Ed è sempre attuale perché si adegua alla mentalità infantile, alle sue angosce e frustrazioni e parla lo stesso linguaggio non realistico dei bambini. Le fiabe esorcizzano incubi inconsci, placano inquietudini, aiutano a superare insicurezze e crisi esistenziali, insegnano ad accettare le responsabilità e ad affrontare la vita. La fiaba è da sempre un modo per il bambino per crescere, conoscere se stesso e il mondo in cui vive. Non lasciamoci quindi sviare da interpretazioni "adulte" che nulla hanno a che fare con la decodifica infantile di questi racconti. E non priviamo i nostri figli di questa grande opportunità di crescita e di analisi, sostituendo le fiabe con racconti apparentemente più tranquillizzanti e più attuali ma che nulla dicono al suo mondo interiore.

come camminando) conservando però l'ordine delle parole. In un secondo stadio il bambino incomincia a usare tutte le componenti grammaticali: plurali, ausiliari, tempo passato, preposizioni, inflessioni ecc. Ecco alcuni esempi di frasi pronunciate dallo stesso bambino nei due stadi:

LO SVILUPPO DELLA GRAMMATICA
esempi di frasi pronunciate dallo stesso bambino a 21-22 e a 28 mesi

stadio 1 (21-22 mesi)	stadio 2 (28 mesi)
Cosa quello?	Cos'è quello?
Questo gatto	È un gatto
Là barca	C'è una barca, là
Sedia qui	La sedia è vicina

Al di là delle caratteristiche specifiche delle varie lingue, bambini di lingua diversa aggiungono inflessioni e parole nuove in sequenze abbastanza simili; sequenze che li portano a pronunciare anche parole o frasi che non hanno sentito dagli adulti, ma che essi creano o modificano in base a ciò che sanno e alle "loro" regole. Per esempio le preposizioni in e sopra (riferite all'ubicazione) sono le prime a essere apprese. Ciò dipende probabilmente dal fatto che i bambini riescono a comprendere presto la differenza semantica tra il rapporto di contenimento e quello di sostegno: gli oggetti possono essere messi in contenitori (in una scatola) o su superfici di sostegno (sul tavolo). In questo caso il bambino ha appreso un principio (o "regola") e dopo che lo ha appreso lo applica correttamente.

IPERREGOLARIZZAZIONE

Una caratteristica tipica di questa fase è l'iperregolarizzazione dovuta, da un lato, alla difficoltà che i piccoli incontrano nel destreggiarsi tra verbi irregolari, desinenze, plurali, superlativi, struttura della frase ecc. e, dall'altro, all'esigenza di inquadrare parole e frasi nelle regole di cui essi dispongono in questo secondo stadio. Eccoli allora dire chiudato invece di chiuso, aprito invece di aperto, tigrino invece di tigrotto e così via. Questo tipo di errore è piuttosto diffuso tra i 3 e i 6 anni.

Superate queste fasi iniziali, il linguaggio continua a svilupparsi. Il vocabolario si arricchisce di parole (in media, dalle 5 alle 10 al giorno) e negli anni delle elementari si aggiungono frasi più complesse, mentre diminuisce notevolmente il fenomeno dell'iperregolarizzazione. Gradatamente il bambino inizia anche a capire le forme passive (per esempio "l'acqua è bevuta dal leone"), che a 5-6 anni rappresentano ancora uno scoglio e che all'età di 7 anni comprende nel 50% dei casi.

L'ETÀ DEL NO

Intorno ai 2 anni il bambino scopre che il "no", pur essendo una parola molto breve e semplice da pronunciare, ha molto potere. Una volta che ha scoperto questa parola la usa spesso. Anche in questo caso, per capire come mai usa il "no" di frequente e in diverse occasioni, dovrete considerare i progressi che ha fatto dal punto di vista motorio e intellettivo.

Nel 1° anno, per spostarsi da un luogo all'altro, dipendeva dagli adulti. Ha poi incominciato a muoversi carponi e a camminare con andatura incerta, cadendo e rialzandosi. Ora, finalmente, procede sicuro sulle gambe. Può correre, arrampicarsi e persino camminare all'indietro! Coglie anche un numero crescente di rapporti di causa ed effetto, il che gli consente di prendere iniziative e di prevederne gli esiti. Sono raggiungimenti fondamentali, che trasformano di nuovo il suo rapporto col mondo e le persone. La maggiore indipendenza conferisce una consapevolezza nuova e un'immagine positiva di sé. "Corro in fretta, papà non può acchiapparmi!", "Mi nascondo, mamma non può vedermi", "Posso fare accadere le cose!". Il proliferare dei "no" va di pari passo con questa sensazione di potere ed è il segno di un'autonomia mai sperimentata prima. Non tutti i "no" del bambino hanno lo stesso significato. Solo alcuni sono atti di sfida e di disobbedienza, molti altri sono segnali di un desiderio di partecipazione. In altre parole, nella mente di un bambino di 2-3 anni – il cui linguaggio non può ancora esprimere pienamente ciò che sente – il "no" rappresenta spesso l'inizio di una conversazione, non la fine. Dietro a un "no" ci può essere un'intera frase: "No, anch'io ho qualcosa da dire", "Basta col passeggino, voglio camminare", "Ho bisogno di più tempo", "Spiegati meglio, ho paura",

Aggressività
I bambini possono attraversare periodi di particolare insofferenza verso regole e costrizioni imposte dagli adulti. In questo caso i "no" sono certamente atti di ribellione.

SAPER CRESCERE UN FIGLIO

"Perché non ce ne andiamo da questo posto noioso". I bambini vogliono il controllo, ma vogliono anche coinvolgerci. Il "no" è uno dei mezzi più efficaci che hanno a disposizione per suscitare delle reazioni. Se poi queste reazioni sono negative non importa, sono comunque interessanti per loro che stanno scoprendo il mondo. Molte delle incomprensioni che a questa età si verificano tra grandi e piccini potrebbero essere evitate se i grandi non prendessero alla lettera i "no" dei bambini, ma prestassero attenzione ai segnali.

ATTENZIONE AI SEGNALI

Contesto • Che cosa sta facendo il bambino? Che cosa sta accadendo intorno a lui? Un "no" in risposta alla nostra proposta di andare ai giardinetti può voler dire che prima di prepararsi vuole finire quello che sta facendo; oppure che l'ultima volta che è andato ai giardinetti qualcosa lo ha spaventato e ora teme di rifare la stessa esperienza.

Umore • Ci sono momenti della giornata in cui è più stanco, più irritabile: ha fame; la notte precedente si è svegliato due volte; è stata una giornata molto densa di stimoli, ecc. Se il "no" è globale e non riguarda un evento specifico, può darsi che desideri soltanto essere tenuto un po' in braccio.

Tono • Il "no" può stare al posto di una domanda: "Dici sul serio, papà?", oppure essere pronunciato con passione e indicare collera, paura; può significare, per esempio: "Non voglio giocare con quel bimbo perché morde!".

Linguaggio del corpo • Che cosa dicono i suoi occhi? C'è un lampo di rabbia o voglia di giocare? Lo scherzo è spesso risolutivo, sia in un caso che nell'altro: "Chissà che fine ha fatto il signor Sì? Dove si è nascosto? Vieni, andiamo a cercarlo...".

Varie sfumature di "no"
Il "no" è un mezzo efficace per attirare l'attenzione: va interpretato bene.

QUANDO IL "NO" ARRIVA IN UN MOMENTO CRITICO

Prendiamo un caso classico, il rifiuto di infilare le scarpe quando abbiamo fretta di uscire. Dice "no". Qual è il vero motivo? Una lotta di potere? Vuole infilarsele da solo? Le scarpe gli fanno male ai piedi? Ecco le strategie di cui disponiamo.

Offrire alternative · Chiediamo se preferisce un altro paio di scarpe. Se arriva un secondo "no" accompagnato da uno sguardo vagamente interrogativo, vuol dire che sta semplicemente verificando quanto sia seria la nostra richiesta. Abbiamo fretta e perciò confermiamo: la richiesta è seria, dobbiamo sbrigarci! In un'altra occasione, quando non avremo fretta, gli lasceremo invece tutto il tempo per fare da solo: "Oggi è il tuo turno" diremo "puoi mettere tutto il tempo che vuoi a infilarti le scarpe".

Ignorare · Continuiamo, senza registrare il "no", come se nulla fosse accaduto. A volte questa strategia (di cui però è meglio non abusare) funziona, altre volte no. I motivi per cui può funzionare sono diversi: "no" a questa età può anche significare "si"; è soltanto un'occasione per interagire, ma non ha un significato specifico; ha valore di rifiuto, ma vedendo che non gli diamo importanza lui si adegua.

Dare più informazioni · Noi sappiamo perché vogliamo che lui faccia una certa cosa o perché deve interrompere un'attività, lui non lo sa. Dobbiamo spiegarglielo. A volte ciò che lui cerca è soltanto più attenzione, più interazione.

Riformulare · Se diciamo "Matteo, infiliamoci le scarpe e andiamo ai giardinetti a giocare a palla" lui può recepire soltanto la prima parte della frase. Riformulandogliela può cogliere invece aspetti più attraenti: "Prendiamo la palla e andiamo ai giardinetti, ma prima infiliamoci le scarpe".

Distrarre · È una delle strategie più usate. Se si riesce a spostare l'attenzione su qualcos'altro, con uno scherzo, una storiella, un dettaglio divertente, l'impasse è superato. Noi siamo soddisfatti, lui anche, soprattutto quando l'obiettivo era quello di farci parlare!

Gesti
Spesso, attraverso il linguaggio del corpo che ci manda segnali diversi da quelli espressi a parole, si può identificare un "no" che può essere risolto con uno scherzo o in modo giocoso.

PUNIZIONI E DISCIPLINA

Nervosismi
Talvolta i bambini assumono atteggiamenti che ci innervosiscono, ma non dobbiamo mai sostituire il valore dell'autorità con la negatività delle percosse.

I bambini possono essere molto indisponenti con le loro esigenze e le loro richieste: possono interferire con i nostri tempi e i nostri progetti. È lecito innervosirsi ma è perdente da tutti i punti di vista passare all'autorità delle percosse, degli schiaffi. Lo schiaffo in faccia può provocare delle microlesioni cerebrali e danni all'udito: questa sola ragione dovrebbe essere sufficiente per abolire del tutto gli schiaffi nel rapporto con i figli.

Uno sculaccione dato in un momento di collera, perché siamo nervosi e lui ci ha fatto perdere la pazienza, non rappresenta un grave danno: lui capisce che gli adulti in alcuni momenti possono essere nervosi e che lui non deve esagerare con i capricci. L'importante in questi casi è il clima generale che c'è in famiglia e ciò che avviene dopo: ne potremo infatti riparlare spiegando che certi comportamenti fanno perdere la pazienza a chiunque...

Usare gli schiaffi in modo sistematico, come prassi educativa, è una follia: nostro figlio avrà paura di noi, la comunicazione diventerà più difficile e sempre più sporadica, picchiandolo gli insegneremo a picchiare a sua volta e a dare sfogo ai propri impulsi senza cercare di esercitare un controllo su di sé, il che, contrariamente a quello che molti pensano, rende una persona più vulnerabile, meno capace di gestire le situazioni sociali complesse.

Ciò non significa di non poter esercitare la disciplina. Prima di distribuire sculaccioni bisogna provare altre vie. Un metodo che può dare dei buoni risultati, soprattutto con i più piccoli, è il tono di voce deciso e che non ammette repliche. Se siamo coerenti nei nostri interventi, se suggeriamo alternative, non saremo costretti a usare le mani.

Minacce e punizioni Esagerare in minacce di punizione che non arrivano quasi mai a diventare reali rende l'autorità degli adulti poco credibile. Meglio avere poche regole, chiare, e punire senza appello quando non vengono rispettate.

Un altro metodo che funziona è quello della contrattazione "quando avrai fatto X potrai fare Y". Questo metodo, che sottolinea più il lato positivo che quello negativo, mira a rinforzare il comportamento appropriato. Attenzione però a non sostituire "quando" con "se": una svista del genere da parte vostra lascerebbe aperta al bambino la possibilità di chiedere "che succede se non faccio X?" e di incominciare una contrattazione che potrebbe distoglierlo e distogliervi dall'obiettivo. In seguito si potranno anche usare punizioni che sono la conseguenza dell'infrazione di qualche divieto. Devono però esserci delle regole, chiare ed enunciate in anticipo. Ai più grandicelli le regole vengono spiegate, con i piccoli questo non è necessario: i bambini piccoli si sentono protetti dalle regole (non ne comprendono ancora il significato ma capiscono che i genitori hanno il controllo della situazione).

TROPPO PERMISSIVISMO NON GIOVA

Che cosa c'è alla radice dell'incapacità di negare qualcosa ai propri figli? Oltre a una riluttanza "ideologica" ad assumersi delle responsabilità, c'è spesso la paura di deluderli.

Alcuni genitori si sentono in colpa se non riescono a dare ai bambini tutto ciò che questi chiedono o se le circostanze li costringono a opporsi a qualche loro desiderio. Il senso di colpa può diventare un ostacolo alla collaborazione se i genitori cedono a tutti i desideri dei figli. Davanti a una simile abdicazione il bambino deduce che i suoi desideri vengono prima di ogni altra cosa e che la frustrazione e la delusione sono emozioni da evitare a ogni costo. Il senso di colpa può anche provocare trattative estenuanti. C'è chi arriva a supplicare i figli, a parlamentare su ogni minima cosa cercando di convincerli della validità del proprio punto di vista, chiedendo loro comprensione o

Libertà o sopruso?
Paradossalmente, lasciare i figli liberi di fare ciò che vogliono li depriva del diritto di essere in disaccordo con i grandi, impedendo loro di esercitarsi a lottare per ottenere qualcosa.

"permessi". Paradossalmente questo modo di agire priva i figli del diritto di non essere d'accordo: circuiti dai grandi che cercano in ogni modo di convincerli che il loro desiderio corrisponde a quello di mamma e papà, non sono più liberi di esprimere i propri sentimenti e di manifestarli. I bambini che non vivono mai delusioni, che non imparano a dare ma soltanto a ricevere, crescono poco flessibili. Crescono ignorando il valore della reciprocità e dell'empatia che sono alla base delle relazioni umane e rischiano di diventare dei piccoli tiranni egocentrici. Non dobbiamo dimenticare che i bambini hanno, chi più e chi meno, una certa dose di invulnerabilità: quasi tutti sono in grado di far fronte a piccole frustrazioni, alcune difficoltà e situazioni di emergenza, l'importante è che possano fidarsi degli adulti e contare sul loro affetto.

Ma quali sono i metodi per farsi obbedire dai figli? Vediamone alcuni.

• Proporgli un'alternativa. È il metodo meno doloroso per tutti. Non sempre però è possibile o efficace.

• Usare un tono di voce che mostra che siamo convinti della validità o dell'importanza della nostra osservazione. Se ci vedono decisi è facile che anche loro si convincano: se hanno un buon rapporto con noi, i bambini non chiedono di meglio che crederci e farci piacere.

• In alcuni casi il senso di giustizia, che anche i più piccoli possiedono, gioca a nostro favore. Spiegare che un certo comportamento può mettere gli altri in difficoltà serve a fargli comprendere che non tutti sentono o reagiscono come lui ("smettila di battere il cucchiaio sul tavolo, mi dà fastidio!", per esempio).

• Può essere indispensabile spiegare che è l'adulto a decidere. Molti bambini sono guariti dalle loro incontrollabili crisi di collera grazie a genitori che hanno trovato il coraggio di dire "su questa questione decido io". Nulla è più rassicurante, per dei bambini in crisi, dell'autorità dei genitori, anche se le loro strilla possono farci ritenere il contrario.

• A volte si ottengono dei risultati insperati con l'umorismo. Se si riesce a trasformare una richiesta stravagante in gioco – dicendo per esempio con un tono di finta incredulità: "Ma vuoi veramente il dolce prima della pasta?! Ma è incredibile! Soltanto i robot riescono a fare una cosa del genere!" e continuando sullo stesso registro – il bambino starà probabilmente al gioco e scherzando imparerà ciò che ci si aspetta da lui.

• Reagire con decisione può essere l'unica cosa da fare in alcune situazioni, specialmente quelle in cui, per la sicurezza del bambino, bisogna agire rapidamente. Con i più grandicelli, uno strattone al momento giusto può funzionare meglio della coccola o della trattativa e il bambino impara che il genitore sa fare il suo mestiere di educatore.

SPIEGARE SÌ, MA...

È bene spiegare i motivi delle nostre azioni o interventi ai figli per renderli partecipi. Non bisogna però esagerare: troppe spiegazioni possono ottenere l'effetto contrario, soprattutto con i più piccoli.

Generalmente gli adulti che "straparlano" con i bambini lo fanno sia con l'intento di convincerli sia perché ritengono che essi abbiano bisogno di lunghe spiegazioni su ciò che li riguarda, anche se in realtà sono ancora troppo piccoli

Spiegazioni
I bambini sono spesso in grado di comprendere più di quanto pensino gli adulti. Per questo è importante lasciarci sempre un po' di tempo per dare loro spiegazioni e chiarimenti.

per poter seguire dei lunghi discorsi. Al figlioletto di appena 2-3 anni, che tenta di scendere dal carrello del supermercato, un genitore verboso potrà dire: "Alzarsi in piedi sul carrello è pericoloso. Molti bambini e bambine come te cercano di sgusciare via mentre i genitori fanno la spesa; ma se ti divincoli mentre il carrello si muove puoi cadere battendo la testa per terra e farti molto male". Un genitore più diretto dirà semplicemente: "Stai seduto, non voglio che tu cada".

L'adulto che usa troppe parole quando queste non sono necessarie finisce anche per assumere un ruolo supplice e implorante. Invece di limitarsi a indicare il comportamento opportuno dà l'impressione al suo piccolo interlocutore di doverlo convincere. E nel fornire giustificazioni superflue trasmette dubbi e incertezze.

È quanto può accadere, per esempio, a un genitore che cerchi di convincere la sua bambina di 5 anni ad andare a dormire. "Amore, è ora di andare a letto... Ti lascio stare ancora un'altra ora così puoi vedere lo spettacolo che ti piace. Poi però viene il turno di fare quello che piace a papà...".

E quando la piccola, trascorsa l'ora, non si muove: "Non posso stare alzato con te fino a tardi... Mi avevi promesso che saresti andata a letto dopo lo spettacolo. Avrai tempo di vedere la televisione domani. È molto tardi adesso e i bambini della tua età sono andati tutti a dormire. E poi fa freddo, vorrai mica prenderti un altro raffreddore? Ti ricordi come sei stata male l'ultima volta...".

E mentre noi cerchiamo di convincerla, ora dopo ora, la piccola continua a restare alzata.

UN IMPEGNO CHE PORTA GIOIA E SODDISFAZIONE

Il fatto che per secoli le donne siano state considerate migliori genitori rispetto agli uomini dipende certamente dal loro maggiore coinvolgimento fisico e mentale nella gravidanza, nell'attesa e nell'allattamento; ma dipende anche dalla maggiore esperienza che le donne hanno sempre avuto in fatto di bambini e di cure.

Ora che molte donne svolgono attività lavorative un tempo appannaggio del sesso maschile e che molti uomini hanno più tempo da dedicare alla sfera privata, al mondo delle emozioni, si sta scoprendo che il fattore importante, per quanto riguarda le cure parentali e la formazione di un legame di attaccamento con i piccoli sono una costante interazione e la pratica attiva. Numerose ricerche, ma anche semplici osservazioni di vita quotidiana, dimostrano che anche gli uomini possono prendersi cura dei piccoli rispondendo alle loro necessità. I modi maschili non sono uguali a quelli femminili, ciò però non significa che siano meno efficaci o dannosi. Non significa neppure che un uomo rinunci alla propria identità maschile.

Certamente, alcuni uomini continueranno a sentirsi inadatti a interagire con i bimbi piccoli anche oggi che le condizioni di vita sono mutate rispetto al passato. È una questione di carattere che riguarda anche alcune donne. Di contro, però, un numero crescente di giovani padri avverte che questo è un ambito in cui è possibile impegnarsi, esprimersi e da cui si possono ricevere soddisfazioni e gioie.

Nei primi tempi un padre è una "non-mamma" che consente al bimbo di "sentire la differenza". In seguito è la figura di attaccamento che gli consente di aprirsi e inserirsi più facilmente nella complessità del mondo, di comprenderne le regole e i diversi stili di interazione.

La funzione emancipante del padre resta dunque salva anche se egli incomincia a prendersi cura dei figli quando sono ancora in culla. D'altro canto non tutte le mamme mostrano la tendenza a mantenere un rapporto fusionale con i figli nel corso della crescita. Anche i padri che si dedicano ai figli fin dall'inizio devono perciò imparare a favorire lo sviluppo promovendo una trasformazione di quei rapporti che inizialmente sono improntati alla protezione e che man mano si aprono verso l'autonomia e l'indipendenza.

Padri intelligenti
Stabilire fin dai primi tempi un rapporto spontaneo con i propri figli dà anche ai padri soddisfazioni e gioie.

IL GUINZAGLIO ELETTRONICO

Centinaia di millenni passati dalla nostra specie senza i telefonini: ma come avranno fatto i figli del passato a sfuggire alle mille insidie dell'ambiente? Com'è che non ci siamo estinti? Chissà quanti milioni di bambini prima dell'era dei telefonini si sono persi tornando da scuola o quanti altri non hanno potuto avvertire del loro rapimento in diretta e quindi… spariti per sempre! E domandiamoci anche quanti poveri adolescenti avranno dovuto scegliere la t-shirt da soli senza poter consultare la mamma (sempre più sacro punto di riferimento) con un rapido WhatsApp con tanto di foto allegata. Per non parlare di quante febbri improvvise o mal di pancia catastrofici insorti in classe, in un recente passato incredibilmente privo di smartphone, sono dovuti finire con urgenza in ospedale per non aver potuto avvertire i genitori in tempo reale. Ma senza andare tanto indietro nel tempo, c'è stato un momento in cui il progresso tecnologico aveva portato i telefoni dovunque: erano in casa, dentro alle tante cabine telefoniche, nei bar, e anche nei corridoi delle scuole! Ma nessun genitore si sognava di dire ai propri figli di chiamare a ogni intervallo di lezione, da ogni pizzeria, da ogni discoteca o di rincorrere le varie postazioni telefoniche esterne con ossessiva regolarità, per segnalare la posizione esatta in cui si trovavano.

È il telefono "tascabile", il cellulare, lo strumento che ha creato il bisogno, la spasmodica continua necessità di sapere dove si trova il figlio in tempo reale, con chi è, cosa fa, se sta bene, se è sereno, se è depresso, se ha mangiato, quando torna. Un "guinzaglio elettronico" che crea l'illusoria, magica possibilità di tenere sempre e ovunque sotto controllo i figli, sapendo dove sono, cosa fanno, quali pericoli incombono su di loro. Una sicurezza illusoria dovuta più al fatto di credere che "se so dov'è, allora controllo anche che non gli possa succedere nulla".

Ma questo non è mai stato un bisogno della specie umana! Nel passato, in un ambiente che doveva essere ben più pericoloso sia dal punto di vista territoriale che sociale, dove i rischi erano altissimi e sicuramente più numerosi di oggi, i nostri cuccioli sono sopravvissuti. Oltre che a proteggerli con la nostra presenza quando potevamo esserci, insegnavamo loro la prudenza, l'abilità, la creatività, la capacità di far da sé per quando non ci saremmo stati, facendo loro sperimentare l'autonomia giorno dopo giorno, via via che crescevano.

E oggi è davvero così cambiato e peggiorato l'habitat umano da imporre un costante controllo sui nostri figli? Sono davvero così cresciute le occasioni di pericolo in cui possono incappare i nostri poveri, sprovveduti bambini e ragazzi, da avere un costante bisogno di monitoraggio? Ovviamente no: questo bisogno è solo frutto di un bisogno patologico di rassicurazione dei genitori che non sanno più gestire il loro ruolo. Credono che il meglio per i loro figli sia tenerli sempre stretti fra le loro braccia, incarcerati nelle mura di casa propria, e quando questo non è possibile vengono avvolti e immobilizzati nella spirale delle onde elettromagnetiche di un telefono.

Ma le strade non sono più pericolose di una volta, anzi forse meno per certi versi; l'infanzia non ha mai avuto tante leggi a sua tutela come oggi; le norme di sicurezza ambientale, di costruzione dei giocattoli, dei mezzi trasporto non erano mai esistite: oggi ne abbiamo anche troppe!

Siamo arrivati al paradosso che i bambini che escono da scuola (per non esporli al solito pedofilo di turno?) oggi rimangono immobili, a testa bassa, tutti vestiti nei surriscaldati corridoi dell'istituto anche dopo suonata la campanella, per essere consegnati uno ad uno, mano nella mano, al proprio genitore (o parente, ma solo se munito di apposita autorizzazione vidimata!). E così il povero bambino non deve fare più neppure lo sforzo di alzare la testa per individuare il proprio genitore che aspetta pazientemente fuori, stando contemporaneamente anche attento a non farsi spintonare della propulsiva gioia del gruppo che scatta alla fine di ogni giorno di scuola!

Questo "esercizio", apparentemente piccolo, era uno dei tanti della vita dei bambini di una volta che oltre a responsabilizzarli ne incrementava le abilità motorie e di orientamento. Oggi tutto quello che è "rischio" va evitato, ma la nostra storia evolutiva ci ha insegnato che se non si cresce nel saper affrontare gli inevitabili rischi della vita saremo adulti fragili, esposti al primo colpo di vento. E questo vale sia sul piano delle abilità motorie che sul piano di quelle emotive e relazionali. Gli adolescenti che oggi si nascondono dietro a messaggini e a tweet sintetici, senza metterci la faccia, senza la complessità delle cose (che richiedono per essere annunciate, comprese e accettate ben più di uno scarno messaggino di 140 battute al massimo), senza rischiare l'incontro amoroso a viso aperto, nascondendosi dietro a un testo sinuoso ed equivoco, non si rafforzano certo nella capacità di gestione delle emozioni.

Dunque facciamo di tutto per rafforzare nei figli un senso estremo di fragilità, di inabilità, facendoli sentire esposti a mille imperscrutabili pericoli dell'ambiente umano e naturale, e quindi con un continuo bisogno di controllo e protezione! E così i figli stessi si adagiano in questa suggestiva ma deresponsabilizzante ancora di salvataggio. E accettano senza rivoltarsi un bel guinzaglio, sia pure elettronico: non dà nell'occhio (con quello di cuoio qualcuno potrebbe chiamare il telefono azzurro) e soprattutto è munito di così tante incredibili app da renderlo ben più che sopportabile: estremamente piacevole!

Autorità ma non autoritarismo
Bisogna saper ben valutare quando lasciare i figli liberi di esprimersi, anche se in modo chiassoso e confusionario, e quando è opportuno, invece, far valere la propria autorità. Un comportamento equilibrato da parte dei genitori rende piacevole la vita in comune coi figli, facendoli crescere responsabili e sereni.

UNA QUESTIONE DI STILE

Il clima educativo è una componente importante. Un tempo era di moda lo stile autoritario, fatto di severità, punizioni, obbedienza e intransigenza. I "no" erano numerosi. Le regole non venivano discusse. La disciplina faceva leva sulla vergogna, sul senso di colpa e sulla paura. Il dialogo genitori-figli era scarso o inesistente. Ci poteva essere rispetto, ma anche freddezza e risentimento.

Una variante di questo stile è quello tradizionale. La figura autoritaria è il padre. La madre, invece, pur non dissociandosi dagli interventi disciplinari paterni che a volte sollecita, ha anche atteggiamenti indulgenti e consolatori. È lei che dà affetto e calore umano. Ed è con lei che i figli stabiliscono un clima di confidenza e a volte di richieste eccessive.

Opposto all'autoritario è lo stile permissivo. C'è affetto, ma non una linea di condotta. Papà e mamma possono affidare ai bambini decisioni che spetterebbero a loro. Nel farsi obbedire sono deboli, inconsistenti o incoerenti: a volte permissivi, altre volte trascuranti, qualche volta, se esasperati, possono diventare autoritari. Ognuno reagisce sull'onda del momento. In un clima di imprevedibilità, i figli possono cercare altrove la guida che non trovano in casa.

Il genitore respingente/trascurante non è né esigente né recettivo, ma distaccato. Tiene i figli a distanza, non mostra interesse per ciò che fanno e pensano. Non li sostiene e non fornisce strumenti di comprensione del mondo. Il messaggio è "fai quello che ti pare, ma lasciami in pace". Non sentendosi considerati, i figli possono sviluppare una bassa autostima, covare risentimenti, cercare altrove guida e appartenenza.

I genitori iperprotettivi sono affettuosi ma troppo preoccupati e interventisti. Non concedono l'autonomia necessaria per imparare a muoversi nel mondo. Continuano a svolgere per i figli ormai grandi una serie di "servizi", come se fossero ancora piccini. Dal canto loro, i figli possono diventare esigenti e capricciosi.

Lo stile ideale è quello autorevole. Il genitore richiede il rispetto di regole adatte all'età. Riconosce i bisogni dei figli e sollecita la loro opinione. Non è inutilmente invadente, ma sa dire di "no". Educa all'autonomia. Insegna ai figli a risolvere i conflitti. Ha un rapporto caldo e amichevole, riesce a comunicare ma sa comportarsi da adulto e assumersi le proprie responsabilità.

Esplorazioni I bambini hanno una inclinazione naturale ad esplorare e toccare tutto: è il loro modo di conoscere il mondo. Quando in casa c'è un bambino piccolo certe modifiche all'arredo sono indispensabili.

BIBLIOGRAFIA

Ariès P., *Padri e figli nell'Europa medievale e moderna*, Laterza, Bari, 1968.

Beavers R., *Il matrimonio riuscito*, Astrolabio, Roma, 1986.

Brazelton T.B., *I nuovi genitori*, Frassinelli, Milano, 1994.

Chess S. e Thomas A., *Conosci tuo figlio*, Giunti, Firenze, 1989.

Cyrulnik B., *Come mettre au monde un père*, in "Sous le risque du lien", Hachette, Paris, 1989.

De Filippis B., *Verso una riforma di modello europeo*, in "ISP Notizie", n. 2, aprile/maggio/giugno 1998.

Dogana F., *Tipi di oggi*, Giunti, Firenze, 1999.

Dupuis J., *Storia della paternità*, Tranchida, Milano, 1992.

Hill D., *Il futuro del maschio*, Garzanti, Milano, 1999.

Ironside V. e Biggs S., *Vogliamo un bambino*, TEA, Milano, 1999.

Le Camus J., *Le vrai role du père*, Ed. Jacob, Paris, 2000.

Lenzen D., *Alla ricerca del padre*, Laterza, Bari, 1994.

Mona M., *Futuri padri in sala parto*, tesi di laurea non pubblicata, cattedra di Psicologia dello Sviluppo, Università "La Sapienza" di Roma, 1993.

Oliverio Ferraris A., *Arrivano i nonni!*, Rizzoli, Milano, 2005.

Oliverio Ferraris A., *Il terzo genitore. Vivere con i figli dell'altro*, Raffaello Cortina, Milano, 2016.

Oliverio Ferraris A., *Dai figli non si divorzia. Separarsi e rimanere buoni genitori*, Rizzoli, Milano, 2010.

Oliverio Ferraris A., *Non solo amore*, Giunti, Firenze, 2005.

Oliverio Ferraris A., *Prova con una storia,* Fabbri, Milano, 2005.

Oliverio A. e Oliverio Ferraris A., *A piedi nudi nel verde. Giocare per imparare a vivere*, Giunti, Firenze 2011.

Oliverio Ferraris A., *Padri alla riscossa. Crescere un figlio oggi*, Giunti, Firenze, 2012.

Sarti P. e Sparnacci G., *Gravidanza e puericultura*, Giunti, Firenze, 1999.

Saulle M.R., *I diritti dell'uomo. Cronache e battaglie*, in "La Convenzione di New York sulla tutela del fanciullo", n. 1, 1999.

Scabini E., *Il primo figlio: le attese, le sorprese*, in "Psicologia Contemporanea", n. 145, Giunti, Firenze, 1998.

Scaparro F., *Talis pater*, Rizzoli, Milano, 1996.

Schaffer H.R., *Lo sviluppo sociale*, Raffaello Cortina, Milano, 1998.

Ufficio Centrale Giustizia minorile, *L'applicazione della legge 4/5/1983*, n. 184, Disciplina dell'adozione e dell'affidamento dei minori negli anni 1993-1999, Roma, aprile 2000.
Wallerstein J. e Kelley J., *Surviving in the Breakup*, Basik Book, New York, 1980.
Winnicott D.W., *Sulla natura umana*, Raffaello Cortina, Milano, 1989.

INDICE DELLE SCHEDE

INDICE ANALITICO

REFERENZE FOTOGRAFICHE

Adobe Stock: © spass, p. 38; © kromkrathog, p. 51; © Monkey Business, pp. 65, 69, 142; © freepeoplea, p. 91; © Wong Sze Fei, p. 93; © Stefanie Baum, p. 125; © Oksana Kuzmina, p. 126; © lunamarina, p. 133; © Inara Prusakova, p. 134; © zagorodnaya, p. 135; © Tono Balaguer, p. 138/basso; © Vibe Images, p. 145; © micromonkey, pp. 171, 175, 177; © rimmdream, p. 174; © Robert Kneschke, p. 185; © nataliakabliuk, p. 192; © Anja Greiner Adam, p. 195; © Nagy-Bagoly Ilona, p. 219.

Fotolia: pp. 95, 114, 212; © Svetlana Fedoseeva, p. 9; © markcarper, p. 35; © Alexandra, p. 40; © Springoz, p. 44; © Tatyana Gladskih, p. 128; © Andy Dean, p. 148; © Marzanna Syncerz, p. 160; © Jpc-Prod, p. 170; © nyul, p. 193.

Shutterstock: p. 107; © Karniewska, p. 13; © Olga Lyubkin, p. 19; © wavebreakmedia, pp. 22, 46, 72, 228; © Franck Boston, p. 25; © racorn, p. 26; © Megan Betteridge, p. 27; © seirceil p. 32; © Max Topchii, p. 36; © Irina Rogova, p. 50; © Ionia, p. 52; © Photographee.eu, p. 57; © Africa Studio, pp. 63, 157, 233; © George Rudy, p. 66; © Drean Drobot, pp. 68, 234; © MaraZe, p. 77; © Levichev Dmitry, p. 82; © Jes2u.photo, p. 86; © Olesia Bilkei, pp. 87, 96, 98, 168; © Halfpoint, pp. 89, 101; © tisskananat, p. 99; © Oksana Shufrych, p. 102; © Monkey Business Images, pp. 103, 117, 120, 147, 163, 167, 198; © Olga Tsybenko, p. 104; © Alena Ozerova, pp. 111, 216; © BlueSkyImage, p. 115; © pixelheadphoto digitalskillet, p. 136; © SPrezoom.nl, p. 138/alto; © Melissa King, p. 138/centro; © SPhotobac, p. 140; © surowa, p. 143; © Ilike, pp. 144, 215; © PointImages, p. 146; © oneinchpunch, p. 151; © Gladskikh Tatiana, p. 152; © mary981 p. 155; © altanaka, pp. 158, 166; © VGstockstudio, p. 159; © Iakov Filimonov, pp. 162, 226; © Fasphotographic, p. 165; © 2xSamara.com, p. 173; © Oksana Kuzmina, pp. 176, 178, 190, 202, 213; © Romrodphoto, p. 181; © Capable97, p. 191; © Huntstock.com, p. 194; © Pete Pahham, p. 196; © kryzhov, p. 197; © FamVeld, p. 200; © pavla, p. 201; © savageultralight, p. 204; © spass, p. 207; © Frantisec Czanner, p. 214; © locrifa, p. 221; © Yuganov Konstantin, p. 222; © Photoline, p. 224; © didesign021, p. 225; © Sunny studio, p. 229; © Uvarov Stanislav, p. 231.

Paolo Sarti: pp. 17, 18, 28, 29, 33, 39, 41, 42, 47, 80, 100, 105, 112, 113, 122, 124, 132, 139, 156, 164, 182, 183/s, 183/d, 205, 223.

Ove non altrimenti indicato, le immagini sono tratte dall'Archivio Giunti. L'Editore si dichiara disponibile a regolare le eventuali spettanze per quelle immagini di cui non sia stato possibile reperire la fonte.